古代中国
百家谈
三

自古繁华

人文百态与大国气派

北京日报社理论部　主编

北京日报出版社

图书在版编目（CIP）数据

自古繁华：人文百态与大国气派 / 北京日报社理论
部主编. -- 北京：北京日报出版社，2022.5（2024.1重印）
（古代中国百家谈）
ISBN 978-7-5477-4243-3

Ⅰ.①自… Ⅱ.①北… Ⅲ.①中国历史－古代史－文
集 Ⅳ.①K220.7-53

中国版本图书馆CIP数据核字(2022)第036563号

自古繁华：人文百态与大国气派

出版发行：北京日报出版社
地　　址：北京市东城区东单三条8-16号东方广场东配楼四层
邮　　编：100005
电　　话：发行部：（010）65255876
　　　　　总编室：（010）65252135
印　　刷：三河市华东印刷有限公司
经　　销：各地新华书店
版　　次：2022年5月第1版
　　　　　2024年1月第6次印刷
开　　本：880毫米×1230毫米　1/32
印　　张：15.5
字　　数：308千字
定　　价：78.80元

西域人骑驼陶俑　　1954年出土于山西省长治市王琛墓。这件陶骆驼形体高大，背骑胡人深目浓眉、络腮胡，左手执缰绳，右手高举，做挥鞭状。自张骞出使西域开辟丝绸之路后，中国与西亚及欧洲的交流便越发密切，许多波斯、阿拉伯商人通过丝绸之路前往中国。此俑生动再现了丝路上的异域商人形象。现藏于中国国家博物馆。

《货郎图》（局部） 北宋苏汉臣画作，画中描绘了几个孩童围绕着琳琅满目的货车，与货郎嬉戏的场景。随着商品经济的不断发展，走街串巷的卖货郎更加受到百姓尤其是孩子们的欢迎。画家抓住了这一富有生活气息的瞬间，展现出宋代市井生活的丰富多彩。现藏于台北故宫博物院。

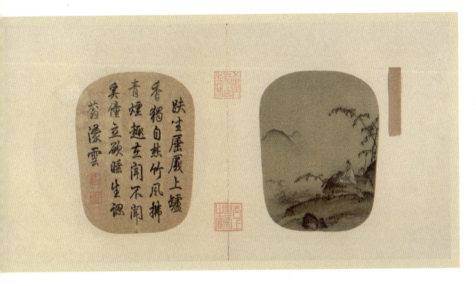

《宋人竹间焚香页》 作者不详。宋代是中国历史上经济与文化发展繁盛的时代之一，在此背景下，宋代士大夫普遍追求雅致隐逸的生活。宋人吴自牧曾在其《梦粱录》中记载临安俗谚："烧香点茶，挂画插花，四般闲事，不宜累家"，道出了宋人的四大雅事。此图正是描绘宋人焚香这一雅事，给人悠闲安逸之感。现藏于故宫博物院。

　　《柳堂读书图》　作者不详。古人对读书的追求自不必说，宋代以后，画家对文人读书场景的描绘做了进一步的探索。画面中，一人于室内读书，一童于室外相侍。对岸远岫丛林，烟云出没，小溪蜿蜒流淌。作者构图精巧、笔法细腻，整幅画面景色清幽，宁静雅逸。现藏于故宫博物院。

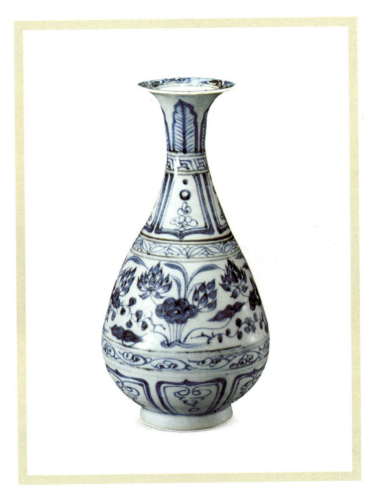

元青花莲纹玉壶春瓶 1984年出土于黄梅县十里村小学。元青花，即元代生产的青花瓷器，其纹饰的特点之一是构图丰满、层次多而不乱。元代海上丝绸之路的空前繁盛和元青花独有的文化魅力，使其在海内外广为流传，也印证了当时中外文化的交流和互通达到了一个空前的融合期。现藏于湖北省博物馆。

　　《三骏图卷》 元代任贤佐画作。全卷共绘有六人三马，横向一字排列，六人分别做举剑、执旗、控马状。画中人物恭敬有加，马匹雄健挺拔，神情驯顺。在中华多元文化融合的漫长进程中，元代的对外交往活动不容忽视，这一时期，各地派遣的使节、商旅等络绎不绝，此图即描绘了元代宫廷重要的外交活动。现藏于故宫博物院。

明郑和时代金锭　15世纪初始，郑和七下西洋访问了当时印度洋周边三十多个国家和地区，对当时中国与印度洋周边国家的经济文化交流起到重大促进作用。然而郑和带回并流传至今的文物十分稀有，目前仅有一件有铭文记载与郑和下西洋有关的文物，便是梁庄王墓中出土的金锭。现藏于湖北省博物馆。

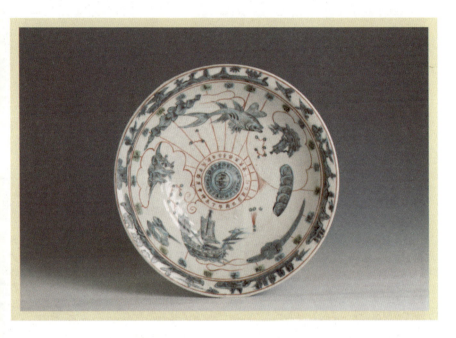

明漳州窑五彩指南针航海图纹盘　漳州窑瓷器因明代海上丝绸之路的开启成为海外贸易的热销品，也见证了东西方海洋文化碰撞与交流的进程。瓷盘中，采用简单的笔线勾画出帆船、鱼等意象，展现出中华文化在海上丝绸之路上的兼收并蓄与文明共生。现藏于福建省漳州市博物馆。

《南都繁会景物图卷》（局部） 明代画家仇英的代表作之一，描绘的是明代南京秦淮河畔的繁盛景况。这幅画中，除熙熙攘攘的人群外，各色幌子、招牌十分惹眼，囊括了生活的方方面面，且人物也各有身份，或游走，或围观，或吆喝叫卖，将明代南京城市生活的面貌具象化，展现出一幅繁华、富庶的市井生活画面。现藏于中国国家博物馆。

　　《**玩古图**》（**局部**）　明代杜堇画作，画中主要描绘一主一客赏玩古物的
场面。社会与文化是一个持续变体，明代既承袭汉唐风格，又有对传统秩序的
某种反叛，若观察百姓对文化生活的追求，便可了解明代经济社会的多样性。
画作整体风格和谐、轻松，反映了明代文士赏玩鉴古的风尚。现藏于台北故宫
博物院。

《太平春市图卷》（局部） 清代丁观鹏画作，描绘了春节期间的京城、百姓出门迎年、恭贺新岁的场景。春节，历来是我国最热闹的传统节日，画面中有的唱戏，有的逗鸟，有的挑担卖货，人物形态生动逼真，喜庆氛围十分浓烈，可使人于古人的春市中，品味古人的年味。现藏于台北故宫博物院。

《京师生春诗意图》轴（局部） 清代画家徐扬于乾隆三十二年（1767年）创作，全幅以鸟瞰式构图，展现乾隆年间初春时节京师的全貌。画家从正阳门大街画起，渐次向北描绘，画面中，商铺鳞次栉比，游人如织，一派安乐祥和景象，观之如置身数百年前的北京城，给后人留下了宝贵的形象资料。现藏于故宫博物院。

编者的话

五千年的中华文明灿若星河，悠久的古代中国，给予了它最深厚的积淀。讲好中国故事，自然要讲好古代中国，在这条绵长的、纷繁的、变幻的、多彩的历史长河中，有太多影响深远的、令人沉思的、众说纷纭的事和人，讲史者众，求知者众。

不妨换一种思路讲历史：择重点、选热点、解疑点，以点带面、以点带线，对重点做精准的解析，进而勾画出古代中国的大轮廓、关键点；同时，从专业的视角和功力出发，以尽量通俗的讲法让广大读者朋友看明白、有兴致、长知识、开眼界。这是我们策划这套《古代中国百家谈》（全三册）的初衷。

如此的初衷得以实现，得益于《北京日报·理论周刊》文史版，全书的内容是文史版十余年来发表的中国古代史文章的精粹。文史版的办刊风格很明确，内容特色也很鲜明：大家写小文，文风清正，谈学术不艰涩，揭秘闻不猎奇，求新见不戏说，析事理不玄虚，有知识，有思想，有趣味，有深度，有新意。这种风格特色，与我们换一种思路讲古代中国的想法高度契合，两者一拍即合。文史版精彩丰富的内容，使我们的想法得以实现，让"内容为王"的道理，在这套书中得到了生动充分的展现。有一点需要特别说明，这套"百家谈"中的"百家"，可不是寻常人物，全书汇集了全国近二百位历史学家、知名学者的二百四十余篇文章，大学者写小文章，古代中国通俗讲，有权威，有分量。

　　古代中国的事和人浩如烟海，这套《古代中国百家谈》围绕三个主题展开：《朝起朝落：一个古老大国的由来》（第一册）讲中华文明的起源、朝代更替和历史演进、大事件的来龙去脉及重要人物的功过是非。《天下有治：长治久安，几千年的不变追求》（第二册）讲治国理政，为了长治久安，各式各样的想法和办法，评其成败，析其因果。《自古繁华：人文百态与大国气派》（第三册）讲古代中国缤纷多彩的社会文化生活，以及中华文明的广泛影响，衣食住行、文人墨客、流行时尚、丝路古道……这些都从不同侧面鲜活展现出一个生生不息的文明古国。全三册以"古代中国"为总主题，又各持重点、相互关联，整体、立体地回望了古代中国的大面貌。同时，全书每篇都是专题文章，是对一个个历史话题的专讲精讲，史实与观点为一体，知识点集中，说得深、讲得透。"大家写小文"面向广大读者，通俗不费解，易学易懂，更具普及价值。

　　这里需要说明的是，全书所收入的篇目，出于图书编辑体例和便于读者阅读的考虑，我们适当地做了一些文字上的改动。

　　感谢《北京日报·理论周刊》，文史版创办二十余年，篇篇好文在眼前。感谢北京日报社理论部的编辑老师，他们为本书出版辛勤付出。换一种思路讲历史，这套《古代中国百家谈》是我们做的积极尝试，希望读者朋友们喜欢。

北京日报出版社

目　录

第一章　文　脉

第二章　世　相

第三章 丝 路

第五章　京　韵

第一章

文　脉

古代书院如何实施德育

何继龄

中国古代道德教育视个体道德品质的培育为道德教育的首要任务，由此形成了一套完善的道德教育理论。这种道德教育理论在实践中的最好运用是在书院中。其中某些理念和方式，对今天的德育仍有一定的现实启示意义。

其一，"明人伦"的核心目标。所谓"明人伦"，就是明确如何做人，如何待人接物，如何安身立命，如何为自己定位。其核心是树立儒家的伦理道德观念和完善人的内在道德品格，使人在日常生活中能恰当地处理好各种关系，进而确立积极的人生态度，以促使整个社会达到一种和谐有序的良好状态。宋代到清代的书院老师通过传授"圣贤之道"，希望生徒能够"尊德行""明人伦"，塑造理想人格，提高应对世事的能力。为了实现书院个体品德培育的核心目标，书院老师提出了"明道""传道"的办学宗旨和"德育为先、以德育人"的教育理念，希望"立书院以救学校之失"，并精心设置了书院教育的课程体系，对教学内容的选择做了严格的规定。尽管不同时期不同书院选择的教学内容、教学方法有所不同，但它们都以儒家的伦理道德观念以及日常生活中各种待人接物、为人处世的基本准则为课程设置的依据。

其二，环境育人的独特理念。对于个体品德培育来说，环境对其活动效果有着直接的影响，"近朱者赤，近墨者黑"足以说明环境对人的道德品质影响的重要性。基于这种认识，书院老师非常重视书院的环境建设，把优美的教育环境作为实施品德培育的要义，通过环境陶冶生徒高尚的道德情操。书院的选址注重自然环境的淡雅幽静，书院的建筑风格和文化意蕴方面非常注重反映或体现文人、贤士的建筑观念和美学情趣，书院特别重视通过装饰来营造"文以载道"的人文环境，大都通过命名题额、嵌碑立石、悬挂楹联等举措装饰书院，其内容饱含了大量的人生哲理，对生徒具有强烈的教化作用。在朴实、典雅、庄重的氛围中求学，更能唤起书院生徒修身养性的内在迫切感，除去浮躁、烦扰、惶然之情绪。

其三，注重个体特质与"分年"教育。关注受教育者的个体特质不仅是书院对生徒文化素质教育实施的培养方式，而且在书院品德培育中被广泛采用。为了使品德培育更有针对性，书院提出通过"质疑问难"的途径来了解生徒，提倡生徒自学，"虚心涵养"，切己体会，循序渐进。与此同时，书院探索出了一种细则化的教育组织形式，对生徒进行层次性、阶段性的品德培育，即"分年"教育。由于不同的年龄往往具有不同的心理特征和思维发展水平，相应的品德培育目标也具有阶段性，在这方面，朱熹所设计的"分年"教育法颇具代表性。朱熹将人生教育分为小学教育和大学教育两个不同阶段。他虽然为每一阶段都规定了不同的学习内容，但认为两个阶段的学习内容并不是孤立割裂的，而是把它们看作品德教育的一个完整过程。小学教育是"学其事"，"教人以洒扫、应对、进退之节，爱亲、敬长、隆师、亲友之道"，教导生徒只是依照规矩去做，"知其然"。大学阶段的教育，则主要推究其理，"知其所以然"，因为此阶段的生徒其身心素质已相对成熟，所以不仅要"传道授业解惑"，更要对小学阶段的内容进行扩充、深化，来完成"圣贤"教育。

其四，开放式教育与道德考评。实行开放式教育，是书院教育与古代官学相区别的一个重要标志。古代书院所倡导并践行的开放式教育主要有两种表现形式，其中讲会是书院开放式德育课堂的主要形式。虽然许多人认为，讲会是不同学派的学术交流活动，但实际上，讲会大多是围绕伦理道德问题而展开的，讨论的中心议题也是如何明理正心、修身进德等相关理论问题。通过讨论能够使人更为全面地了解品德教育中存在的问题，为提高生徒的道德修养创造条件，因而书院这种开放式的讲会更是实施品德培育的公开讨论会。除了讲会外，接触自然与接近社会是书院开放式教育的又一重要形式。书院老师认识到对生徒的品德培育既不能自我设限于课堂，也不能拘泥于书本，而应该接触自然和接近社会，在融入大自然与贴近实际生活的过程中广泛学习课堂和书本以外的知识。道德考评书院称之为"课考"，其考评指标主要参照历史上"贤者"和"圣人"的言谈举止，考评方法多种多样，但大致可以分为他评和自评两种方法。他评法是指书院选定的主考者对生徒的品德进行考评的方法，自评法是指书院生徒对自己的品德做出自我评价。与此同时，书院还对生徒的品德状况进行不定期的随意抽查，督促品德的落实。书院对品德考核不合格者，根据书院的办学宗旨和学规教条相应规定，轻者给予处罚，严重者直至开除学籍。

本文发表于2012年6月4日《北京日报·理论周刊》文史版，
原题为《古代书院如何实施德育》，
作者时任西北师范大学教授

古代中国怎样避免文化失忆

孟宪实

公元前527年，晋国的大夫籍谈作为使者朝见周天子，但是什么礼物也没有进献，这在当时是很失礼的。周景王很不高兴，直言责问。籍谈的家族在晋国是世代掌管典籍的官员，而籍谈的回答是，因为晋国从来没有接受过天子的赏赐，所以没有礼品贡献。周景王给籍谈讲了一段历史，从晋国的建立开始，天子是如何不断赏赐的。籍谈无言以对。周景王于是说：籍家真的是没有后人了，掌管典籍的家族竟然数典忘祖。数典忘祖是成语，意指那些连自身历史都不知道的人，如同忘记祖先。历史承载的不仅仅是陈年旧事，更重要的是文化传统。不论个人还是民族，忘记自身文化传统，必然丧失文化之根，必然表现为文化失忆。

秦国统一六国，以为各国的历史记忆如果流布民间的话，不利于集权统治，于是下令焚书，百姓私藏违令书籍，都要重罪处理。汉朝建立，竟然连重要的经典——《尚书》都没有流传下来。后来听说齐地有一位老先生叫伏生，他还会背诵《尚书》，朝廷立刻派官员前往学习记录，因为当时伏生已经九十多岁，没有能力长途跋涉到长安来。这就是后来还能够流传的今文《尚书》。为什么国家要花费这么大的力气保留下来一部古书？这就是珍视文化传统。所以，几乎历朝历代，在政权稳定之后，都会出台鼓励民间献书的政策。民间收藏的图书，国家花大成本购进，如果不同意出卖，国家就派人抄写。汉兴一百年，根据司马迁的说法，"天下遗文古事，靡不毕集太史公"。图书的存在，是文化传统能够流传的一个保证。

思想家孔子的贡献，人所共知是教育。他开创的私学教育，在一个动乱的年代，把传统文化传递给下一代。其实，孔子在保存文化传统方面，还有一个很大的贡献，那就是整理古书。通过对古书的整理，让古书得以更好地流传，从而为中国留住传统做出了贡献。孔子的后人，应该很明白孔子的良苦用心，也能体会孔子整理古书的意义，所以也用行动证明了他们不仅是孔子的血脉传人，也是其精神传人。汉武帝时期，就大开献书之路。也是在汉武帝时期，孔子的后人在事隔多年之后，终于把几代人珍藏的一个秘密公开。在秦始皇焚书命令之后，孔子的后人就把私家收藏的图书珍藏起来了，他家的墙壁中，竟然修建了一个隔层，专门用来藏书。孔子家藏书的公开，一时间成为一件盛事，因为传统没有被中断，这让有识之士大大松了一口气，更让莘莘学子的文化传承事业有了更具体可靠的途径。

献书之外，古代中国的历朝历代，还有一个编书的传统政策。盛世修史是一个方面，此外还要编纂各类图书。国家有类似国家图书馆的机构，编修图书也是国家的工作。编修图书，一方面是希望通过阅读了解以前的经验，另一方面就是为了保存图书，让文化传统不在自己这个时代失传。宋初编写《太平御览》《册府元龟》就是给皇帝提供阅读使用的，让皇帝掌握更丰富的文化政治资源，以便更好地治理国家。与此同时，编写的《太平广记》和《文苑英华》，在今天看来就是小说和文学的合集，这类图书有什么政治意义呢？其实，虽然不如历史类那么有政治之用，但是其中同样包含中国的智慧和中国的文学。所以，这仍然可以看作是一种保存文化以利于传播的努力。至于后来各种大型图书的国家编纂，其实都可以从保存、传播文化这个视角进行观察。

国家之外，个人对于撰述同样热衷。古代个人写作，有各种形式，文集是一种，或者个人搜集整理，或者后人进行整理。先秦诸子的著作，多是后人进行整理的结果。而司马迁著《史记》，一开始纯粹是个人行为。为什么？整理一个时代的历史，"藏之名山，副在京师，俟后世圣人君子"。不想成名于当代，只想流传于后世。这是对历史的一种有信心的预期，同时满怀着对文化传承的高度责任。古代读书人的基本人生轨迹，或者在朝为官，或者教书著述，即使乱世依然手不释卷，其实都是同一种文化态度和立场。达则兼济天下，穷则独善其身，即使生不逢时，也能体现一种可贵的文化人格。

正是因为在朝在野的共同努力，中国古代形成了独特的文化传统，重视文化积累，重视文化传承。古人虽然没有

▲《史记》，西汉史学家司马迁撰写的纪传体史书，是中国历史上第一部纪传体通史。图为《史记》书影。

如今文化软实力这样的概念，但是，他们都知道这是中国异于他邦的特点。礼仪之邦的本质特点不就是文化事业发达吗？古代与其他国家的贸易往来，常常有各种各样的规定。在金属缺乏的年代，金属往往与武器联系在一起，所以各朝各代常常规定金属禁运，即不准金属出口。其实，还有一种物品通常是不允许出口的，就是图书。为什么会有图书禁运呢？因为古代把中国图书当作一种独特物品。唐中宗时期，金城公主入藏。金城公主在唐玄宗时期代表吐蕃提出要求，希望唐朝提供一些图书。唐朝就此展开讨论，有的大臣表示忧虑，认为历史书籍中多有计谋，吐蕃学了也许会不利于唐朝。唐玄宗说，不能这么片面地看问题，儒家经典中更多的是仁义道德，他们学会了不是更好吗？于是以皇帝的名义赐给吐蕃大批图书。从大臣的反对来看，在古代中国，很多人把图书看作一种独特的文化资源。从唐玄宗和朝廷的最终决定来看，唐朝对中国的经典文化充满自信。

所以，古代虽然没有文化软实力的说法，但是确有重视文化软实力的传统。

本文发表于2018年4月23日《北京日报·理论周刊》文史版，原题为《"藏之名山，副在京师，俟后世圣人君子"——中国有重视文化软实力的传统》，作者时任中国人民大学教授

中国古人的超世俗幸福观

陈　来

　　幸福在不同文化中可能意义不同。中国古代文化中最早记载的幸福观念见于《尚书》洪范篇的"五福"说，其年代约在公元前11世纪，反映了商代末期和周代初期的思想。"五福"是指"一曰寿，二曰富，三曰康宁，四曰攸好德，五曰终考命"。这是以长寿、富足、健康平安、爱好美德、老而善终为基本的幸福，反映了中国古代早期的幸福观。

　　中国在公元前6世纪出现了对精神生活的反思，出现了孔子等一系列思想家。孔子代表的儒家扬弃了"五福"的观念，

▲颜回（公元前521—前490年），字子渊，春秋末期鲁国思想家，孔门七十二贤之首。图为明朝文献学家、藏书家王圻及其子王思义撰写的百科式图录类书《三才图会》（又名《三才图说》）所载颜回图像。

发展了"好德"的幸福观念，从而全面提出了与世俗幸福观不同的超世俗幸福观。儒家强调美德对于幸福的重要性，认为行善得福，"德，福之基也"。一个人如果不能拥有美德，就不可能获得幸福。人不断提升个人美德的过程就是追求幸福的过程，德行达到完美即最高的幸福。在这种幸福观中，精神上的富足和物质上的享乐是对立的，它更加注重心灵的满足与安宁，关注那些来自内心的幸福。另外，儒家认为

人不能只追求个人的幸福，而应将个人的幸福联系他人、融入社会，己立立人。

幸福在《论语》等儒家典籍中也被称为"乐"。中国历史上民间文化的价值注重富贵福禄，重视多子多福。而在儒家看来，物质财富对幸福来说并不重要，精神快乐才是幸福的根本要素。因此，他们主张对物质财富、生死寿夭、贵贱达穷、外在环境持淡泊态度，《论语》中记载，孔子的弟子颜回生活贫困不堪，"一箪食，一瓢饮，在陋巷，人不堪其忧，回也不改其乐"，生活的贫困并没有影响他内心学道的快乐，孔子曾对此十分赞叹。而孔子的继承者孟子则主张"父母俱存，兄弟无故，一乐也；仰不愧于天，俯不怍于人，二乐也；得天下英才而教育之，三乐也"。这是士君子重视天伦之乐（伦理满足）、问心无愧（内心满足）、作育英才（教育贡献）的幸福观。最后一点也体现了使自己幸福和使他人幸福的一致。

儒家思想一向认为，在人生中有比个体生命更为重要的价值，要求人应当有一种为道德价值和理想信念而超越物质欲求的思想境界。11世纪新儒学的创立者周敦颐特别突出信念与富贵的矛盾，在他看来，外在的富贵是常人共同追求的对象，但以富贵为人生目的，只是俗人对于生活的态度。君子必须超乎富贵的追求，因为对君子来说，世界上有比富贵更宝贵、更可爱的东西。这种至贵至富、可爱可求的东西是"大"，相比之下，富贵利达不过是"小"。人若真能有见于"大"，则不仅可以忘却"小"，而且可以在内心实现一种高度的充实、平静、幸福和快乐。照周敦颐的这个说法，颜回之乐并不是因为贫贱本身有什么可"乐"，而是颜回已经达到了一种超乎富贵的人生境界，有这种境界的人，即使是人所不堪的贫贱也不会影响、改变他的"乐"。这种乐是超越了人生利害而达到的内在幸福和愉快。这是把内在的幸福看作最高的幸福。

除了个人幸福外，中国古代也提出了社会幸福或幸福世界的概念。儒家主张，幸福世界就在此世实现。公元前4世纪左右写成的《礼记》礼运篇中提出的"大同"概念，是一个典型的幸福世界概念。大同社会的特点是"天下为公"，指天下是天下人共有之天下，通过对上古社会的一种理想化的描绘，体现了古代儒家关于大同社会的构想，即大同社会的政治制度和伦理观念一切为公而不为私；政权传贤，用人选能；社会有良好的保障和福利，人民乐意为公共事务尽心竭力；是一个诚信、和睦、平等的社会。这种古代的天下观和大同社会理想，以及公而无私的价值观，为后世儒家所传承，构成了儒家的幸福世界图景，在中国历史上产生了重要影响，并成为近代中国人向往理想社会的重要理念基础。

总之，儒家文化的幸福观，重视现世幸福而不是来世幸福，突出内在幸福而不是外在幸福，关注个人幸福的同时关注社会幸福。

本文发表于2020年9月14日《北京日报·理论周刊》文史版，
原题为《儒家扬弃五福观念，发展了"好德"的幸福观念——
中国文化中的"幸福"》，
作者时任清华大学教授

笑话：中国史籍中的一种文体

王学泰

笑话作为一种文体是逐步确立的。"笑"比较容易理解，就是反映内心快乐的外在表情；"话"的含义是什么呢？《说文》用了"会合善言"四个字来解释。要使话语具有感染力可有两个努力趋向，一个是采用各种修辞方法，这就形成了"文"；另一个是使话语具有故事性，使人爱听。

《东观汉记》卷十一记载汉光武帝与其早年友人朱祐在长安求学时的情景："初，光武学长安时，过朱祐，祐尝留上，须讲竟，乃谈话。"当刘秀到朱祐处拜访时，朱祐先是与刘秀讲论学问，说完之后才"谈话"，可见这个"话"是轻松的话题，或是一般闲话，又或是"齐东野语"一类的故事。晋人葛洪的《神仙传》中写了一个叫沈羲的神仙，他成仙四百年后，突然回到老家，见到后人怀喜，怀喜热情款待他。沈羲就给怀喜讲"因话初上天时"的故事。这里"话"也指讲带有"故事性"的话语。

"话"从包含有故事性，到隋唐时期便发展成为"故事"。诗人元稹的《酬翰林白学士代书一百韵》有"翰墨题名尽，光阴听话移"。所谓"听话"是指听故事，具体到元稹与白居易等人听的故事就是《一枝花话》。

《太平广记》中记载了许多侯白的故事，此公是隋代善于搞笑的名人。有一则故事说：白在散官，隶属杨素，爱其能剧谈。每上番日，即令谈戏弄。或从旦至晚，始得归。才出省门，即逢素子玄感，乃云："侯秀才，可以玄感说一个好话。"

当时权臣杨素喜欢听侯白讲笑话，每到他值班的日子都要叫侯白来给他说故事。其子杨玄感碰到侯白也拉他说"好话"（好故事），侯白被缠得没办法，只得给他讲了个笑话。

此时"话"已经被视为一种文体，如《庐山远公话》《韩擒虎话本》等。表演这些"话"被称为"说话"，以"说话"谋生的人被称为"说话人"。

那么引人发笑的故事自然也就是"笑话"了。

在"笑话"一词产生之前，这一类文学作品早已经产生。不过在魏晋之前它只是以附庸状态出现。先秦时一般附在诸子和儒家经典上，两汉之时是附在史书上。像"齐人有一妻一妾"这样的笑话就出现在《孟子》之中，作者的目的也非讲个笑话让大家开心，而是借以说明一个道理。《史记》中也有许多笑话，像汉高祖刘邦与臣下周昌闹的一些笑话堪入《笑林》，但这些并非司马迁编造，而是历史的忠实记录。

魏晋是个文学自觉时期，笑话这种文体也逐渐摆脱了附庸状态，成为面对受众的独立文体。其标志是独立的创作或搜罗笑话的著作出现了。《通志·艺文略》中载有《笑林》三卷，著者为后汉给事中邯郸淳。此人曾为曹操的记室参军。他用"笑"命名了"笑话"，并编著了一本书。但此书已佚，鲁迅有

◀《笑林广记》是古代民间笑话的集大成者，在当今也流传甚广。

辑佚本，收在《古小说钩沉》中。

　　唐宋以后这类作品多了起来，名称也是五花八门，如称之为"谐噱""谐谑"（唐朱揆有《谐噱录》）。谐噱、谐谑都与"笑"这个动作相联系，并未表明这个"谐噱"是由故事引发出来的。其他的如"启颜"（如隋朝侯白《启颜录》）、"开颜"（如宋朝周文玘《开颜录》）、"解颐"（笑时的样子，如隋朝杨松玢《解颐》）、"抚掌"（拍掌，如宋朝邢居实《抚掌录》）、"轩渠"（笑时的样子，如宋朝吕居仁《轩渠录》）、"绝倒"（大笑不能自持，如宋朝朱晖《绝倒录》）等，这些名称很"雅"，或是在描摹读这类作品所引发的效应，或是"笑"的同义词。

　　到了明清代，笑话创作与搜罗达到高潮。明人直接用"笑话"命名这一文学体裁，这个词通俗、易于被大众所接受，特别适合这种文体本身的特点。如陈继儒（眉公）所辑的《时兴笑话》，赵南星编著的《笑赞》（笑话赞），冯梦龙编著的《笑府》《广笑府》，清朝游戏主人纂辑的《笑林广记》等都是以笑话命名的著作。

本文发表于2017年6月26日《北京日报·理论周刊》文史版，
原题为《作为一种文体的"笑话"》，
作者时任中国社会科学院研究员

儒者的"忧患意识"

汤一介

"儒学"在中国传统文化中相对于佛道有一特点，即它的"入世"精神。基于此，"入世"精神抱有较为强烈的忧患意识。《周易·系辞下》中说："作《易》者，其有忧患乎？"自孔子以来，从中国历史上看，儒家学者多对社会政治抱有"以天下为己任"的忧患意识。儒家的这种"忧患意识"也许可以说是儒家不同于现代知识分子的一种对社会政治的中国士大夫特有的批判精神。它是由儒家始终抱有的对天下国家一种不可推卸的社会责任感和历史使命感而产生的。孔子生活在"天下无道"的春秋时代，《说苑·建本篇》说："公扈子曰：春秋，国之鉴也。春秋之中，弑君三十六，亡国五十二。"孔子对此"礼坏乐崩"的局面有着深刻的"忧患意识"，我们查《论语》，有多处讲到"忧"（忧虑，忧患），其中"君子忧道不忧贫"可说是代表着孔子的精神。"道"是什么？就是孔子行"仁道"的理想社会，其他富贵贫贱等对孔子是无所谓的。《论语·阳货》中有一段表现孔子"忧国忧民"的抱负："公山弗扰以费畔，召，子欲往，子路不悦，曰：'末之也，已，何必公山氏之之也！'子曰：'夫召我者，而岂徒哉！如有用我者，吾其为东周乎！'"孔子认为，假若有人用他治世，他将使周文王、周武王之道在东方复兴。可见，孔子所考虑的问题是使"天下无道"的社会变成"天下有道"的社会。在《礼记·檀弓下》中有一则孔子说"苛政猛于虎"的故事，这深刻地表现了他"忧国忧民"的"忧患意识"。这种"忧患意识"体现了孔子"仁民"的人道精神，同时也表现了他对"苛政"的批判意识。孟子有句常为人们所称道的"名言"："生于忧患而死于安乐"（《孟子·告子下》），这种"忧患意识"正是因为他要"以天下为己任"而批判那些"入则无法家拂士，出则无敌国外患者"的诸侯君王。我们读《孟子》也许能十分深切地感受到中国士大夫要有"富贵不能淫，贫贱不能移，威武不能屈"的精神，才能真正地立于天地之间而无愧。我认为，这不能不说是中国儒者特有的批判精神。有这种精神，就可以抵制和批判一切邪恶，甚至可以"大义灭亲""弑君"。周公不是为了国家百姓杀了他的亲兄弟吗？管仲不是初助公子纠，后又相桓公，孔子还说他"如其仁，如其仁"吗？当齐宣王问孟子："汤放桀，武王伐纣，有诸？"孟子回答说：那些残害"仁义"的君王之被杀只是杀了个"独夫"吧！

在中国古代的传统社会中，君王对社会政治无疑起着极大的作用，因此臣下能对君王有所规劝是非常重要的。《郭店楚简·鲁穆公问子思》中有一条：

> 鲁穆公问于子思曰："何如而可谓忠臣？"子思曰："恒称其君之恶者，可谓忠臣矣。"公不悦，揖而退之。成孙弋见，公曰："向者吾问忠臣于子思，子

思曰:'恒称其君之恶者,可谓忠臣矣。'寡人惑焉,而未之得也。"成孙弋曰:"噫,善哉言乎!夫为其君之故杀其身者,效禄爵者也。恒称其君之恶者,远禄爵者也。为义而远禄爵,非子思,吾恶闻之矣。"

这段故事说明,历史上有些儒者总是抱着一种"居安思危"的情怀,为天下忧。子思认为能经常批评君王的臣子才是"忠臣",成孙弋为此解释说:只有像子思这样的士君子敢于对君王提出批评意见,这正因为他们是不追求利禄和爵位(金钱与权力)的。中国历史上确有一些儒学者基于"忧国忧民"的"忧患意识"而能持守此种精神。汉初,虽有文景之治,天下稍安,而有贾谊上《陈政事疏》谓:"进言者皆曰天下已安已治矣,臣独以为未也。曰安且治者,非愚则谀,皆非事实知治乱之体者也。"贾谊此《疏》义同子思。盖他认为,治国有"礼治"和"法治"两套,"夫礼者禁于将然之前,而法者禁于已然之后,是故法之所用易见,而礼之所为难知也"。他并认为此"礼治"和"法治"对于治国者是不可或缺的。此"礼法合治"之议影响中国历朝历代之政治制度甚深。在中国历史上有"谏官"之设,《辞源》"谏官"条说:"掌谏诤之官员。汉班固《白虎通·谏诤》:'君至尊,故设辅弼置谏官。'谏官之设,历代不一,如汉唐有谏议大夫,唐又有补阙、拾遗,宋有左右谏议大夫、司谏、正言等。"按:在中国历史上的"皇权"社会中,"谏官"大多虚设,但也有少数士大夫以"忧患意识"之情怀而规劝帝王者,其"直谏"或多或少起到了对社会政治的批判作用。此或应作专门之研究，在此不赘述。

宋范仲淹有《岳阳楼记》一篇，其末段如下：

> 嗟夫！予尝求古仁人之心，或异二者之为，何
> 哉？不以物喜，不以己悲，居庙堂之高则忧其民，处
> 江湖之远则忧其君。是进亦忧，退亦忧。然则何时而
> 乐耶？其必曰"先天下之忧而忧，后天下之乐而乐"
> 乎！噫！微斯人，吾谁与归？

这段话可说是表达出大儒学者之心声。盖在"皇权"统治
的专制社会中儒学之志士仁人无时不能不忧，其"忧民"是
其"仁政""王道"理想之所求，而此理想在那专制制度下是
无法实现的，故不能不忧。其"忧君"则表现了儒家思想之局
限，仅靠"人治"是靠不住的。在"皇权"的专制制度下，仁
人志士之"忧"虽表现其内在超越之境界，但终难突破历史之
限度。儒学者可以"杀身成仁""舍生取义"，但不仅不能动
摇"皇权"专制，反
而可能在某种程度
上帮助巩固了皇权统
治。这或是历史之
必然，不应责怪这
些抱有善良理想良
知之大儒，他们的
主观愿望是可歌可
泣的。个人的善良

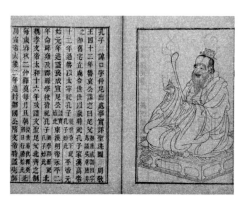

▲孔子（公元前551—前479年），儒家学派创始人，后世尊称其为"孔圣人"。图为清代《圣庙祀典图考》所载孔子像。

愿望必须建立在变革这专制制度上才可能有一定程度上之实现。

儒家的"忧患意识"虽说对"皇权"专制有一定的批判作用，但它毕竟不同于现代社会中知识分子的"批判意识"。这是因为现代知识分子的"批判意识"是建立在"人人平等"的基础之上的。现代知识分子的"批判意识"不仅仅是对某个人的批判，而且必须是根据理性对某种体制的缺陷的批判。面对今日中国社会存在的不良风气，必须把儒家原有的具有一定程度批判精神的"忧患意识"加以提升并深化，而不能向非真理或半真理妥协，因此它应当是得到"自由"和"民主"保障的有独立精神的批判。可是话又要说回来，无论如何，儒家这种"居安思危"的"忧患意识"中包含的某种程度的批判精神和勇气，仍然是我们要在继承的基础上认真总结的，而且要把它提高到现代知识分子的批判精神上来。在中华民族伟大复兴的过程之中，儒家基于社会责任感和历史使命感的"忧患意识"在我们给以新的诠释的情况下，将使我民族能够不断地反省，努力地进取，并使儒学得以日日新，又日新，中华民族得以长盛不衰。

本文发表于2010年4月5日《北京日报·理论周刊》文史版，
原题为《儒者的"忧患意识"》，
作者时任北京大学教授

燕文化为何多慷慨悲歌

薛兰霞　　杨玉生

在中国传统文化中，燕文化以慷慨悲歌著称于世，几千年来深刻地影响着中国人的思想方式和生活方式。慷慨悲歌精神风格的形成不是偶然的，它是燕地地理自然条件以及人文等因素共同作用的结果。

燕地的地理位置和自然环境对燕人的性格和燕文化的形成有重要影响

燕国地理位置大致位于今河北北部，山西北部，内蒙古南部，辽宁西南部。根据《史记》的记述，战国与西汉时期，战国北部农耕与游牧区的分界线在碣石（今河北昌黎）到龙门（今山西河津）一线。这种地理位置决定了它处于我国北方草原游牧文化与中原农耕文化的过渡地带，也是古代不同文化的融合交会地带。燕国的自然环境是慷慨悲歌产生的自然因素，它包括生态环境、气候、地质等条件。燕地山高气寒，水洌土厚，山石块垒，危峰雄崎，这种自然环境必然影响这一区域人们的生活、生产以及心理情感，影响这一地区的风俗习尚。燕地的土质是河流冲击形成的次生黄土，这种黄土不具备自行肥效的能力。因而燕地农业经济和文化，从产生之时起就比黄土高原落后一些。不是绝对不能生存，也不是绝对优越，从而使人积极向上，又时刻准备奋争，因而，燕地的文化是苦寒文化。落后而又奋争，卑弱而又顽强，最终形成燕文化慷慨悲歌的文化特征。

繁衍生息在中华土地上的祖先，根据自己所处的不同环境选择了不同的生存方式。处于南方湿润环境中的部落，学会了耕作，选择了以农耕和定居为主的生存方式。而处于寒冷干旱的北方草原的部落，赶着已驯服的畜群走向草原，成为游牧族。而燕地处于游牧和农耕的交会地带。有史以来，不同的族群在交会地带活动，从和平相处到冲突再到杂居融合，数千年经久不息。正是众多部族的大混杂、大融合，促进了不可分割的民族统一体的形成。不同族群的生产方式、生活方式不同，其性格、习俗也有很大不同。农耕人日出而作，日落而息，性情质朴温和；游牧人逐水草而居，迁徙无定，以鞍马为家，以涉猎为俗，性格粗犷、豪放、强悍。燕地处于两种方式的交会地带，是民族融合的前沿地，这样的地理位置对燕地人的性格有很大影响。

燕地战事连续不断成为慷慨悲歌精神风格形成的重要因素

燕地的地理位置，也造成了从春秋战国时起这里连绵不断的战争。燕地北边是游牧生产方式，南边是农耕生产方式，它处于二者交会地带，是两种生产方式争斗的前沿，因而这里的战争从春秋开始就连续不断，成为燕地慷慨悲歌精神风格形成的重要因素。

春秋战国时期，游牧文化由于自身经济的脆弱，往往对南方农耕经济有很大的依赖性，一些生产生活用品，如铁制器具、茶、丝绸等，都依赖南方农耕经济，而正常贸易往往无法满足需要，因此，也就不断地对农耕经济发起战争和掠夺。游牧人相较农耕人在军事上往往处于优势。游牧人流动畜牧，鞍马为家，使他们自幼就成为善战的勇士。战争对游牧人来说相对是自然的、极其平常的事，这与农耕人形成鲜明的对比。农耕人需要巨大的财力养兵，这就决定了古代中国的军事格局，经济文化先进的农耕人处于守势，而武力强大的游牧人常处于攻势。于是在两种文化交会地带的燕地，战争不断发生。从春秋战国时期起，战争连续不断，直到两汉唐宋时期。战争对燕地人的性格产生了很大影响。《宋史·地理志》在概括河北民风时说："人性质厚而少文，多专经术，大率气勇尚义，号为强忮。土平而近边，习尚战斗。"沈括在《邢州尧山县令厅壁记》中写道："其人生而知有战斗攻掠之备，习闻而成风者已久而不可迁。虽当积安无事之日，其天性固以异于他俗。此宜治之难。"

燕地侠士和侠义之风是慷慨悲歌最终形成的重要条件

春秋时期，原有的礼乐制度被破坏，诸侯争霸，社会处于分崩离析状态，一些没落贵族及专为这些贵族服务的文臣武将散入民间，而平民中的一部分有知识有武力的人与之交往，由此形成了一类有特长的特殊社会群体，因而出现了士阶层。士是对读书人的称呼，侠是指具有武功、带剑的人。士人靠某种技能周游列国，寻找用武之地，其中有武功的人凭借武勇做一些扶危济困、仗义任侠之事，以铲除身边的不平，替自己扬名，这样就出现了初期的侠士。游侠是从士阶层分化出来的，他们有信念，重操守，讲气节，言必信，行必果，勇于济贫扶难，博取荣誉，这些特点在游侠产生之初的春秋战国时非常突出。

春秋时，侠气开始流行，到战国时侠风大盛。游侠追求公平，讲究义气，为了正义和公平，他们可以奋不顾身。游侠勇于助人，乐善好施，不论是知己还是陌路之人，只要遇到危难，他们多会挺身而出，侠义相助。侠士打击的是欺压良善的恶势力，救助的是社会中贫弱穷苦之人。侠士之风成为慷慨悲歌产生的基础。

游侠除了替百姓排忧解难之外，有些人还参与到诸侯各国的政治生活中。历史上，每当国家和民族陷入危难之中，总有许多侠士献身于捍卫国家和民族的正义事业。燕太子丹和荆轲谋划了刺杀秦王的行动，他们希望以此阻止秦国吞并燕国，从而化解燕国的危机。出发前，荆轲高唱："风萧萧兮易水寒，壮士一去兮不复还。""不复还"三个字说明荆轲深知此去不管成功与否都是不可能"复还"的，明知"不复还"还是毅然而去。在易水边，太子丹的志向和荆轲的诚信相契合，就完成了燕文化由苦寒和局促产生的激变，把燕文化慷慨悲歌的精神风格推向了极致，慷慨悲歌就这样在易水秋风中产生了。在慷慨悲歌产生过程中，燕地侠士和侠义之风是慷慨悲歌最终形成的重要条件，没有侠士和侠义之风也就没有慷慨悲歌。

本文发表于2012年9月17日《北京日报·理论周刊》文史版，
原题为《慷慨悲歌出易水》，
作者薛兰霞时任中央司法警官学院教授，
杨玉生时任中共保定市委党校教授

谣谚入史：班固《汉书》的功力

陈其泰

把谣谚写入史书的传统是由《左传》《史记》开创的。如《左传》僖公二十八年（公元前632年）载，晋楚城濮之战前两军对峙，楚师凭险而军，晋侯对此心有畏惧。"听舆人之诵曰：'原田每每，舍其旧而新是谋。'"（杜注："喻晋军之美盛，若原田之草每每然，可以谋立新功，不足念旧惠。"）于是晋侯才下决心与楚作战，结果取得此役的重大胜利，奠定了晋国称霸中原的基础。《史记》中也有引用谣谚的著名例子。如灌夫为颍川大豪强，家产累数千万，占有陂池田园无数，宗族宾客横行于乡里，遭到百姓愤恨。"颍川儿乃歌之曰：'颍水清，灌氏宁。颍水浊，灌氏族。'"又如《史记·货殖列传》引用民间谣谚，总结如何经营致富、趋利避害："谚曰：'百里不贩樵，千里不贩籴。居之一岁，种之以谷；十岁，树之以木；百岁，来之以德。'德者，人物之谓也。"朴实的语句中蕴含着深刻的意义。

班固继承了这一传统，《汉书》中高度重视灵活而恰当地引用战国至汉代流

▲班固（32—92年），字孟坚，东汉史学家、文学家。编撰中国第一部纪传体断代史——《汉书》。图为清朝藏书家顾沅辑录、孔莲卿绘像《古圣贤像传略》所载班固像。

行的谣谚，因而显著地加强了历史叙事的效果。

水利工程对农业生产、民众生活影响极大，《汉书》中引用谣谚表达民众对水利工程兴废的赞誉和谴责。《沟洫志》中引用两首民谣，一首是记载魏国河内民众对邺令史起引漳河水灌邺的由衷赞扬："邺有良令兮为史公，决漳水兮灌邺旁，终古舄卤兮生稻粱。"另一首是记载关中民众对战国至西汉先后兴修郑国渠、六辅渠、白渠，灌溉关中广袤土地的褒颂："民得其饶，歌之曰：'田于何所？池阳、谷口。郑国在前，白渠起后。举臿为云，决渠为雨。泾水一石，其泥数斗。且溉且粪，长我禾黍。衣食京师，亿万之口。'言此两渠饶也。"关中三大水利工程造福于广大民众是经济史、社会史上的大事，班固所引用的民谣对此具有画龙点睛的意义。

汉武帝提倡儒学以后，儒家典籍成为进身之阶，《汉书》中引用多首有关儒学和儒士的谣谚，借此可以看出儒学对社会生活产生的种种影响。如元帝时，豪爽有学问、"好倜傥大节"的朱云，经过连续几场辩论，难倒居于少府官位、傲慢地把持经学讲坛的五鹿充宗。此事令京城士人大为称快，于是有谣谚流传。《朱云传》载："是时，少府五鹿充宗贵幸，为梁丘《易》。自宣帝时善梁丘氏说，元帝好之，欲考其异同，令充宗与诸《易》家论。充宗乘贵辩口，诸儒莫能与抗，皆称疾不敢会。"有人推荐朱云与他辩论，朱云整肃衣冠，意气昂然，"抗首而请，音动左右。既论难，连拄五鹿君，故诸儒为之语曰：'五鹿岳岳，朱云折其角。'繇是为博士"。由于《汉书》对此郑重记载，五鹿充宗称雄经学讲坛、别人莫敢与之抗衡就成为历史上著名的典故，新中国成立之初，柳亚子写给毛泽东的诗句即有云："夺席谈经非五鹿，无车弹铗怨冯驩。"

还有在邹鲁地区流传的谣谚："遗子黄金满籯，不如一经"，更是道出了通经能当上高官的秘诀。其缘由是，鲁国人韦贤"为人质朴少欲，笃志于学，兼通《礼》《尚书》，以《诗》教授，号称邹鲁大儒"。征为博士，为昭帝讲授《诗》，任光禄大夫詹事，再升任大鸿胪。宣帝立，他任长信少府，"以先帝师，甚见尊重。本始三年（公元前71年），代蔡义为丞相，封扶阳侯，食邑七百户"。时年七十余，任丞相五年。韦玄成是韦贤少子，"少好学，修父业"，"以明经擢为谏大夫"。历任大河都尉、河南太守，迁太常。宣帝诏令韦玄成与太子太傅萧望之"及《五经》诸儒杂论同异于石渠阁，条奏其对"。元帝时，任御史大夫，后代于定国为丞相，"遂继父位，封侯故国，荣当世焉"（《汉书·韦贤传》）。子继父业，同以通经而先后登上丞相高位，这首流传于韦贤家乡的谣谚即道出了实质，对因儒学进身显赫官位的社会现实做了生动而恰当的概括。

西汉后期的谣谚还具有战斗性，敢于对祸害国家的邪恶势力严厉抨击。元帝时，宦官石显与中书仆射牢梁、少府五鹿充宗狼狈为奸，依附他们的邪恶小人都获得高位，于是民众有谣谚流传："牢邪石邪，五鹿客邪！印何累累，绶若若邪！（颜师古注：'累累，重积貌。若若，长貌。'）"揭露这班人"兼官据势"，互相勾结，把持要害部门，闹得乌烟瘴气！至成帝即位，石显陡然失势，"丞相御史条奏显旧恶，及其党牢梁、陈顺皆免官。显与妻子徙归故郡，忧懑不食，道病死。诸所交结，以显为官，皆废罢"。少府五鹿充宗被贬为玄菟太守，御史中丞伊嘉被贬为雁门都尉。石显一伙儿倒台，长安民众人心大快，于是有新的民谣流传："伊徙雁，鹿徙菟，去牢与陈实无贾。"（按：贾同价。无贾，指一钱不值。）

从历史编纂学视角对上述问题进行梳理和分析，有助于我们认识班固著史独具的功力和史识。谣谚形式短小活泼，语言形象隽永，往往能道出事物的实质，以谣谚入史，能增强历史叙事的吸引力，并且启发人们深入思考。在古代，信息传播的手段很受限制，而民间谣谚生动活泼且又押韵，易诵易记，因而能很快流传，以特殊方式反映民众的喜怒哀乐，表达民情民意，这本身就是值得重视的历史现象。

本文发表于2017年6月12日《北京日报·理论周刊》文史版，
原题为《谣谚入史：班固〈汉书〉的功力》，
作者时任北京师范大学史学所教授

汉代铜镜上都写了什么

陈　来

　　铜镜在青铜时代属礼器，春秋战国时代为贵族所佩戴和享用。古代的铜镜，功能有限，如所谓"以铜为镜，可以正衣冠"，主要用途是照鉴察形。然而汉代的铜镜已经相当精巧，用途也很广泛。尤其是汉代铜镜背后的铭文，相当丰富，从一个侧面反映了汉代的文化，成为了解汉代文化的一个窗口。

　　铜镜的铭文本是制镜者表达对佩用铜镜者的祝福、庆祷、期盼，有的也反映了制镜者与佩用者的特殊关系，从中可见制镜者的内心愿望，使得铜镜的使用价值增加了意义。当然，随着经济的发展和制作铜镜的商业化，从前制镜者的特殊愿望就可能变为适用众多头者的套话式的吉语。但无论是制镜或买镜，

◀汉代的铜镜制造精巧、用途广泛。图为湖北省博物馆所藏汉代日月天王镜。

送人或自用，铭文上的吉语无疑都反映了当时社会流行的价值观念。也就是说，铭文表达的这些价值不仅仅是使用铜镜的社会阶层的价值，因为有很多价值是不同阶层的人所共享的。故应该说这些铭文更多反映的是社会的"一般价值"。所谓一般价值，是指这些铭文中表达的价值观主体，不一定是文化中最崇高的部分，也不是最低俗的部分，而是属于社会普遍流行的、各阶层都接受的观念。这对了解一个时代的社会流行观念，具有相当的价值。

汉代铜镜的铭文，包含多种文化元素，表达形式也很多样。比如有的铭文就有东王公、西王母的神话记载，反映了这些神话在汉代生活中的影响。又如汉代铜镜铭文多七言形式，对研究七言诗的出现有价值，故受到一些学者的重视。相比较而言，我更重视的是铭文所表现的价值观对了解汉代社会价值观的意义。

汉镜铭文体现的价值观大体可分为以下几个方面。

向往世俗幸福的内容在汉镜铭文中十分突出。其中可分为三类：一是长寿，如"延寿万年""延年益寿""服者老寿"，这不仅反映了人们追求长寿的愿望，也应与汉代流行神仙观念有关；二是贵富，如"君宜高官，位至三公""常富贵，乐未央""大乐贵富毋极"，这些主要反映了当时官僚阶层对贵富的企盼；三是长乐，铭文中多见将长寿、贵富加以结合，同时祝祷长乐，如"与天相寿、与地相长，富贵无极，长乐未央"。以上三类，属于汉代人追求世俗幸福的价值观的体现，其中把快乐作为幸福的要素，是值得关注的。

在追求世俗幸福的铭文之外，有更多的铭文是把对世俗幸福的追求和家庭伦理结合在一起表达的，体现出家庭伦理观念是汉代人的深切关怀。如铭文中有大量表达"保二亲""宜子孙""宜兄弟"的语句："利二亲，宜弟兄，寿万年，长相保，宜子孙""长保二亲乐富昌""长保父母利弟兄""长保二亲及妻子""夫妻相喜，日益亲善""延年益寿，宜子宜孙""长保二亲得天力，传之后世乐毋已""天地和合子孙成，长保夫妇乐长生"。这表示，在汉代人心目中，对幸福的追求，不是仅仅追求个人的幸福，而是关切家庭幸福，关切父母、兄弟、妻子、子孙的幸福。值得特别提出的是相思镜铭文，如"长相思，毋相忘""愿长相思，长毋相忘"，这一类情感相思铭文在汉镜中甚多，多属夫妇、男女之间真挚情感的表达，反映了当时社会男女离别之多，也是汉镜铭文给人印象最深刻的部分。

除以上两方面外，还有表达道德追求和家国情怀的铭文，体现了更崇高的价值观。如"可以取诚""可以取信""贤者戒己仁为右，怠忘毋以象君子"，是个人立身的道德；"有君子之方，视父如帝，视母如王，爱其弟，敬其兄，忠信以为高"，是家庭和社会伦理观念；"居必忠必信，久而必亲；不信不忠，久而自穷"，是以德治家、以德治国的训言。这些都说明汉镜铭文也有道德警戒的功能，虽然这类铭文不多，但反映出儒家伦理道德观念对汉代社会的深入影响。更值得注意的是下面这则铭文："王氏作镜四夷服，多贺新家人民息，胡虏殄灭天下复，风雨时节五谷熟，百姓宽喜得佳德，长保二亲受大福，传告后世子孙力，千秋万年乐毋亟。"此外，有的铭文还期待"家给人足天下平""中国大宁"，这些铭文都充分表达了对四夷服、人民息、天下复、五谷熟、百姓宽，亦即对太平、繁荣、富足、和谐世界的企盼。

本文发表于2015年8月3日《北京日报·理论周刊》文史版，原题为《了解一个重要朝代文化和价值取向的一个窗口——汉镜铭文体现的价值观》，

作者时任清华大学教授

魏晋时期的十大奇风异俗

汤凌

魏晋是中国历史上最动荡的时代之一，政治之黑暗与思想之解放是这一时期的两个突出特征。汤用彤先生在《魏晋玄学论稿》里曾说："汉末以后，中国政治混乱，国家衰颓，但思想则甚得自由解放。此思想之自由解放本基于人们逃避苦难之要求。故混乱衰颓实与自由解放具因果之关系。"

唯其如此，后世才有了"魏晋风流"之说。魏晋名士有一种不同于流俗甚至不同于任何历史时期的精神面貌、言谈举止，他们用自己的言行、诗文等使自己的人生艺术化，追求艺术化的人生。具体表现为个体生命意识的张扬，由注重传统儒家教化下的道德风范，开始向崇尚人物外貌、精神气质的生命情态转变。

《魏晋风流十讲：〈世说新语〉中的奇风异俗》一书，将魏晋的奇人趣事概括为十种奇风异俗，以专题演讲的形式，进行了

▲《世说新语》主要记录魏晋名士的言行和逸事。图为《世说新语》尊经阁影刊本书影。

生动的现代解读。

"美容之风"。这是说魏晋时期对于男性美的欣赏，作者从"看杀卫玠"的故事入手，追溯到战国时期宋玉、邹忌的故事，梳理出历史上对男性美欣赏的生理标准：即皮肤白、身材高；又从王戎、裴楷、潘岳等人物事迹，论述眼亮、仪态反映出的内在精神气质的重要性。在作者笔下，魏晋美容之风极大促进了中国美学发展。

"服药之风"。这主要讲的是毒品"五石散"。以"王蓝田食鸡子"为例，说明魏晋士人性情狂躁背后与服食"五石散"有很大关系。通过桓玄、裴秀、王恭、王羲之等人服食的故事，探析了"五石散"所引发的"生理并发症"和"文化后遗症"。魏晋名士的服药之风既是魏晋士风的重要组成部分，其所带来的各种负面效应也值得人们反思。

"饮酒之风"。分别从东方朔、钟氏兄弟的故事，概括出古代社会酒的解忧、成礼功能，并通过阮籍饮酒的故事，交代魏晋饮酒之风的一个重要特征，即饮酒逐渐从群体性仪式的"成礼"道具，演变成个性解放、自我张扬的"越礼"媒介。并从"刘伶病酒""人猪共饮"等魏晋酒徒的事迹，剖析魏晋名士傲岸不羁的人格精神下真实的内心世界。

"任诞之风"。"任诞"是任达、放诞之意，也就是言行"出格"，表现"另类"，其文化思想的源头可以追溯到庄子。王粲有"好驴鸣"这一癖好，曹丕为其"驴鸣送葬"这一荒诞无礼的行为背后，蕴含着一种超越礼教束缚的真性情。书中引述了东晋名士王羲之"东床快婿"、王子猷"雪夜访戴"等故事，展现了魏晋名士潇洒倜傥的风度。

"隐逸之风"。以"管宁割席"的故事开篇，认为导致管宁割席断交的深层原因不是华歆有缺点、有毛病，而是管宁通过两件小事，发现他与华歆志不同、道不合——管宁的志向与汉末魏晋流行的隐逸文化息息相关。隐逸文化是中国传统文化中最具传奇性、超越性和浪漫气质的一种文化现象。诸如许由、巢父、伯夷、叔齐、严子陵等古代著名隐士，都是"有志之人"。这里其实揭示的是古代隐士和隐逸文化的精神实质。

"品鉴之风"。这是汉末魏晋品评人物、鉴别人才、预测发展的风气。曹操便是通过汉末名臣桥玄的引荐，以及评论家许劭给出的"治世之能臣，乱世之奸雄"的评价而暴得大名，一步步走向人生的巅峰。而郭泰、裴潜的识人故事也折射出识鉴风气的深厚文化背景。识鉴人物的另一个内容就是品第人物，即把一个人和另一个人进行对比，从而确定其优劣、雅俗、高下。其中以王子猷与王子敬、祖约与阮孚、谢安与王坦之的"较量"最为惊心动魄。

"清议之风"。这指的是一种清正的政治风气，它以激浊扬清、弘扬正道为目的，以批评现实政治和当朝人物为主要内容。汉末一大批正直的士大夫出于维护儒家道统和王朝命脉的需要，联合三万太学生，参政议政、鞭挞腐败，发起了对宦官集团的口诛笔伐。参与清议运动的名士被称作"清流"，他们是不与宦官同流合污的高洁之士。李膺和孔融即汉末清议之风的两个重要人物。书中评述了汉末清议之士与宦官集团做斗争，最后杀身成仁、舍生取义的故事。

"清谈之风"。魏晋清谈是魏晋时代贵族和知识分子以探讨人生、社会、宇宙哲理为主要内容，以讲究修辞技巧的谈说论辩为基本方式而进行的一种学术社交活动。汉末的清议之风被两次"党锢之祸"所打压，知识分子不敢再议论政治，于是名士之中就兴起了谈玄说理、坐而论道的"清谈之风"。尤其是在何晏、王弼、阮修、乐广等清谈家身上体现了求真、自由、平等、创新的精神，正是他们推动了中国思辨哲学的进步，为中国思想和文化注入了新的活力。

"奢侈之风"。在魏晋时代，"奢侈之风"盛行于上层贵族。《世说新语·汰侈》就记载了不少"暴发户"和"败家子"。这股奢侈之风最早从魏明帝曹叡开始，特别是西晋一朝，从皇帝、朝中大臣到其他权贵，奢侈之风日盛。豪门大族富可敌国，开始争豪斗富，炫财摆阔。暴发户石崇、王济就是其中的代表。奢侈之风正是人性弱点的总爆发，它给后世人们带来的思考是复杂的。

"艺术之风"。艺术之风贯穿整个魏晋南北朝，尤其是魏晋的两百多年，几乎所有的艺术样式都达到了空前的繁荣，取得了辉煌的成就。建筑雕塑、书法绘画、诗歌文赋、音乐舞蹈，大师辈出，星光灿烂，琴有嵇康、王子猷，棋有王导、谢安，书有韦诞、王羲之，画有戴逵、顾恺之……魏晋艺术之风的影响一直持续到今天。

以上十种风气，前人或多有论述，有些广为人知。但其所体现的当事人的精神和境界，今人恐远没有完全理解。那时候没有聚光灯，没有商业炒作，有的只是时人心目中所谓对美的事物的热爱，对高贵气质的欣赏，以及对卓越才华的仰慕。

本文发表于2014年10月27日《北京日报·理论周刊》文史版，原题为《〈世说新语〉中的奇风异俗——读〈魏晋风流十讲〉》，作者当时任职于上海同济大学人文学院

唐人爱"出格"

游宇明

与明清人的谨小慎微、战战兢兢相比，唐代的人们活得有个性得多，他们敢说自己想说的话，敢做自己想做的事，有的事甚至在我们今天看来都颇有些出格。

孟浩然是唐代著名山水诗人，此君最初也想混个官当当。开元十六年（728年），他赴长安参加科举考试，不第。某次，与他交好的王维私邀其至内署，恰好碰上玄宗来。按旧制，布衣不能面圣，孟浩然只好躲到床下。王维不敢隐瞒，以实相禀，玄宗说："我听说过这个人，却没有见过他，为什么要因为害怕而藏匿呢？"于是孟浩然爬了出来，并在玄宗面前背诵自己的诗，至"不才明主弃，多病故人疏"一句，玄宗不高兴了，反问孟浩然："你不求仕，而我从来未尝抛弃你，你怎么能诬蔑我呢？"于是下令放还。没想到，孟浩然是个倔脾气的人，他自此绝了仕宦之心。某次，采访使韩朝宗约孟浩然一起赴京师，想将他推荐给朝廷。恰好孟浩然来了朋友，几个人喝得正酣。有人提醒他："你与韩

▲孟浩然（689—740年），字浩然，号孟山人，襄州襄阳（今湖北襄阳）人，世称"孟襄阳"，唐代著名诗人。图为《古圣贤像传略》所载孟浩然像。

公有个约定。"孟浩然斥责此人："已经喝起来了，别管他！"最后没有赴约，韩朝宗大怒，转身就走，但孟浩然没有一丝后悔。

与孟浩然类似，李白也是有个性的人。李白早年也曾四处给人送诗，希望有人将他引荐给朝廷。天宝元年（742年），李白的诗得到了玉真公主与太子宾客贺知章的极力称赞，出于好奇心，玄宗也看了，非常欣赏，便召李白进宫。李白朝见那天，玄宗降辇步迎，"以七宝床赐食于前，御手调羹"。后来，皇帝又问了他一些社会上的事情，因为有长期的底层经历，李白对答如流。玄宗高兴极了，当即令李白供奉翰林，给自己写诗作文以求娱乐。天宝二年（743年）初春，玄宗在宫中行乐，李白诏作《宫中行乐词》；暮春，兴庆池的牡丹争奇斗艳，李白写《清平调》。然而，一贯特立独行的李白很快厌倦了这种御用文人的生活，他与贺知章等人天天纵酒，天子呼之不朝。他甚至在酒饮至极处时，还干出了让当红太监高力士脱鞋这样的出格事。性情放纵到这个程度，官自然也就当不下去了，后来，他干脆放弃了翰林这个公务员身份，凭着一手好诗浪迹江湖。

唐人在做人与干活上尽玩一些吸引眼球的事，在穿着、化妆上也喜欢出风头。唐代的女子好着男装。《新唐书》载：某日，唐高宗与武则天在宫内设宴，太平公主着紫衫、佩玉带、头戴皂罗折上巾，身披砺石、佩刀、火石等武官的七件饰物，在帝后面前载歌载舞，高宗虽然说了一句："女子不可为武官，何为此装束？"却也没有真正干预女儿的打扮。如果说，高宗对女子着男装还有一点心理不适的话，到了后来的皇帝那里，连这点不适都没有了。唐武宗经常让他宠爱的王才人跟自己穿一样的衣服，以至当他们在禁苑打猎时，"左右有奏事者，往往误奏于才人前"。女着男装，决非只是出现在宫廷里，事实上，那时的平民女子也往往以男装为美。

现代社会许多男人都是整年素面朝天，不着脂粉的，唐代男人擦护肤用品却成为时尚。杜甫《腊日》诗写道："口脂面药随恩泽，翠管银罂下九霄。"此诗所谓的"口脂面药"，就是涂在唇部和脸部的化妆用品，既有美容之效，又可用来防冻。唐代皇帝常在腊日赐给臣子脂膏，用碧镂牙筒盛装，这种牙筒就是所谓的"翠管"。除了好用唇膏面脂，唐代男人还喜欢以香熏衣，特别是簪花。《太平广记》中记载："琎尝戴砑纱帽打曲，上自摘红槿花一朵，置于帽上。其二物皆极滑，久之方安。随奏《舞山香》一曲，而花不坠。"此处的"琎"指的是汝阳王李琎，"上"指的是唐玄宗。

唐代是一个非常开放的时代，GDP（国内生产总值）居世界第一不说，胸怀也无比博大，外国人来经商也好，来读书也罢，它都满脸含笑地接纳。在这样的社会环境中，文人"不想为五斗米折腰"而放弃仕进、女子着男装、男子好用化妆品等举动，不过是应时而生，一点也不奇怪。

本文发表于2017年4月10日《北京日报·理论周刊》文史版，
原题为《唐人的个性》，
作者时任湖南人文科技学院副教授

《清平乐》的"乐"字到底怎么读

沈文凡

电视剧《清平乐》自播出以来，备受关注。其考究的服化、场景、台词等处处都体现出制作团队对历史细节的尊重，非常难得。这样的大型历史剧对传播中国古典文化是深有裨益的。但与此同时，也有一个明显值得商榷的地方——关于"清平乐"这个题目的读音问题。词调名中"乐"字的读音，一直以来都是有歧见的问题。此剧片头出现剧名"清平乐"时，在其下明确标注"乐"字读音为"yuè"，笔者对此有不同看法。

唐代很多大曲来源于唐诗，而所取调名亦是吻合唐诗本事的

要弄清楚词调的读法，我们先来看看词调的来源。据宛敏灏先生《词学概论》的分类，唐宋词调的主要来源有：截取隋唐的大曲、法曲或引用琴曲；由民歌、祀神曲、军乐改编；宫廷创制的曲子；等等。词调在最初创制的时候，本身应该都有意义，而且词调命名应当是和内容密切关联的，大多数调名也就是词的题目。如《摸鱼儿》词写摸鱼、《卜算子》词写卖卜、《诉衷情》词写爱情、《祝英台近》词写梁祝故事等等，词调取名基本是歌咏本意的。

　　唐代很多大曲来源于唐诗，而所取调名亦是吻合唐诗本事的，比如"夜半乐""还京乐"是唐明皇未当皇帝之时，因朝政大权系于韦皇后一手，为诛除韦后势力，自潞州还京师，夜半举兵诛杀韦后，明皇大获全胜，而制"夜半乐""还京乐"二曲，并作文成曲于小破阵乐。《太平御览》载："还京乐者，唐明皇自蜀反，正乐官张野狐撰此曲。"因为曲调是依本事表达皇帝获胜还京的快乐心情，所以调牌中的"乐"自当为表达情绪喜乐而读"lè"。

　　依本事而作的曲，曲调所表达的情感也与词意相得益彰。如《何满子》，本为人名，是唐玄宗时沧州人氏姓何名满，因开罪于明皇，被判死刑，临刑前特制一曲，以表其哀，就刑前始将新乐曲完成。因何满子深感自身伤悲，所作乐曲也是肝肠寸断的，时人也称此曲为"断肠曲"。后梨园乐人奏禀唐明皇，明皇甚受感动，特赦何满子之罪，并将乐曲取名为"何满子"。

　　再比如"荔枝香"，唐明皇与杨贵妃到骊山上的华清宫，正赶上贵妃生日，唐明皇为贵妃做寿，令教坊内的小部音声在长生殿内奏乐，当时奏新曲，而尚未为新曲调命名，正好南方进献贵妃最喜爱的水果荔枝，因此就将新乐曲命名为"荔枝香"。《全唐诗》就收录有很多歌咏"荔枝"的诗，说明"荔枝香"词调和本事相关。如杜牧的《过华清宫绝句三首》中"长安回望绣成堆，山顶千门次第开。一骑红尘妃子笑，无人知是荔枝来"。

电视剧《清平乐》的"乐"亦当理解为美满、和乐，故音当为"lè"

理解了词调名称与内容的关系，我们再看"清平乐"，此原为唐教坊曲名，取用汉乐府"清乐""平乐"这两个乐调而命名，后用作词牌。《宋史·乐志》入"大石调"，《金奁集》《乐章集》并入"越调"。这也是自古多有论者认为"乐"字读音为"yuè"的原因。

如果追溯词调本事，《碧鸡漫志》据《松窗录》云："开元中，禁中初重木芍药，得四本，红、紫、浅红、通白繁开。上乘照夜白，太真妃以步辇从。李龟年手捧檀板，押众乐前，将欲歌之。上曰：'焉用旧词为？'命龟年宣翰林学士李白立进清平调词三章。白承诏赋词，龟年以进，上命梨园弟子约格调，抚丝竹，促龟年歌。太真妃笑领歌意甚厚。"可见是明皇、贵妃赏花，眼见一派清平和乐之景，饶有兴致，而命乐工谱曲，李白填词。李白此时所呈上的即是《清平调》三首。诗中"云想衣裳花想容，春风拂槛露华浓""解释春风无限恨，沉香亭北倚阑干"等句歌颂贵妃美貌，名花美人两相衬映，

▲ 宋仁宗（1010—1063年），即赵祯，宋朝第四位皇帝，1022—1063年在位。图为清代拓本《历代君臣图鉴》所载宋仁宗像。

君臣和乐，描绘出一片和乐盛世的景致。

由此，"清平乐"词亦多为昌平盛世而歌。任二北《教坊记笺订》云："温庭筠《清平乐》：'新岁清平思同辇'，显为《两都赋》'海内清平，朝廷无事'之意。《敦煌杂录》下《愿文》云：'社稷有应瑞之祥，国境有清平之乐'可知调名中二字并不指清调、平调。"说到我们前文提到的电视剧《清平乐》，展现的亦是宋仁宗仁政治理下北宋王朝清平和乐的图景，那么其中的"乐"亦当理解为美满、和乐，故音当为"lè"。

读"yuè"者，当是将"乐"作为曲调体制来理解的

而读"yuè"者，当是将"乐"作为曲调体制来理解的，尽管汉乐府最初的"清乐"和"平乐"中的"乐"确实是对词曲体制的描述，但"清"与"平"自是与曲调内容紧密相关的。而如果将《清平乐》中的"乐"作为乐曲体制来看，则"清平乐"词牌当为"清平"而非"清平乐"。古代词调大多是由曲调转化而来的，所以词调的类别也依据曲调的类别划分。古代不同词谱对词类划分有所不同，与唐宋词密切相关的乐曲主要是大曲和杂曲。大曲是唐宋时代的大型歌舞曲，由同一宫调的若干曲子组成，结构复杂。法曲是大曲的一部分，因融合佛门、道门曲，所以称为法曲或法乐。曲破是大曲入破以后的部分。大曲以外的单支曲，统称为曲子或杂曲，杂曲小唱又因音乐或长短分段不同而分为"令""引""近""慢"诸体。词牌命名中自然有带词调体式的命名，命名规律一般为"本事+

体式",如《如梦令》《阳关引》《祝英台近》《木兰花慢》等，其中的"令""引""近""慢"是词调体式，而这个分类中并不包含"乐"。

以"清平乐"来讲，此词牌又名"清平乐令"，一如"卜算子"又可称"卜算子令"，"浪淘沙"又可称"浪淘沙令"等。此处的"令"即是用来描述词曲体制的，而"清平乐"三字则皆当为描述词之本事，这又从另一个角度证明了"清平乐"中"乐"的读音当为"lè"。

电视剧以"清平乐"命名，一是考虑到了宋代是曲子词（词）创作的兴盛期，北宋词人辈出，创作中使用了大量的词调；最主要的是因为宋仁宗是两宋时期在位时间最长的皇帝，共四十二年，史家把仁宗在位及治理国家的时期概括为"仁宗盛治"，是符合实际的。仁宗克己励精，燮理调和，国家清平安乐，此"清平乐"中的"乐"当然要读安乐之"乐"了。

本文发表于2020年6月1日《北京日报·理论周刊》文史版，原题为《〈清平乐〉的"乐"为何要读"lè"》，作者时任吉林大学教授

宋代史书流传的"名人效应"

燕永成

宋代史学发达，史书数量与种类繁多，史书流传范围广泛，这与社会各界民众广泛参与和支持史学活动密不可分。其间，在广大民众中拥有极高知名度和可信度的社会名流，在时人选择史书、阅读史书、刊印以及传录史书等史学活动中，常常扮演着指导者的角色。不仅他们所撰史著广受读者喜爱和追捧，而且由他们所推举的史著也往往受到时人广泛关注，由此便形成了史书流传时的"名人效应"。

流传已久的历代名著被名家视作治史经典

这方面例子非常多。在对历代名著喜好方面，如钱若水"有清识，风流儒雅，好学，善谈论，尤爱《西汉书》，常日读一卷"。可见钱氏已将阅读《汉书》等著作视作每日必修科目。又如黄庭坚声称："每相聚辄读数页《前汉书》，甚佳。人胸中久不用古今浇灌之，则俗尘生其间，照镜则觉面目可憎，对人亦语言无味也。"由此可知，黄氏已将《汉书》视作净化心灵的神丹妙药了。再如汪藻"博极群书，老不释卷，尤喜读《春秋左氏传》及《西汉书》"。在此，汪氏将读史作为终生爱好。

不仅如此，一些名家还乐意向他人推荐历史名著。如据王正德引《逸事》言："陈后山初携文卷见南丰先生，先生览之，问曰：'曾读《史记》否？'后山对曰：'自幼年即读之矣。'南丰曰：'不然，要当且置它书，熟读《史记》三两年尔。'后山如南丰之言读之，后再以文卷见南丰，南丰曰：'如是足也。'"又如黄庭坚在《与朱圣弼书》中言道："公从事于仕，上下之交，皆得其欢心。又勤于公家，可以无憾，惟少读书耳。能逐日辍一两时读《汉书》一卷，积一岁之力，所得多矣。"这是黄氏针对朱圣弼的阅读困境而提出的合理化建议。再如朱熹弟子饶宰问看《资治通鉴》如何，朱熹言："《通鉴》难看，不如看《史记》《汉书》。《史记》《汉书》事多贯穿，纪里也有，传里也有，表里也有，志里也有。《通鉴》是逐年事，逐年过了，更无讨头处。"这是朱氏从阅读不同体裁史书的难易程度考虑，给予弟子的答复。

对于时人所撰史著，名家以极大热情赞扬并推荐

对于刘恕及其《十国纪年》，司马光在《十国纪年序》中饱含深情地言道："道原好著书，志欲笼络宇宙而无所遗，不幸早夭，其成者，《十国纪年》四十二卷，包羲至周厉王《疑年谱》、共和至熙宁《年略谱》各一卷，《资治通鉴外纪》十卷，余皆未成，其成者亦未以传人……期于瞑目然后传。病亟，犹汲汲借人书，以参校己之书，是正其失。气垂尽，乃口授其子羲仲为书，属光使撰埋铭及《十国纪年序》，且曰：'始欲诸国各作《百官》及《藩镇表》，未能就，幸于序中言之。'光不为人撰铭文已累年，所拒且数十家，非不知道原讬我之厚，而不获承命，悲愧尤深，故序平生所知道原之美，附于其书，以传来世。"他又在该书末言："世称路氏《九国志》在五代史之中最佳，此书又过之。"此后，薛季宣在《叙十国纪年》中亦论道："是书盖一世奇作，其叙事微而赡，简而详，疏而有旨，质而不芜，广博辞文，贤于国志、旧史远甚。"在此，司马氏和薛氏均表明了该书在同类史著中的突出地位。

又如叶适在评价李焘的《续资治通鉴长编》时指出："自史法坏，谱牒绝，百家异传，与《诗》《书》《春秋》并行。而汉至五季，事多在记，后史官常狼狈收拾，仅能成篇，呜呼！其何以信天下也！《通鉴》虽幸复古，然由千有余岁之后追战国、秦、汉之前则远矣，疑词误说流于人心久矣，方将钩索质验，贯殊析同，力诚劳而势难一矣。及公据变复之会，乘岁月之存，断自本朝，凡实录、正史、官文书，无不是正，就一律也；而又家录、野记，旁互参审，毫发不使遁逸，邪正心迹，随卷较然。夫孔子所以正时月日必取于《春秋》者，近而其书具也，今惟《续通鉴》为然尔。故余谓：'《春秋》之后，才有此书。'信之所聚也。"可见叶氏从编修当代史著角度出发，已将李焘著述抬到与《春秋》相提并论的高度。

对于编修体裁体例具有创新的史著，名家更以极大热情推举

这方面，如对于袁枢的颇具创新性的《通鉴纪事本末》，杨万里曾指出："予每读《通鉴》之书，见事之肇于斯，则惜其事之不竟于斯。盖事以年隔，年以事析。遭其初，莫绎其终。揽其终，莫志其初。如山之崖，如海之茫。盖编年系日，其体然也。今读子袁子此书，如生乎其时，亲见乎其事。使人喜，使人悲，使人鼓舞未既，而继之以叹且泣也……有国者不可以无此书。前有奸而不察，后有邪而不悟；学者不可以无此书。进有行而无征，退有蓄而无宗。此书也，其入《通鉴》之户欤！"在此，杨氏以自己的亲身感受，对《通鉴纪事本末》的现实政治功用做了极为形象的概括。吕祖谦在该书《跋》中言道："予慨然曰：'《通鉴》之行百年矣，综理经纬，学者鲜或知之。习其读而不识其纲，则所同病也。今袁子撷其体大者，

▲《通鉴纪事本末》是南宋史学家袁枢依据司马光《资治通鉴》编撰的第一部纪事本末体史书，它开创了以"事"为纲的本末体史书先例。图为《通鉴纪事本末》书影。

区别终始，使司马公之微旨自是可考。躬其难而遗学者以易，意亦笃矣……学者毋徒乐其易，而深思其所以难，则几矣。'"朱熹在该书《跋》中亦言："今建安袁君机仲乃以暇日，作为此书，以便学者。其部居门目，始终离合之间，又皆曲有微意，於以错综温公之书，其亦《国语》之流矣。"可见吕氏和朱氏不仅表明该书具有便于学习的优点，还对其编纂学价值做了深刻揭示。

又如朱熹编撰的《资治通鉴纲目》，不仅原书受到时人追捧，而且由此所创立的纲目体影响甚大。南宋后期，理学家真德秀在《劝学文》中明确指出："自今以始，学校庠塾之士，宜先刻意於二先生之书（按指张栻、朱熹），俟其浃洽贯通，然后博求周、程以来诸所论著，次第熟复，而温公之《通鉴》与文公之《纲目》，又当参考而并观焉。职教导者，以时叩击，验其进否。"由此可见，《资治通鉴纲目》与《资治通鉴》在此时已成为学校重要参考教材。又理学家魏了翁在评价尹起莘的《通鉴纲目发明》时言："是书若行，《纲目》之忠臣也。"以此来凸显该书的编撰价值。再如对于陈均的《皇朝编年纲目备要》，真德秀在该书《序》中指出："某读其书，弥月始尽卷，则喟然曰：'美哉书乎！圣祖神孙之功德，元臣故老之事业，赫赫乎！煌煌乎！备于此矣。'"在此真氏以自身阅读感受，对首次利用纲目体编成的本朝史给予了高度评价。

宋代史著能否得以顺利刊刻流传，成为时人颇为关注的问题

此间，若有名家推举称赞一些史著，尤其是流传较为稀少的史著，它们的命运便会有所转变。如对于孙甫《唐史论断》的流传命运，清人朱彝尊指出："庐陵欧阳氏、涑水司马氏、眉山苏氏、南丰曾氏交叹美之。绍兴中，曾镂板南剑州。端平间，复镌于东阳郡。今则流传寡矣。"可见该书在北宋时，就历经司马光等名家盛赞，南宋时才被地方刊刻印行。对于南宋

初的刊刻状况，张敦颐在该书末《题跋》中论述道："其《史记》（指《唐史记》）全书自公殁，取留禁中，世所可得而见者，《论断》而已。予家藏是本久矣，揭来掌教延平，会朝廷宽镂书之禁，应本朝名士文集有益于学者，皆许流传。乃出此书，与学录郑待聘参考旧史，重加审订，锓木于泮宫，以与学者共焉……是书成于嘉祐之初，迄今百有余岁而后显，岂其传若有所待耶？"由此说明该书之所以到南宋初被地方刊刻，还与朝廷放宽镂书禁令密切相关。又如对于宋敏求的《河南志》，司马光在该书《序》中论述道："次道既没，太尉潞公留守西京，其子庆曾等奉《河南志》以请于公曰：'先人昔尝佐此府，叙其事尤详，惜其传于世者甚鲜，愿因公刻印以广之，岂徒先人蒙不朽之赐于泉壤，抑亦使四方之人未尝至洛者，得之如游处已熟；后世闻今日洛都之盛者，得之如身逢目睹也，幸公留意。'公从之，且命光为之序。光于次道，友人也，乌敢以固陋而辞？"可见该书经文彦博和司马光推举帮助，才得以广为传布。

总而言之，从以上诸种情况来看，名家不仅有自己喜好甚至偏爱的史著，而且还常常受人邀请，以极高热情推举赞扬相关史著，以便加速或者扩大这些史著的流传范围。同时，在推举称赞方式上，他们不仅采取灵活多样的方式，而且多从阅读者的角度论述问题。具体而言，名家们有时采用直接评论，有时则以序或者跋等形式，甚至有些名人以个人亲身感受来说明阅读心得，由此彰显相关史著的优点，以期对相关史著流传、刊刻起到助推作用。

正是因为史书流传时有了"名人效应"，才使得宋代史学有了更加广泛的社会影响力。由此而言，名人对史书流传时的助推传播作用不容忽视。

本文发表于2016年12月5日《北京日报·理论周刊》文史版，
原题为《宋代史书流传的"名人效应"》，
作者时任上海师范大学人文与传播学院教授

宋代何以多笔记

钟振振

　　笔记类的书籍，至迟在魏晋南北朝时期就有了，但作者的人数不太多，书籍的数量也不太多；内容则多是些神神怪怪的事。即便写到真实的人和事，也多限于贵族、上流社会，很少涉及平民百姓。到了唐代，作者多了一些，书籍的数量也多了一些，内容也扩大了不少，但总的写作状况并没有根本性的改观。而到了宋代，情况则有了非常大的变化，可以说是有了突破性的进展。这表现在以下几个方面。

　　第一，作者人数大大增加。许多名人都加入笔记写作的队伍里来。如著名的政治家、历史学家司马光就撰有《涑水纪闻》。南宋周必大《二老堂杂志》卷四引陆游说：苏子容闻人引故事，必就令检出处；司马温公闻新事，即录于册，且记

▲宋代笔记类书籍数量较前代激增。图为欧阳修所撰《归田录》书影。

所言之人。故当时谚曰："古事莫语子容，今事勿告君实。"这条记载说，司马光每听到新闻，就要记录下来，写在专门的小本子上，并且还要记录是听谁说的。因此，当时就流传"有新闻别告诉司马光"的说法。（让他记录下来，谁知道会惹上什么麻烦。）此外，著名的文学家欧阳修撰有《归田录》，苏轼撰有《仇池笔记》，陆游撰有《老学庵笔记》，这些都是显著的例证。

第二，书的数量也大大增加。据不完全统计，大体完整地保存到现在，或有部分内容保存到现在的这类书籍，约有四百至五百种之多。如果加上已经失传了的，还不知道有多少。宋代笔记作者和书籍的数量，已经大大超过了魏晋南北朝、隋唐等朝代的总和。

第三，书的内容几乎涉及宋代社会的方方面面。政治、经济、军事、文化、宗教、哲学、科学技术、天文地理、家庭生活，鸡毛蒜皮，无所不包，无奇不有。这些都是原生态的宋代社会历史。

为什么会这样？原因当然很多，但我以为最重要的一条，是因为宋代文化普及的程度比起前代来有了很大的提高。

唐代以前，文学被贵族垄断着，整个中国社会，文化普及的程度比较低。隋唐时期，开始采用国家考试的方法来选拔人才（主要是进士科的考试），促使中国社会文化普及的程度有所提高。不过，唐代一般每年录取的进士至多几十人；而且，唐代的读书人考中了进士，虽然很荣耀，但仅仅是出名而已，并不能直接做官；要做官，还得经过吏部的选拔。更何况，唐代的进士考试，并不只看甚至并不怎么看重考试的成绩，还要看考生平时的文学创作成绩以及考生的社会知名度。显然，出身寒微的读书人和世家大族子弟之间的竞争，机会不可能均等。

而宋代的进士科举考试，则有了重大的改进。经过一段时期的摸索，终于固定为三年一考，每科录取数百人，且一中进士便授予官职。考卷不但糊名（隐去考生的个人信息），而且誊录（由官方派人将考卷誊抄后，再让考官去评阅），因此，考官无法知道哪张试卷出自哪位考生的手笔。评阅时便能够相对地做到客观、公正。而考生能不能被录取，完全由卷面成绩来决定。这样，有宋一代，就有比较多的普普通通的读书人，靠着自己的努力，考中进士，进入官场，甚至做到大官，比如宰相（主管政事的最高长官）、枢密使（主管军事的最高长官，宋代的最高军事长官一般也由文人来担任）。

读书能做官，甚至能做大官，这个现实的诱惑和刺激是很强烈的，它在一定的社会范围内，促使读书作文蔚然成风，促使宋代社会文化普及的程度比起前代来有了很大的提高。读书人大大增加了，写书的人自然也就一天天多了起来。要求每位作者都成为思想家、学问家、文学家，是不现实的；但写点随笔，把自己的所见、所闻、所感记录下来，还不算什么难事（只要看现今有无数人在网上开通自己的"博客"，不时贴上自己写的随笔，与广大网络读者分享自己的见闻与情感，就可以想象得到，古人也不会缺乏这样的写作冲动）。加上雕版印刷技术的提高，宋代的出版业、图书销售业也逐渐发达起来，笔记类书籍的出版和传播都不成问题。当时没有报纸之类的大众传媒，而笔记类书籍相对来说又轻松可读，比较适合人们茶余饭后消遣的需求，因此也不用担心没有读者市场。作者、书籍、读者，三个要素互为因果，良性循环，笔记作者、笔记类书籍在宋代大量增加，还有什么可奇怪的呢？

至于宋代笔记的内容为什么比起前代来会有很大范围的扩展，我们也可以在宋代文化人社会出身的广泛性方面找到合理的解释。宋代多数读书人、著书人，包括许多考取了进士、做过官甚至做过大官的人，或出身于平民，或至少出身于与平民接触较多的中小地主阶层；出身于贵族大地主阶层的，毕竟占少数。因此，宋代的文化比起前代来，平民的色彩要更多一些。

总而言之，宋代的笔记是一个很大的宝库。可惜，由于它的庞杂、零乱和琐碎，也由于学术界的传统观念不大重视这类著述，历代的学者往往只在那里边寻找有用的材料去做别的学问，比如，研究社会、研究历史、研究文学等等，很少有人将它本身作为一个课题来研究。这是一件很遗憾的事。

本文发表于2010年9月13日《北京日报·理论周刊》文史版，

原题为《宋代何以多笔记》，

作者当时任职于南京师范大学

宋代为何"文章之士，特盛于江西"

宋 磊

在中华文化的历史长河中，宋代文化绝对是一枝艳丽的奇葩。著名史学家陈寅恪就曾说过："华夏民族之文化，历数千载之演进，造极于赵宋之世。"

从地域来看，在宋代文化中，江西无疑是一个重要区域。经过东晋至隋唐五代数百年的酝酿，江西文化到了两宋时期得到迅猛发展。在"唐宋八大家"的"宋六家"中，江西就占了三家（欧阳修、曾巩、王安石），与四川平分秋色。其实，早在北宋时期，江西文化的繁盛，就已成为人们关注的热点。欧阳修就曾发出"区区彼江西，其产多材贤"的感叹。南宋李传道在为杨万里所作谥告中说："窃观国朝文章之士，特盛于江西……求之他方，未有若是其众者。"

对这一"江西文化现象"，宋人倪朴在《筠州投雷教授书》中有过详细叙述，他说：大江之西，国朝以来异人辈出，人物之盛甲于东南。庐陵欧阳公首以古学为天下倡……而后宋之

▲欧阳修（1007—1072年），字永叔，号醉翁，吉州庐陵（今江西省永丰县沙溪）人，北宋政治家、文学家。图为明朝百科式图录类书《三才图会》所载欧阳修像。

文超汉轶唐，粹然为一王法，则欧阳公实启之也……江西盖多士矣。

黄次山在南宋绍兴十年（1140年）撰写的《重刻临川文集序》中，也曾论及江西地域文化现象："江西士大夫多秀而文，挟所长与时而奋。"

对这一地域文化现象的关注，虽始于宋，但是宋以后的学者对此也多有继承，其中最为著名的一个观点当数清人李纮在《南园答问》中的一段话：

> 宋兴百年，文章榰窳，欧阳公奋兴，然后沛然复古，并辔绝驰，直追韩愈，探大道之根源，作斯文之宗主，独立一代，高视六宇，不特吴、越所绝无，盖寰瀛所希睹也。……古今大家，七有其三；文鉴佳篇，十居其五。

那么，两宋时期，地处江南的江西，何以成为文化昌盛之地呢？洪迈在其《容斋四笔》中，曾引吴孝宗《余干县学记》云："古者江南不能与中土等。宋受天命，然后七闽、二浙与江之西、东，冠带诗书，翕然大肆，人才之盛，遂甲于天下。"吴孝宗在《余干县学记》中，还以饶州为例，分析了"人才之盛"的原因："盖饶之为州，壤土肥而养生之物多，其民家富而户羡，蓄百金者不在富人之列，又当宽平无事之际，而天性好善。为父、兄者，以其子与弟不文为咎；为母、妻者，以其子与夫不学为辱，其美如此。"饶州这种现象，也可看成是江西的缩影。

在中国当代社会背景下，地域文化研究已经越来越成为一个重要的课题。宋代江西文化的兴盛，激起很多学者的关注和思考。夏汉宁先生等著的《宋代江西文学家考录》（以下简称《考录》）就对宋代江西文学家进行了深入而全面的发掘。这部著作集学术性、实用性于一体，是迄今为止最全面、最系统地反映宋代江西文学家全貌的一部专著。

《考录》以《全宋诗》及《全宋诗订补》、《全宋词》及《全宋词补辑》、《全宋文》（以下简称"三全"）等大型宋代文献总集为数据来源，并爬梳历代文献，共考录江西作者约一千三百六十二人，寓居此地的作者约六十七人。这一千四百余名文学家，既包括有作品被收入"三全"的作者，也包括有作品传世而"三全"未收之作者，以及虽无作品传世，然有文学成就记载见诸史籍之文献者。凡旧说有误者正之，文献不足者阙之，异说可参者并存之，体现出严谨的学术态度与扎实的学术功底。

在详细而周密的考证基础上，《考录》还对文学家及其家族的地理分布进行了细致的统计，并制作出详细列表，置于附录。这是宋代文学地理的一项重要实证研究成果。该书序言还以考录结果及统计数据为依据，对江西文学家的地理分布特点、成因进行了精要的总结与深入的分析，从中发现以鄱阳湖地域为核心、全面辐射的分布格局，并指出这种分布格局的形成与政治、经济、文化中心南移、北民南迁有重要的因果关系。交通便利，社会安定，农业、手工业发达，人口众多，学校、书院林立，科举发达成为江西文学在两宋崛起的重要经济基础和文化土壤；江西籍文化人如晏殊、王安石、洪适、周必大、江万里、文天祥等进入统治集团，为江西文学人才脱颖而出提供了机遇；此外，分布格局的形成，还与鄱阳湖上接长江、下通江西"五河"的特殊地理位置有重要关系。

总之，《考录》既有微观的历史考证，也有宏观的文化解析；既有全国性的视野，又有地域性的眼光，为解析江西地域文化提供了扎实的资料。

本文发表于2012年5月28日《北京日报·理论周刊》文史版，原题为《"文章之士，特盛于江西"——宋代地域文化与人才分布的一个特色》，作者时任江西南昌青山湖区文化馆馆长

宋词中的都市人文精神

杨庆存　李欣玮

　　都市文化是一个城市精神风貌的集中体现，费正清在《中国传统与变革》中提出了宋代都市中文化生活的重要意义："中国文化真正的城市化不在于城市的数目，而是从这时起城市和城市居民在社会中起主导作用……在城市环境中，（两宋）高层次文化比以前更复杂多样，更多的居民参与到文化活动之中……宋代的城市生活是自由奢华的。"

节日狂欢、群体活动中蕴含着一种在城市空间中形成的文化心态

　　宋词中大量描写了群体性的文化活动。群体狂欢是城市建设达到一定高度、居民精神文化富足的生动表现。宋词描述了许多群体参与的节日游赏文化活动。词中有庄重肃穆的皇室庆典："凤阁祥烟，龙城佳气，明禋恭谢时丰。绮罗争看，帘幕卷南风。十里仙仪宝仗，暖红翠、玉碾玲珑。銮回也，箫韶缓奏，声在五云中。千官，迎万乘，丝纶叠叠，锦绣重重。"词中写"凤阁龙城"庆祝"时丰"大典的情形，不仅展示了仙仪宝仗、玉碾回銮、箫韶缓奏、声上云霄、千官迎接的壮观景象，也展示了民族特色鲜明的深厚中华文化。还有展现欢快祥和的百姓

节日风俗的词："正年少、尽香车宝马，次第追随士女。看往来、巷陌连甍，簇起星毯无数。政简物阜清闲处，听笙歌、鼎沸频举。灯焰暖、庭帏高下，红影相交知几户。恣欢笑、道今宵景色，胜前时几度。"作者极力描绘繁华热闹的都市节日情景，生动地展现了都市的民俗文化和深厚的历史文化积淀。

节日文化最能反映一个时代的精神风貌。"上元五夜，马行南北几十里，夹道药肆，盖多国医，咸巨富，声伎非常，烧灯尤壮观。故诗人亦多道马行街灯火。"宋人的元宵之夜，人流汇集，阅不尽的歌台舞榭，唱不完的盛世之曲。人们张灯结彩，画龙舞狮。从这些宋词中我们可以看到：社会生产力发展到一定程度时，人们的精神需求会不断地升华，并使文化转化为一种巨大的推动力，无形地引领着社会的发展。宋词表现的虽然是城市歌舞喧天的热闹场景，但其中蕴含着一种在城市空间中形成的文化心态——人的精神在这里昂扬向上，在这里得到高度的满足。

歌舞娱乐产业以及服饰文化、饮食文化体现了宋代都市的别样风采和人文意义

都市商业经济的繁荣发展促进市民文化的兴盛，勾栏瓦肆成为重要的演出场所，展示着丰富多彩的艺术文化。商业往来中都市人真实的生活状态与人的活动构成的鲜活画面在宋词中得到充分体现，更生动地展示出宋代都市的别样风采和人文意义。文化与商业的结合产生了繁盛的文化产业，体现着城市对

人性的关怀。随着宋代坊市制度的突破和宵禁的解除，大型演艺场所等产业愈益发达，极大地丰富了人们的文化生活。瓦肆乃艺伎演出之所，小唱、嘌唱、杂剧、傀儡、讲史、小说、散乐、影戏、诸宫调、商谜等各种文化艺术演出都集中于此。市井娱乐业在宋代得到了充分的发展，可谓时时纵歌，处处起舞。刘辰翁《宝鼎现·春月》"望不尽、楼台歌舞，习习香尘莲步底"；柳永《看花回·二之二·大石调》"笑筵歌席连昏昼，任旗亭、斗酒十千"。歌台舞榭一眼望不到边际，人们鼓瑟吹笙、嬉戏游赏、推杯换盏、共享歌舞，在这样的气氛中交流思想，释放情感。

除了歌舞娱乐产业，宋词中还体现了因城市经济的繁荣、生活水平的提升而形成的服饰文化、饮食文化。赵希《秋蕊香·髻稳冠宜翡翠》"髻稳冠宜翡翠，压鬓彩丝金蕊"；张孝祥《鹧鸪天·瞻跸门前识个人》"短襟衫子新来棹，四直冠儿内样新"；晏几道《诉衷情·御纱新制石榴裙》"御纱新制石榴裙。沉香慢火熏。越罗双带宫样，飞鹭碧波纹"。正如词中所展现的，宋代女子对于衣物、发冠的追求极为细致，将其作为一种表达自身仪态风情的文化象征。饮食上更可谓精致，极大地满足了人的需求。宋词创作中出现了"咏圆子""咏汤""咏茶"等以饮食为主题的词。甚至宋词本身，也产生于人的都市生活，并以文学的方式，在浅斟低唱中表现都市人的生活、情感，体现出浓厚的人文精神。

因城市人的审美需要而生成了新的文化产品

高度商品化的宋代还因城市人的审美需要而生成了新的文

化产品，如文士之间尤爱簪花的风流行为，便充分体现了城市文化。如此种种，宋词中俯拾即是：欧阳修《鹤冲天·梅谢粉》"戴花持酒祝东风，千万莫匆匆"，《浣溪沙·堤上游人逐画船》"白发戴花君莫笑，六幺催拍盏频传，人生何处似樽前"；黄庭坚也有《南乡子·诸将说封侯》"花向老人头上笑，羞羞，白发簪花不解愁"。由文人引发的花卉热潮因着城市信息的便捷迅速扩展至寻常百姓家："三月牡丹开。于花盛处作园圃，四方伎艺举集，都人士女载酒争出，择园亭胜地，上下池台间引满歌呼，不复问其主人。抵暮游花市，以筠笼卖花，虽贫者亦戴花饮酒相乐"，其中"虽贫者亦戴花饮酒相乐"真实地体现出宋代文化生活的普及。都市发达的经济使百姓的生活质量显著提升，有暇顾及除温饱之外的审美世界，精神格外富足完满。刘易斯·芒福德在《城市发展史》中提道："城市乃是人类之爱的一个器官，因而最优化的城市经济模式应是关怀人，陶冶人。"宋代都市以其极富人文关怀的经济模式满足了市民的精神审美诉求。

宋词中的都市风采作为中国汉语言艺术、城市建筑、文化生态高度凝结的智慧结晶，展示了城市对人的生命尊严、价值观念、精神追求的关怀与关切。这种人文精神，正是宋代都市留给我们的珍贵礼物。

本文发表于2019年3月4日《北京日报·理论周刊》文史版，原题为《宋代留存在中国文化中的珍贵礼物——宋词中的都市人文精神》，作者当时任职于上海交通大学人文学院

北宋开封有包公，南宋永嘉有戏台

李冬君

王朝有史，民间有戏，戏说是人民自己说史，南戏里就有史笔。一被人民传唱，无论善恶，都被钉在了民意的铁案上。戏曲之于民心，往往比史官的陈述更有力量。

南戏里就有这样的民间精神，那是为南宋社会伦理立宪，一种民间力量为社会道德秩序立法，是自我的精神自治。

1194年，南戏盛。其影响之广，除了今日满目疮痍的古戏台、戏棚外，从时人的文字中亦可略窥一二。"死后是非谁管得，满村听唱蔡中郎"，以至于"淫哇盛，正音歇"。正音歇，朝廷当然要管。《漳州府志》记载了理学家朱熹知漳州时，在学生陈淳的上书敦促下，曾禁止当地戏曲演出。

在当时永嘉文人的著作里，如王十朋《梅溪集》、陈傅良《止斋文集》、薛季宣《浪语集》等等，都找不到有关南戏盛行的记载，《宋史·薛季宣传》倒是记载了这位永嘉学者也曾"禁蒲搏杂戏"的事，表明南宋初期南戏的民间价值取向与官方或主流士大夫的价值取向相悖。

张榜禁唱，除了证明南戏之盛外，还有一个更为重要的原因，那就是戏曲里所反映出的民间诉求以及由此诉求重新确立的民间价值观，震动了朝野。面对寒门通过科举上升为新权贵所带来的社会伦理秩序的混乱与不安，朝廷或士大夫阶层一时还没能反应过来。

南宋科举真正开始了有规模地向寒门开放，从楠溪江古村落的布局来看，确实得到了科举开放政策的鼓舞。每一族村落常常合一族之力共耕公田，共建私塾书院，共养子弟科第。一旦中第，如果仕途通达，便会给家族带来荣耀以及地位。楠溪江古村落里的宗祠以及具有礼制庄严的一村大门，都表明了荣耀共享、利益均沾的希望。这才是"万般皆下品，唯有读书高"的真诚呼唤。

终其南宋，永嘉一郡便出了五百二十六位进士，满袖书香天下闻，一时硕儒辈出，人物满东瓯。其中寒门子弟不在少数，恐怕如蔡伯喈（蔡邕）、王魁、张协似的人物也不少，他们一旦连级跳上乘龙快婿的门第，便可前程似锦，两厢权衡取其利，常常会弃原配迎新妇，扰乱了社会伦理秩序。因此，除了永嘉文泽笃厚、民间富裕之外，恐怕这也是催生南戏的主要社会原因。从南戏的内容看，题材大多是贫寒状元"负心戏"，便很说明问题了。

南宋王朝在杭州刚刚"临安"，还无暇应对面向寒门科举带来的社会伦理问题。民意很快转化为社会舆论，民间书会趁机将民意编辑到剧本里，在每一个村落宗祠的戏台上演，谴责士大夫阶层那些不义不孝之举。民间自治精神在南戏中爆发，形成一种民间的道德批判力量。而且这种来自民间的批判非常彻底，"朝为田舍郎，暮登天子堂"的负心汉，在剧终时都死于非命。蔡伯喈死于暴雷震死，王魁死于妄杀，至于张协，虽未死于非命，却让他屈从于民间正义的选择。这是天道的惩罚、民间正义的审判，以民间的正义重建伦理秩序，是南戏的价值追求。若论捍卫道德根基，这比朱熹"存天理，灭人欲"的口号更为有效吧！

北宋有包公，南宋永嘉有戏台和书会。南宋人周密在《癸辛杂识别集》中记载一出南戏逸事。永嘉有一恶霸和尚祖杰，强占民女。为掩人耳目，又将该女子假配给庙中俞姓和尚的儿子。俞的儿子不甘邻人嘲笑，便携妻出逃，因而惹恼了祖杰，将俞家并女子以及女子所怀的亲骨肉斩尽杀绝。随后贿赂官府，平息血债。民间纷愤，书会"唯恐其漏网也，乃撰为戏文，以广其事"。剧目为《祖杰工文》，在永嘉各个戏台上演，众口难掩，众怒难犯，官府再也无法包庇了，只好法办了恶霸祖杰。

南戏是民间精神的一枝花，在王朝落难之际，民间用自己的方式显示了自治的能力。

本文发表于2016年9月12日《北京日报·理论周刊》文史版，
原题为《南宋永嘉戏台，犹如北宋开封包拯公堂——
南戏里的道德批判力》，
作者时任南开大学历史学院教授

客家人的祖先为何要南迁

周鸣贵

客家是汉民族中更多地保留着远古风俗习惯、生活方式和语言特色的民系。在中国历史上，中原地区战争频繁、赋役繁重，百姓流离失所，而相对安定的江南，可说是逃难者理想的栖身之地，于是他们顺江而下，赣、闽、粤、湘四省交界的数千里山区便成了中原南迁人比较集中的地方，仅至元二十五年（1288年），"内地百姓流移江南避赋役者已十五万户"。这种情况在江西尤为突出，至元二十七年（1290年）人口已达1425万，约占全国人口总数的24%。到了明清时期，虽情况有所变化，由赣向大西南迁徙者不少，但从闽、粤等省迁至赣者也不少，他们大都是中原南迁人的后裔，分别越过武夷山、大庾岭进入赣南的龙南、全南、定南、安远、石城、大余、寻乌、会昌、兴国、瑞金一带。在这个阶段迁入的闽、粤人被称为"客家"，而迁出去的人也被当地人视为"客家"。虽然历史上曾出现过五次规模较大的人口迁徙，但并不是所有南迁的中原人都是客家，他们中有的是"日久他乡即故乡"，早已成为土著居民了，其风俗习惯、生活方式和语言特色均失去了原有的远古风貌。而真正的客家，还是产生于两宋、发展于明清，而且一直保持着远古风俗习惯、生活方式和语言特色的中原南迁人及其后裔。

这些客家人离开本土，寄居他乡，感到"人的需要中最基本、最强烈、最明显的一种就是对生存的需要"。因此，他们首先考虑的是选择一个适合自己安身立命的地方。历史上频繁的战乱和繁重的赋役，使他们得到了教训和醒悟，他们觉得应该远离政治中心，进入封建统治力量的薄弱地带，而且越是"三不管"的蛮荒之域越好，因为择居在这些地方，外力难以入侵，统治势力又鞭长莫及，而且还有大大小小相对适宜农耕的河谷盆地，可提供物质资料和生产的起码条件。因此，客家人一般聚居在带有明显山区特色的小盆地区域内，村落在盆地中心，四周以重峦叠峰作屏障，其水口或隘口作为关卡通道，只要严格把关，则安全无虞。村落中聚族而居，族长全权在握，凭其意志管理。村民们日出而作，日落而息，虽是低水平的自给自足、原地循环式的简单生产，倒也过得自在安逸。这种对地理位置和自然环境的选择，体现了客家人独具特色的文化心态和自强创业的开拓精神。

客家人不仅对聚居之地有一定的选择，而且对其栖身的住宅建设也颇为讲究，因为他们或他们的先辈都来自中原，在其往南迁徙的时候，自然也把起始于西北边陲、引入于中原地区的坞堡建筑形式带入赣南，以至传入整个客家地区。这种古老的坞堡建筑，将"天人合一"这一哲学命题融入其中，强调人与自然的和谐统一，无论是位置选择，还是平面安排或空间布置，都无不遵从某种"图案"与"秩序"，总是力求"天时、地利、人和"。从目前赣南所保存下来的数百座客家围屋来看，仍然展示出古代坞堡的遗风，只不过它们被称为"围屋"而已。古代坞堡，是封建领主制社会形态下的产物，它像一座小型的城，四隅建有角楼，具有较强的防御性，可保封建领主割据一方。而客家的围屋，则是封建地主制社会形态下的产物，其建筑形式与古代的坞堡基本相同，因为客家人寄居他乡，环境险恶，只有依靠集体才能求得生存，这就迫使他们不得不保持聚族而居的生活方式和独立、封建甚至割据的特殊形态，平时则农，遇战则兵，于是围屋这种建筑形式，一方面为一个父系大家庭的所在成员提供居住的场所，另一方面又起着保护这一大家庭的财产和人员在宗族械斗和战乱中免遭劫难的作用，因此赣南的客家围屋一般都森严冷峻，比较坚固，而且有硕大的空间。赣南的客家围屋多以正方形或矩形为平面布局，四角是略向外凸出的碉楼，建筑物由外向内，大围套着小围，恰如汉字中的"回"字，外侧还挖有一米多深、三米多宽的壕沟，整座围屋建筑的占地面积，一般不少于五百平方米，有的甚至达到一万多平方米。使人特别感兴趣的是赣南客家围屋那种独特的结构形式。围屋的外围是居室，而内围是厨房、猪圈、鸡舍、杂物间，正中央则是祭祖和公共集会的祠堂。围屋内部的居民，是一个父系大家庭的直系血缘后代，他们同姓、同宗、同一个开基祖、同一种语言特色。由此可见，客家围屋是集家、堡、祠三种功能于一体的空间量硕大的居民于筑。

赣南客家的围屋，历经数百年而不衰，一直完好地保存到今天，堪称中国建筑史上的奇迹。这一弥足珍贵的文化遗产，对研究中国古代建筑、历史上的人口迁徙、客家的形成发展诸方面都有着重要的学术价值。

本文发表于2012年5月28日《北京日报·理论周刊》文史版，
原题为《客家文化的一个典型个案》，
作者为报人兼学者

明清士大夫怎样看待"休闲"

刘志琴

生活，是人类生存的基本需求问题。不同的国家、种族和地区的人们，生活需求相似，都需要吃饱穿暖，而理解各有不同。对于什么是生活，古今中外，从圣贤哲人到凡夫俗子，各有各的理解，各有各的说法。

中外皆以休闲是生活价值的关键所在

中国古人很早就有"生活"这一用语，最古老的书籍《尚书》述："'流'谓徙之远方；'放'，使生活。"《孟子注疏》则记载："自作其灾孽，不可得而生活也。"东汉应劭的《风俗通义》记载，秦始皇释放燕国的人质太子丹，使他"可得生活"。在古人眼中，把犯人流放、释放人质回国，或诅咒对手自作孽不得活命，都称为"生活"，也就是让人活下去，使生命继续存在，因此"生活"与"活命"是同一意义。

让生命延续，以求得生存，是生活的第一要义，从这层意义上说，古今中外都相同。然而生存虽是生活的第一要义，可这是人类最原始的本能，是活命的最低需求。1943年美国心理学家马斯洛在《人类动机论》中提出人类生活需求的五个层次，即生理需求、安全需求、社交需求、尊重需求和自我实现的需求。1954年又推出《激励与个性》一书，进一步提出求知与审美的需求，自此人们将生活的需要概括为五个或七个层次，更多的学者将后两种归入自我实现的层次。因此，生活需求的五层次论，成为当今最能反映人类自由发展的重要学说。

人类怎样才能达到自由发展？这有赖于人们在谋生之外有更多的时间由自己支配，发展自己的兴趣和爱好。通常是指"休闲"，这有两种内容：一是休息、娱乐；二是自行选择爱好，发展特长，增加智慧和才干。这看似非物质形态，却兼有创造物质和精神价值的双重功能。对于休闲，文化人是最敏感的阶层，他们常是有产有识之士，不愁衣食，不必为谋生操劳。读书、休闲是生活的主要内容，中外都有相似之处，其中尤以休闲是生活价值的关键所在，中西文明古国各有各的特色。

亚里士多德在《政治学》一书中，把休闲视为"科学和哲学诞生的基本条件之一"。他创立的学派称为"散步学派"，因为许多思想的生成，是在散步闲谈中撞击的火花。雅典的文化人多喜欢在野外聚会，社会交往和争论也多半在户外，甚至在喧嚣的街市或运动场上都能听到文人雅士的滔滔雄辩。不仅如此，"学校"一词源于希腊文，本意就是休闲，这就是说，学校是一个休闲场所，可以自由地追求知识，用现代语言说，这是快乐阅读。

明清士大夫对休闲的看法已蕴有现代因素

虽然古希腊哲学家把休闲看作学习知识的条件，给予高度评价，但把休闲作为一门学问，以人的休闲方式、休闲心理和休闲观念为研究对象，才有一百多年历史。马克思是始创者之一，他高度评价休闲的作用，在他笔下，"休闲"又译为"自由时间"，即非劳动时自由支配的时间。马克思预言未来的社会："衡量财富的价值尺度将由劳动时间转变为自由时间，'即增加使个人得到充分发展的时间'。"又说，"自由时间，可以支配的时间就是财富本身。"现代瑞典哲学家皮普尔认为，休闲是一种精神状态，是沉浸在创造过程中的机会和能力。美国心理学家凯利认为，休闲是人一生中最能持久发展的舞台。毫无疑义的是，随着时代的前进，休闲的价值愈来愈得到重视。这是生命活动的最佳状态，人类发展自我的必要条件。因此在西方思想史上提倡休闲，享受休闲，高度评价休闲作用的思想家不胜枚举。被中国学者忽视的是，明清士大夫对休闲的看法已蕴有现代因素，而在中国思想史著作中几乎不置一词，不能不说这是一种偏失。

在明清士大夫中，"清闲"也是一种立身处世的境界

休闲，从字义的象形来看，"休"是人倚木而息；"闲（閒）"是倚门望月，都表现为一种宁静、安闲的状态，形象地表现了我们祖先对休闲的最初认识。在古籍中的用语，也是指非劳动时的休息状态，如"民亦劳止，汔可小休。惠此中国，以为民逑""劳农夫，以休息之""劳而不休，亦将自息"。从《诗经》到政治家的高论，都是将休息看成劳动的补充，是恢

复劳动力的手段。

明人说"休闲",惯用的语词为"清闲",别小看这一字之差,却有境界的不同。对"清"字,中国人是情有独钟。在汉语词汇中,许多美好的称誉,往往是"清"字当头:卓越的才能是清才,志行高洁的称清士,儒雅的文章称清文,廉洁奉公的官员称清官,纯洁的友情为清交,还有清秀、清名、清醇、清流等等,凡属令人敬重的人品、举止,物性、事理,几乎都要冠上一个"清"字。休闲以"清"当头,极大地提升了休闲的品位。

明代士大夫从对"清闲"的欣赏中,表现出类似古希腊哲学家的价值观。如清代李渔所撰写的《闲情偶寄》中提道:

> 读书,最乐之事,而懒人常以为苦;清闲,最乐之事,而有人病其寂寞。就乐去苦,避寂寞而享安闲,莫若与高士盘桓,文人讲论。何也!"与君一席话,胜读十年书。"既受一夕之乐,又省十年之苦,便宜不亦多乎?

又如明代唐伯虎的《叹世词》:

> 春去春来,白头空自挨。花落花开,红颜容易衰。世事等浮埃,光阴如过客。休慕云台,功名安在哉!休想蓬莱,神仙真浪猜。清闲两字钱难买。

他们藐视功名,浮云富贵,把清闲看成人生的最大快乐,不论是独坐空庭,或是谈学论辩,无拘无碍。可这要有相应的条件,那就是有一个清雅的环境,士大夫们最向往的是,"竹楼数间，负山临水；疏松修竹，诘屈委蛇；怪石落落，不拘位置。藏书万卷其中，长几软榻，一香一茗，同心良友，闲日过从，坐卧笑谈，随意所适，不营衣食，不问米盐，不叙寒暄，不言朝市，丘壑涯分，于斯极矣"。这里有喜逢知己、坐卧谈笑的，也有面壁沉思、自甘孤独的。无锡园林有一"忘言斋"，悬挂的一联是："几年埋迹在丘樊，一室重关可避喧。窗外云峰常满目，主人终日复何言？"不论是动还是静，追求的是一种怡然自得的情怀。

静时，不是无所作为，"凭虚独得超然意，万物尽从静里观"。这是中国士大夫的思考方式，在明末风动一时、具有启蒙建树的李贽自称"四海闲人"，标榜"闲中无事，好与前辈出气"。前文所引"闲之中，可以进德，可以立言，可以了生死之故，可以通万物之理"，表明中国思想家与古罗马哲人一样，也是在清闲中思考万物之理，所不同的是，思考的内容不一样。在古代西方引起人们激辩的是世界的本原是水，是火，是气，还是数？这是对哲学的探讨。而中国士大夫热衷的是三不朽，即立德、立言、立功。身闲心不闲，念念不忘进德明理，所以"清闲"在中国士大夫中，也是一种立身处世的境界。

晚明吏治腐败，党派纷争，皇帝不上朝，官员不理公务，相互间党同伐异，争名逐利，从中央到地方卖官鬻爵成风，但有一官半职，便贪赃枉法，人们不堪其扰。官僚机构千疮百孔，正如万历首辅方从哲所说，国家机构已到了"职业尽失，上下解体"的地步。士大夫们自幼接受崇尚名节的教育，眼看朝政的败坏，有人为虎作伥，有人置若罔闻，有人变成假道学；但也有一批修身养德之士，在浊浪翻滚的官场中，不愿同流合污，急流勇退。在这种背景下，很容易出现两种人，即隐士和狂人，这在明代形成了一道风景线。

本文发表于2015年4月20日《北京日报·理论周刊》文史版，
原题为《明清士大夫休闲观蕴有积极因素》，
作者时任中国社会科学院近代史研究所研究员

这本康熙教子语录都说了什么

王玉强

《庭训格言》是雍正记录、整理的康熙训诫诸皇子的言论，共二百四十六条。由于所录皆是康熙同诸皇子的谈话，所以语言朴实生动，顺畅自然。所谈往往切中要害、以理服人，"字字切于身心，语语垂为模范"（雍正语）。康熙要求诸皇子牢记训诫并遵行。这些训诫言论主要有三个来源：一是康熙引用古圣先贤言论，由此阐发开去，讲述心得体会。二是康熙博览史书，善于结合历史典故，总结历史经验。三是康熙在治国过程中结合自身经历总结的经验教训。所以，康熙能够用简单朴素的语言，娓娓道出至理精要、执政

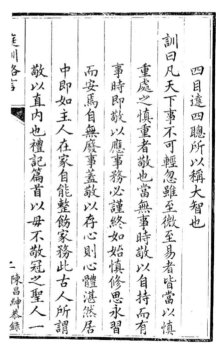

▲《庭训格言》是雍正记录、整理的康熙训诫诸皇子的言论。

心得、修行感悟。

《庭训格言》的内容广泛，"治内治外，养性养身，射御方药，诸家百氏之论说，莫不随时示训"（雍正语）。所训内容，既有治国理政的为政之要、察人用人、律己正人、肃贪治吏等，也有教授诸皇子做人、为父、为子的道理，诸如读书学习、修身养性、待人接物、敬老尽孝、生活习惯等，旨在培育良好"家风"。具体说来，主要有以下几个方面。

第一，关于以身作则："凡人有训人治人之职者，必身先之可也。""如朕为人上者，欲法令之行，惟身先之，而人自从。"康熙以戒烟为例，称自己幼时善于吃烟，"今禁人而己用之，将何以服人？因而永不用也"。

第二，关于修身："凡人修身治性，皆当谨于素日。""人心一念之微，不在天理，便在人欲。""念虑之正与不正，只在顷刻之间。"

第三，关于严格家教："父母之于儿女，谁不怜爱？""为人上者，教子必自幼严饬之始善。看来，有一等王公之子，幼失父母，或人惟有一子而爱恤过甚，其家下仆人多方引诱，百计奉承。若如此娇养，长大成人，不致痴呆无知，即多任性狂恶。此非爱之，而反害之也。"

第四，关于约束下属："尔等平日当时常拘管下人，莫令妄干外事，留心敬慎为善。断不可听信下贱小人之语。彼小人遇便宜处，但顾利己，不恤恶名归于尔等也。"

第五，关于读书好学："学者一日必进一步，方不虚度时日。""凡事可论贵贱老少，惟读书不问贵贱老少。读书一卷，则有一卷之益；读书一日，则有一日之益。""朕自幼读书，间有一字未明，必加寻绎，务至明惬于心而后已。不特读书为然，治天下国家亦不外是也。"

第六，关于恪尽孝道："凡人尽孝道欲得父母之欢心者，不在衣食之奉养也。惟持善心、行合道理以慰父母，而得其欢心，斯可谓其真孝矣。""昔日太皇太后圣躬不豫，朕侍汤药三十五昼夜，衣不解带，目不交睫，竭力尽心，惟恐圣祖母有所欲用而不能备。"

第七，关于清廉不贪："若俭约不贪，则可以养福，亦可以致寿。若夫为官者俭，则可以养廉。居官、居乡只缘不俭，宅舍欲美，妻妾欲奉，仆隶欲多，交游欲广，不贪何以从给之？与其寡廉，孰若寡欲。"他引用孔子所言"君子有三戒：少之时血气未定，戒之在色；及其壮也，血气方刚，戒之在斗；及其老也，血气既衰，戒之在得"。进而强调："朕今年高，戒色、戒斗之时已过，惟或贪得，是所当戒。朕为人君，何所用而不得，何所取而不能，尚有贪得之理乎？万一有此等处，亦当以圣人之言为戒。"

第八，关于勤俭节约："世之财物，天地所生，以养人者有限。人若节用，自可有余。奢用，则顷刻尽耳，何处得增益耶？""朕念及于此，恒知自足。虽贵为天子，而衣服不过适体；富有四海，而每日常膳除赏赐外，所用肴馔从不兼味。此非朕勉强为之，实由天性自然。汝等见朕如此俭德，其共勉之……

我朝外廷军国之需与明代略相仿佛。至于宫闱中服用，则一年之用尚不及当日一月之多。盖深念民力维艰，国储至重，祖宗相传家法，勤俭敦朴为风。古人有言：'以一人治天下，不以天下奉一人。'以此为训，不敢过也。"他还以自己为例说："朕所居殿现铺毡片等物，殆及三四十年而未更换者有之。朕生性廉洁，不欲奢于用度也。"

第九，关于创业难、守成更难："我朝地舆之广大，祖宗累积岂可轻视耶！即知创业之维艰，应虑守成之不易。"

善治国者必先齐其家。在康熙看来，治家即治国，治国即治家。康熙之所以苦口婆心地训诫诸皇子，之所以孜孜不倦地言传身教，之所以时时刻刻地正己正子，主要是因为"人之一生，多由习气而成"，所以"劝戒之词，古今名论、矗矗书记中，无处不有，其殷勤痛切，反复叮咛，要之，欲人听信遵行而已"。康熙在位长达六十一年，正是耳提面命的严格"庭训"，养成了良好的帝王家风。而清王朝历经康熙、雍正、乾隆三朝的励精图治，形成了四海升平的盛世局面。除了帝王的文治武功、恢宏韬略之外，这种良好的帝王家风，不能不说是一个重要原因。正如《礼记·大学》所说："所谓治国必先齐其家者，其家不可教而能教人者，无之。"

家风是由家规、家训经过多年教育、践行、锤炼、积淀而成的。在中华文明史上，《弟子规》《诫子书》《朱子家训》《颜氏家训》等，都体现了中华民族家训传世、家风长存的传统。"修身、齐家、治国、平天下"的古训，有其必然的道理。一身不正，何以齐家？一家不齐，何以治国？一国不治，何谈平天下？古代历史上的贪官污吏，固然曾显赫一时，但终因其身不正而家教不严，家教无道而致家风不正，受其所累而身败名裂者，不可胜数。其教训深刻，仍值得省察。

本文发表于2017年2月6日《北京日报·理论周刊》文史版，
原题为《诸家百氏之论说，莫不随时示训——
〈庭训格言〉的风格和取向》，
作者时任中央文献研究室研究员

子路：孔门"另类"

黄朴民

孔子门下弟子号称三千人，其实，这三千人中，绝大部分是几年也见不到孔子本人一面的外围人员，慕孔子之名当个记名弟子，好比是当今社会上常见的"追星族"一群。真正有造诣、可以登堂入室，"受业身通者七十有七人"而已。在这些数得上的大弟子中，让人感到最为亲切、最为可爱的是名列"政事"之科、孔武有力的子路。

子路能当上孔门大弟子，并深得孔子信任，自然有其独到可取的长处。子路的长处就在于他具备干练的办事能力，尤其是军事管理方面的专长。孔子曾说："由（仲由，即子路）也，千乘之国，可使治其赋也。"又说："由也果，于从政乎何有。""片言可以折狱者，其由也欤！"可见，尽管孔子有时对子路有所不满，认为子路鲁莽冲动，动不动要敲打敲打这个老顽童式弟子，来树立自己的"师道尊严"，但对子路的从政才干还是颇为欣赏、充分肯定的。

子路对于自己的老师孔夫子尊重而不迷信。在孔门诸多弟子之中，敢于对孔子所作所为直言不讳、表示不同意见甚至尖锐批评质疑的，唯有子路一人而已。孔子想当官想得昏了头，不顾自己身份去和那位口碑不怎么样的南子夫人套近乎，子路不满之色溢于言表，逼得孔子连连向天发誓，"予所否者，天厌之！天厌之！"公山弗扰、佛肸等人搞叛乱，想借重孔子的名望造声势、提人气，遂一遍又一遍征召孔子前去帮忙，整天希望"为东周""治国平天下"的孔子心动了，准备应召。子路听到风声后，便"以子之矛，攻子之盾"，用孔子经常挂在嘴边的礼义大防之道责备孔子，逼得孔子连声替自己洗刷和辩白，最终也不敢去与"乱臣贼子"为伍。孔子津津乐道什么"必也正名乎"一套东西，子路听得耳朵起了老茧，大不耐烦，认为这简直是"迂远而阔于事情"，直截了当地批评孔子不合时宜："有是哉，子之迂也！奚其正？"弄得孔子颜面上十分难堪，下不了台，急火攻心，就气急败坏地斥责子路："野哉！由也。"与那位一天到晚对孔子唯唯诺诺、毕恭毕敬的"优秀"弟子颜渊相比，子路实在有点"头上长角，身上长刺"的味道。

从表面上看，子路锋芒毕露，快人快语，不大给孔子面子，老是让导师处于尴尬的境地，似乎不够尊重所谓的"师道"。但实际上，子路把老师看作人而不是神，乃是对老师真正的尊重，是真情实感的天然流露，没有半点的虚伪矫饰，从而在真正意义上践行了孔子的道德原则："当仁不让于师。"相反，像颜渊那样对老师亦步亦趋，并不是真正的从师之道，起不到任何教学相长的作用，这一点连孔子自己都承认："回（颜回，即颜渊）也，非助我者也，于吾言无所不说。"可见孔子其实头脑很清醒。但是人性的弱点，决定了孔子跟常人一样喜欢人家顺从自己，所以明明知道颜渊除了听话和死读书之外，别无所长，孔子还是最喜欢他，把他当亲儿子看待。

子路的质朴天真，还表现为勇于在公开场合表达自己的真正看法，从不虚与委蛇，欲说还休。有件事典型地反映了子路这一性格特点：他委派子羔去做费邑这个地方的行政长官，孔子认为这一任命不明智，说重了，简直是误人子弟，"贼夫人之子"。子路却觉得老师的批评没有道理，没有调查便没有发言权，虽说是老师也不应该有例外。于是他不客气地向孔子表示："有民人焉，有社稷焉，何必读书，然后为学？"孔子听了自然很不高兴，指责子路是强词夺理、逞舌狡辩。这件事本身的对错我们姑且不论，但子路能够光明磊落地说出自己的意见，就是其为人正直、言行一致的形象写照，那种"逢人且说三分话，未可全抛一片心"的圆滑之态在他的身上找不到半点影子。这样的品德实在是难能可贵。

许慎《说文解字》云："儒者，柔也。"令人遗憾的是，子路的本色精神在后世儒者的身上并没有继承下来，更遑论发扬光大了。历史上的很多儒者不是巧言令色、道貌岸然、口是心非、言行不一的伪君子，就是拘泥教条、迂阔无能、尸位素餐、唯唯诺诺的酸夫子，使得儒家学说的生机遭到严重的窒息。

本文发表于2017年6月5日《北京日报·理论周刊》文史版，
原题为《子路：孔门的"另类"》，
作者时任中国人民大学教授

刘秀为什么能带领东汉崛起

黄朴民

东汉开国皇帝刘秀在王莽"新政"破产、社会动荡、农民起义风起云涌之际，顺应"百姓思汉"的时代潮流，与家兄刘縯在春陵起兵，逐鹿中原，终结新莽，夷灭群雄，重建汉朝，继而"收拾旧山河"，整顿、改革前朝弊政，安定社会秩序，恢复和发展社会经济文化，使东汉呈现文化复兴的局面。

善取人心，凝聚众意

刘秀能够芟夷群雄，成为逐鹿中原斗争中笑到最后的胜利者，并在平定天下后及时完成政治的成功转型，使得东汉王朝迅速崛起，原因当然很多，包括时代的际遇、民心的向背、方略的高明、措施的适宜，这些早已有人进行过总结，然而，有一个因素更不能忽视，这就是刘秀的雅量与睿智，这既是他道德的境界、人格的魅力，

▲刘秀（公元前5—57年），字文叔，东汉开国皇帝，汉高祖刘邦九世孙，25—57年在位。图为清代拓本《历代君臣图鉴》所载刘秀像。

更是他制胜的源泉、成功的秘诀。

凡是读过《道德经》的人，大概都还记得其中的"柔弱胜刚强"、以退为进的论述，这是许多人推崇备至的"君王南面之术"，刘秀对其精髓的理解和把握可谓入木三分。史称其"（生）性谨厚"，这样的个性特征，决定了刘秀统治上的根本特点是"以柔道理天下""泛爱容众"，善于争取人心，凝聚众意。这就是他本人表白的："吾理天下，亦欲以柔道行之。""柔能制刚，弱能制强，柔者德也，刚者贼也，弱者仁之助也，强者怨之归也。"这一点即便是雄才大略如汉武帝、唐太宗之辈，也难以望其项背。

雅量过人，敬贤尊才

正是因为刘秀有过人的雅量，所以他在待人接物上表现出难能可贵的宽容与仁慈。对士人的尊重厚遇就是这方面显著的标志。自从孔老夫子提倡士人"不可不弘毅，任重而道远"以来，中国的士人即以中华文化传统的承荷者自负，喜欢以社会良知的体现者清议政治、指点江山、臧否人物，汲汲于治学问道的同时，实现自己的人生价值。但这在封建家天下的时代里，很容易招致统治者的猜忌和厌憎。若碰到稍为开明的统治者，是我行我素，不去理会士人的聒噪；一旦遇上昏庸、暴虐的独夫民贼，则大事不妙，免不得蹲大狱、掉脑袋。汉末的党锢之祸，南宋的"伪学"风波，明末的东林党之禁，以及历朝历代的文字狱等，就是例子。由此可见，如何妥善处理与广大士人的关系，笼络和争取他们为己所用，使得他们能够放下身段，半推半就挪移到前台替自己帮闲，乃至帮忙，是考验统治者有无雅量、有无智慧的重要标志之一。

刘秀对士人的微妙心态与深层次意愿洞若观火，体察入微。他不仅舍得花费大钱投资不能马上显现经济效益的文化教育事业，开设太学，搜集图书，延聘博士课授生徒，而且身体力行，投戈讲艺，息马论道，认真读书学习。他十分重视知识分子，敬贤尊才，达到了"求之若不及，相望于岩中"的地步。南阳宛城人卓茂，是当时著名的儒生，精通《诗》《书》《历法》等，待人宽厚，深受众人敬仰。刘秀刚刚坐上皇帝的宝座，就把当时已七十有余的通儒硕学卓茂请到朝廷，亲自接见，任为太傅，封褒德侯，赐予食邑二千户。不久卓茂老死，刘秀素服车驾，为卓茂送葬。刘秀用这么高的礼遇规格优待这样一位老读书人，目的很清楚，就是希望以此向普天下民众显示自己对读书人的重视态度，为百废待兴的建设事业奠定基础。事实证明，刘秀的这个优雅姿态产生了重大影响，"物以类聚，人以群分"，一大批读书人，包括当时十分著名的宿学大儒，如宣秉、杜林、张湛、王良、范升、陈元、郑兴、卫宏、刘昆等，感觉到刘秀真的爱贤若渴，尊儒真诚，遂认定刘秀是可以完全信赖的"中兴之主"，纷纷归附了刘秀，成为东汉文化复兴中的重要角色。

"延揽英雄，务悦民心"

当然，并不是每一位读书人都热衷于出仕博取功名，任何时代都有一些士人乐意隐逸山林以示自己的清高，这在东汉初年也不例外。刘秀很能理解他们的志趣，以惊人的雅量宽待这些士人。太学生出身的周党，学问渊博，名高一时，刘秀称帝后即慕名而辟征他出仕为官，可周党就是死活不干。后来不得已，就穿着短布单衣，用树皮包着头去见朝廷大员，刘秀却亲自召见了他。按礼节，士人被尊贵者召见，必须自报姓名，否则便是不尊重对方。周党见了刘秀，不通报姓名，只说自己的志趣就是不愿做官，刘秀也没有强迫他。博士范升上书，说周党在皇帝面前骄悍无礼，却获得了清高的名声，应治"大不敬"罪。刘秀坚决不同意，特地下诏说："从古以来，即使明王圣主出世，也会有不宾之士……人各有志，何必强求。"于是赏赐周党绢帛四十匹，让他带着家小回老家隐居。

严光是刘秀的老同学，当年求学长安京师时，两人朝夕过从，情同手足。刘秀登上九五之尊后，曾多次礼聘他出仕为官，担任谏议大夫的要职，可是不管刘秀怎样好吃好住款待他，他就是不愿意干，整个儿"流水下滩非有意，白云出岫本无心"的潇洒做派。刘秀无可奈何，只好放这位性情怪僻、行事怪异的老同学离开洛阳回富春江畔垂钓，潇洒自在了却余生。东汉初年，这种"义不与帝王为友"的读书人还有牛牢、王霸、逢萌、井丹等多人，刘秀尊重他们的意愿，都不曾以帝王的权势去为难他们。

正是由于刘秀具有宽广的雅量，来者不拒，去者不究，所以争取到更多的士人为他效劳，从这个意义上说，刘秀真正做到了其股肱邓禹在《图天下策》中所主张的"延揽英雄，务悦民心"。这不仅仅体现在他治国统军上的杰出英明，也反映为他道德修养上的卓尔不群，从而成为后代统治者的一面镜子。可惜的是，历史上的统治者绝大多数都不乐意照这面镜子，这也正是中国数千年中"治世"少而"乱世"多、上演的悲剧众而喜剧寡的原因所在。

本文发表于2018年10月15日《北京日报·理论周刊》文史版，原题为《来者不拒，去者不究——东汉文化复兴的重要原因》，作者时任中国人民大学教授

司马光书还未写好，宋神宗序已完成

张国刚

中国古代政治制度早熟，管理系统复杂。中央集权体制下的治国理政，需要高超的技巧和方法。没有教科书能够得其门径，只有历史的经验才最受重视。

1063年，宋英宗即位，不久，司马光给皇帝呈上自己编纂的《通志》八卷。这位年仅三十一岁的新皇帝很赞赏司马光的著作，要他继续撰写，而且国家拨给经费，配备修撰人员。没过几年，英宗皇帝病逝，神宗即位。当年十月，初开经筵。"经筵"是给皇帝讲课的典雅说法，"经"者，经典；"筵"者，宴也。"经筵"就是我们今日所谓精神大餐之意。程颐、朱熹都给皇帝开过经筵。

这是神宗初登大宝后的第一堂课。司马光在这堂课中讲的都是历史，就是他奉英宗之命而撰写的历史。神宗听后，龙心大悦。他觉得司马光《通志》的书名太朴素了，特赐了一个响亮的书名——《资治通鉴》。几天后，神宗交给司马光一篇"序"，说书成之后，就加进去。

一般来说，书写好了再请人写序，要请皇帝写序更是了不得。唐玄奘翻译了许多佛典，想编辑在一起，三番五次请李世民写序，李世民总有些犹豫。因为李世民曾经批评梁武帝对于佛教的痴迷，说自己唯独遵奉儒家思想。最后，他还是看在玄奘是儿子李治老师的分上（太子的师傅都是儒学大师，但是，玄奘为李治授菩萨戒，也算师傅之列了），在临终前几个月写了一篇《大唐三藏圣教序》，文章大约是御用文人代笔的，字则是从王羲之书法作品里采集的（取法王羲之书法的褚遂良也书写过）。李世民只是挂了一个名，而且把写序变成了书法游戏。

宋神宗可不是这样。司马光的书还没有写好，他就写好了序言，而且在序言中，大发感慨："朕惟君子多识前言往行以畜其德，故能刚健笃实，辉光日新。"《诗》《书》《春秋》无不重视读史，"皆所以明乎得失之迹，存王道之正，垂鉴于后世者也"。神宗从司马迁的《史记》谈到当下司马光编纂的《资治通鉴》，尤其赞扬司马光这部书切磋"治道"的努力：

> 其所载明君、良臣，切摩治道，议论之精语，德刑之善制，天人相与之际，休咎庶证之原，威福盛衰之本，规模利害之效，良将之方略，循吏之条教，断之以邪正，要之於治忽，辞令渊厚之体，箴谏深切之义，良谓备焉。

在序文的最后，神宗提到书名的事：

> 《诗》云："商鉴不远，在夏后之世。"故赐书名曰《资治通鉴》，以著朕之志焉耳。

宋神宗说得非常清楚，读史书，知往事，见得失，铭"商鉴"，对于他的求索治道，非常有益。史书中所载的"治道"

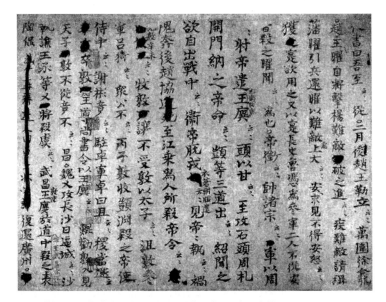

▲图为《资治通鉴》残存手稿（局部），现藏于中国国家图书馆。

是什么呢？神宗用了十二个排比句："议论之精语，德刑之善制，天人相与之际，休咎庶证之原，威福盛衰之本，规模利害之效，良将之方略，循吏之条教，断之以邪正，要之於治忽，辞令渊厚之体，箴谏深切之义，良谓备焉。"这十二个排比句分六个层次。

第一是"议论之精语，德刑之善制"，即书中关于治国理政决策时的精彩议论及其行政操作方面，德与刑两方面优良的制度规章。第二是"天人相与之际，休咎庶证之原"，涉及天象和人事（自然与社会）的和谐、吉凶祸福诸般征兆的探究。第三是"威福盛衰之本，规模利害之效"，即懂得权威与福泽之所以盛衰，其本源何在；清楚规划重大国事的利害攸关功效之所在。第四是"良将之方略，循吏之条教"，即良将打仗的方略，循吏（公正执法而爱民的官吏）的有效治理措施。第五是"断之以邪正，要之於治忽"，对是非曲直要有判断，求治的根本是勤勉不能怠惰。第六是"辞令渊厚之体，箴谏深切之义"，那些用词渊博厚实的文体，规诫劝谏深刻的含义。归纳起来就是，精到议论与施政；天象人事与吉凶；社稷祸福与利害；良将之策与循吏之治；处事之明断与勤政；为文之体例与要义，所有这些有资于治国的方略，"良谓备焉"。在宋神宗看来，《资治通鉴》就是一部治国理政的教科书。

《资治通鉴》涉及周秦汉晋唐及五代共一千三百六十二年历史。《治术：周秦汉唐的经世之道》仿效《资治通鉴》，着眼于"鉴前世之兴衰，考当今之得失"，每讲之前，略叙一代之兴衰与治理之功过，以为通论；于通论之下，则撮取《资治通鉴》中具体人与事予以讨论，俾使前之所论，有所证说。历史的魅力在于具体的人物和故事，任何治国之道、经世之术，都只有落在具体的情景人事当中，才有切近的感觉，才有方法论的意义。

本文发表于2020年9月14日《北京日报·理论周刊》文史版，
原题为《宋神宗交给司马光的"序"》，
作者时任清华大学教授

还原一个真实的朱熹

胡　坤

朱熹虽为一全才型人物，但因其被后世视为"理学之集大成者"，故长期以来多从哲学层面对其学术思想进行阐发与研究。近年来，学界关于朱熹研究有很大的拓展，这里择要略作评述。

关于朱熹哲学思想研究的几个分歧

近年来，关于朱熹哲学思想的分歧主要集中在以下几个问题上。

▲朱熹（1130—1200年），字元晦，南宋时期理学家、思想家。图为明朝百科式图录类书《三才图会》所载朱熹像。

1.关于朱熹的理欲观：从批判走向正面理解

朱熹"存天理，灭人欲"的主张无疑是朱熹哲学思想中知名度最高、争议最大的。"五四"时期，朱熹的这一观点结合"饿死事极小，失节事极大"被新文化运动的先驱们当作批判"吃人的理教"的标靶加以鞭挞，而新中国成立后的一段时期对此批判又进一步呈现扩大化。

改革开放以来，随着思想的解放、对朱熹认识的深入，逐渐有了从正面理解朱熹理欲观的声音。时至今日，分歧仍然存在。正面的观点主要认为所谓"灭人欲"并非提倡禁欲，而是节欲，即节制过度的欲望追求，以保持心灵的宁静和谐，不为物欲所纷乱；也有人认为朱熹的理欲观是针对统治者而言，是对统治集团骄奢淫逸的劝诫；更有学者认为"天理"是指符合封建道德准则和自己等级地位的欲求，而"人欲"则是指违背封建道德准则和自己等级地位的非分欲求。反面的观点除继续强调朱熹的理欲观是剥夺劳动人民最起码的物质生活条件，甘愿成为思想统治和镇压的工具之外，也有人从沈继祖弹劾朱熹"诱引尼姑二人以为宠妾，每之官则与之偕行""家妇不夫而孕"（《道命录》）等个人问题的考辨出发，对朱熹的理欲观加以挞伐。

2.关于"理一分殊"：学者对其解读仍争论不休

理一分殊的观点并非朱熹首倡，但他丰富了这一理论的哲学内涵，使之成为程朱理学的最高本体论哲学原则。朱熹将宇宙自然界的万事万物特别是人与万物的关系，统统纳入"理一分殊"的理论之中予以解释。他说："世间事，虽千头万绪，其实只一个道理，理一分殊之谓也。"（《朱子语类》）由于此命题内蕴丰富，学者在解读时争论不休。近年来的研究已不再简单认为"理一分殊"是一种天理观和伦理观，是讲"一理"与"万理"之间的关系。但对"理一分殊"的解释，仍有较大分歧。有学者认为"理一分殊"就是"道一理殊"，道流行于天地之间，这就是"道一"；一理散为万物之理，这就是"理殊"。万物各具之理既是一理之"分"，又是一理之"全"，是分和全的统一，个别与一般的统一。万物各具之理，既与"一理"同，又与"一理"异，是同与异、普遍与特殊的统一。有学者则认为"理一"不是实体，是人类共同的价值标准。"分殊"是万物的个体性、多样性和差异性。理一与分殊的关系不是概念论的一般与个别的关系，是生命论的整体与分体的关系。值得一提的是，有学者从语言学的角度出发，认为"理一分殊"之"分"不是读作平声的动词，而是读作入声的名词，意为"责任、义务"。由此解释"理一分殊"是指"理"高高在上，是永恒不变的道德原则，体现在日常之中，则是因人们身份、地位的不同而承担不同的责任。

3.关于"心性论"：在四个问题上存在争论

朱熹的心性学说包含两个层次的问题：一是人为何应当是有道德的？此为心性学说的主要方面，属于从理论上去论证的问题。二是人如何才能成为有道德的？这是心性学说的最终落脚点，是一个从实践上如何行为的问题。针对为何的问题，朱熹从本体层面提出了一个复杂的论证系统，涉及理、气、性和心四个最主要的概念，可以简要概括为"性体心用说"和"心统性情说"。对朱熹心性论的理解，争议较多的集中在这样几个问题上：心属于理还是属于气；心是形而上的还是形而下的；心与理之间的关系是相同还是相通；朱熹的心性论是理气二元论还是一元论，以及对朱熹心性论是非功过的评价。

在史学界的努力下，一个"真实的朱熹"逐步得以呈现

朱熹作为一个历史人物，必然也会受到史学研究者的关注。近年来，史学研究者采用史学实证的方法，从多角度、多层面细化了今人对朱熹的认识，丰富了朱熹研究的内容，也逐渐呈现出一个真实的朱熹。

1.从定于"一尊"到遭受质疑

历史人物的评价往往都有着很深的时代烙印，对朱熹的评价亦不例外。自朱熹思想官方化后，其人也受到举世尊崇，俨然是一尊万民膜拜的真神。近代以来，中国落后于世界的现实，让一些先进的知识分子开始反思，孔孟儒学及程朱理学被当作中国落后的原因之一加以批判。在这样的思潮之下，对朱熹个人出现了负面评价，但多集中在对其思想的批判上。公允地说，这种批判在当时是有其进步意义的。新中国成立后，"左"的思想逐渐占据了意识形态的主流地位，全面否定朱熹思想的论调不绝于耳。与此同时，朱熹被描述成了一个道貌岸然的伪君子、阴险狡诈的阴谋家、无恶不作的坏分子，这种妖魔化的主观片面论调在那个特殊的时期竟成"定论"。

2.纠偏举正与消除误解

改革开放后，学界开始有人为朱熹打抱不平，如认为朱熹所宣扬的封建伦理道德，虽有鼓吹封建等级秩序束缚人思想的一面，但也有其利于社会稳定发展的一面。学者通过对朱熹读书育人等方面事迹的梳理，认为朱熹不但是一个伟大的思想家，同时也是一个杰出的学问家和教育家；通过对朱熹政治事

迹的钩沉发微，认为朱熹为官清正廉洁、颇有政绩，且抨击弊政，思有所改革，以缓解内部矛盾，并创造可图恢复的条件，是一个有着高度责任感的封建士大夫。这一时期有关研究朱熹的论著，其着眼点在于纠正"左"的思想错误，肃清人们心中长期对朱熹的误解，因此对朱熹的研究仍有单薄之嫌，但是这一阶段的纠偏举正为后来朱熹研究的全面客观、逐渐还原出一个真实的朱熹奠定了基础。

3.科学客观、走近真实

近年来，通过史学界的不断努力，朱熹的人物形象愈来愈丰满，也愈来愈接近历史中真实的朱熹。如学者不再着意于后世给朱熹所冠之道学家、思想家、教育家、文学家等名号，而是将朱熹置于他所生活的那个时代，重视朱熹作为士大夫之一员的基本身份，并以此作为基础，对朱熹展开讨论。认为朱熹之所以能够发明义理、注释经典、兴建书院，以及对时政的抨击、对君主的劝谏、对弟子的教育、对地方的建设，无一不是凭借着士大夫的身份。朱熹的精神造诣和学术成就，虽远远超过了一般的士大夫，但绝不能将超过等同于跳过，若跳过士大夫这一身份不论，则朱熹的历史地位便反而不可理解，对其评价当然也就不能做到客观真实。以朱熹"内圣外王"观念的阐释为例，传统观点认为以朱熹为首的南宋儒家，其论述的重点在于"内圣"而不是"外王"，而近年来的观点则认为"内圣"固然是朱熹等人的不朽贡献，但他们更加注重"外王"的实现，他们转向"内圣"则是为"外王"的实现做准备。由此认为在朱熹的思想与行动中包含着强烈的现实关怀，绝不能等同于空言义理的腐儒。

本文发表于2010年7月26日《北京日报·理论周刊》文史版，
原题为《一个真实的朱熹是什么样子——
朱熹研究之新进展及不同见解》，
作者时任北京大学历史学系博士后

探访陆游的"乡村世界"

包伟民

宋代文人存留至今的海量的田园诗，能够为我们提供不少历史信息。陆游生长于浙东，除年幼时曾避兵于婺州东阳乡间，成年后偶居绍兴城区及短暂出仕，其他时间主要居住在绍兴府所辖山阴县农村。尤其是淳熙八年（1181年）在提举淮南东路常平茶盐公事任上被臣僚论罢返里后，基本闲居于山阴的三山别业，时长近三十年。陆游是中国历史上诗文留存量最大的一位文人，存世的诗作近万首，主要写于这一时期。所谓陆游的"乡村世界"，是指由陆游诗文所记述的，也就是他所感知的南宋时期乡村社会。

陆游的乡村世界并不闭塞

乡村生活丰富多彩，乡居社会阶层复杂，闲休官宦散居于乡里，宋人多称其为寓公，他们本身即构成了当时乡村社会的一个重要阶层，值得关注。

▲陆游（1125—1210年），字务观，号放翁，南宋文学家、史学家、诗人。图为《古圣贤像传略》所载陆游像。

陆游作为出身官宦的寓公，其与外部世界的联系自然远比一般农户频繁。平居闲行，诗句咏吟者颇多。因此，他比较关注乡村的交通状况，经常抱怨村路泥淖之不便，"放翁愁坐茆斋里，泥潦连村不得行"，以及河网地区对船只的需求，"今朝出送张夫子，借得南邻放鸭船"。后来他干脆"千钱买轻舟，不复从人借"了。绍兴为近畿大郡，三山别业距郡城也不远，到了晚年，虽有"足迹不至城市者率累年"之叹，但或者"遣奴入城市"，或有友人来访，陆游的乡村世界并不闭塞。

以血缘关系为基础构建社交圈

在陆游的笔下，乡村世界是平静温和的。乡村社会与外部世界的联系有限，多数农户甚至"生不识官府"，因此，他们的社交圈基本上是以血缘关系为基础构成的。学界以往主要依据明清时期资料的讨论，常常强调基本市场圈对农民社交圈的影响。乡村社会的婚姻关系基本上也在市场圈的范围之内展开。以理揆之，南宋时期浙东地区的情况应该与之相去不远。不过囿于诗作所传递信息的局限性，我们可以感知的山区农民的婚姻圈则更为狭小，有时甚至不出村落的范围："世通婚姻对门扉，祸福饥饱常相依。"又如"樵牧相谇欲争席，比邻渐熟约论婚""一村婚娉皆邻里，妇姑孝慈均母子"。有时，陆游甚至还点明了具体某一村落的婚姻圈状况。例如，他经常散步闲游所至的西村湖桑埭："人情简朴古风存，暮过三家水际村。见说终年常闭户，仍闻累世自通婚。"在他泛舟游东泾村的诗作中，也提到此村"耕犁无易业，邻曲有通婚"。有的时候，陆游的措辞相对含糊，如"从来婚聘不出乡，长自东家适西舍"。所谓"不出乡"，看来也并非特指一县数乡之乡区，而是泛指乡村，所以才"长自东家适西舍"。因此，陆游排遣自己的心情，强调归耕乡间的一个令人称心宽慰之处，就在于"归家力农桑，慎莫怨贫贱，婚嫁就比邻，死生长相见"。这无疑是在对乡村社会婚姻状况作一般性归纳。

轻松融洽的邻里关系

以血缘关系为基础的乡村是温情脉脉的人情社会，村舍邻里之间在生产与生活等多方面互帮互助，有许多表现。或者在生产劳动中结伴协作，如《村居》："馈浆怜道喝，裹饭助邻耕。"《祠禄满不敢复请作口号》（第二首）："赖有东皋堪肆力，比邻相唤事冬耕。"以及《邻饷》："结队同秋获，连稿听夜春。"道路桥梁井泉河堤等公共设施，有待于邻里间的共同维护，如《古井》："道傍有古井，久废无与汲。邻里共浚之，寒泉稍来集。"农户个体经济的维持，有时也需要邻里间的相互帮助，"比邻通有无，井税先期足"。同时，陆游也对"骨肉团栾无远别，比邻假贷不相违"的"村老"表示"可羡"。在日常生活中，邻里间的友情在许多细节中表现出来。开禧二年（1206年），已是八十二岁高龄的陆游作《新晴》诗，有"市垆分熟通赊酒，邻舍情深许借驴"之句。第二年，他又作《题门壁》一诗，更感慨自己在三山别业"四十年来住此村，胜衣拜起有曾孙。市垆分熟容赊酒，邻舍情亲每馈餐"，表达了对于邻舍亲情的眷恋与感激。所以，他也十分在意维护邻里之间的这种亲情关系："东邻稻上场，劳之以一壶。西邻女受聘，贺之以一襦。诚知物寡薄，且用交里间。"当然，作为一个"酒仙"，陆游在诗作中描绘最多的是他与村邻聚饮的欢悦之情，如《与村邻聚饮》（第二首）："交好贫尤笃，乡情老更亲。羹香红糁熟，炙美绿椒新。俗似山川古，人如酒醴醇。一杯相属罢，吾亦爱吾邻。"陆游还在一首诗中特别描述了自己寓所周围的三位邻居，北邻"韩翁生不识官府"，估计是一家农户；西邻因庵主又称"因师"，而且"老乃学长斋"，或者是一位宗教人士；南邻章老秀才，大概是一位潦倒于科场的士人。陆游称赞他们"未尝一语欺其邻"，可见邻里之间关系相当融洽。

传统节俗促人际情感升华

在与邻里的这种亲情互动之中，有一个因素尤其值得注意，那就是乡村社会传统节俗的促进作用。庆元五年（1199年）腊月二十三小年夜，陆游一家祭灶之礼完毕后，按习俗请邻舍聚饮，第二天酒醒，他有诗吟之："卜日家祭灶，牲肥酒香清。分胙虽薄少，要是邻里情。众起寿主人，一觥激灩倾。气衰易成醉，睡觉窗已明。"聚饮之余还请邻舍们分享了祭肉。这样的祭灶分胙并非一时兴起，而是"岁时风俗相传久，宾主欢娱一笑新"，所以应该是每年行礼如仪的。两年后的嘉泰元年（1201年），陆游复吟《辛酉除夕》诗，也写到了分胙之俗："登梯挂锺馗，祭灶分其余。僮奴叹我健，却立不敢扶。"这当然并非陆游一家的行为，而是一种普遍性的礼俗。所以也在同一年，陆游在其《冬至》诗中，更有"邻家祭彻初分胙，贺客泥深不到门"之句。

　　实际上，这样促进乡邻间亲情关系的因素，差不多融入了当时农村其他所有的节俗之中。陆游诗作中就多有咏吟。如春社，"社肉如林社酒浓，乡邻罗拜祝年丰"，乡邻们共饮社酒，互祝年成丰收。如祈蚕，"户户祈蚕喧鼓笛，村村乘雨筑陂塘""偶携儿女祈蚕去，又逐乡邻赛麦回"。如祈雨雪，"老巫祈社雨，小妇饷春耕""丛祠祈腊雪，小市试春灯"。似此等等，不一而足，所以陆游才有"祭多巫得职，税足吏无权"之叹。如果农事年成较好，村落邻里间还会集资凑钱，乘节日请伶人前来作场唱戏。"单衣初著下湖天，飞盖相随出郭船。得雨人人喜秧信，祈蚕户户敛神钱。""敛神钱"，每家每户凑钱集资，自然也并非限于祈蚕一俗而已，于是就有了"比邻毕出观夜场，老稚相呼作春社"的热闹场景。绍熙四年（1193年），可能年景较好，据陆游的描述，山阴农村"太平处处是优场，社日儿童喜欲狂。且看参军唤苍鹘，京都新禁舞斋郎"。甚至那些在行都被禁止上演的曲目，在乡间百无禁忌，照唱不误。乡间伶人作场唱戏，不少都在夜间举行，所以说"野寺无晨粥，村伶有夜场"。不过这种乡间艺人，估计多数仍然由某些农民业余兼职。

　　当然，邻里之间，家长里短，有时也不免有唇齿之争，陆游以长者的身份，常常出面当和事佬，也常有诗作劝喻邻里，"乡邻皆世旧，何至誓弗过"。开禧元年（1205年）秋，他为此还专门写有《谕邻人》组诗三首，"邻曲有米当共春，何至一旦不相容""忿争得直义愈非，不如一醉怀牒归"，殷切之意，溢于言表。

本文发表于2020年4月20日《北京日报·理论周刊》文史版，原题为《"未尝一语欺其邻"——陆游"乡村世界"一瞥》，作者时任中国人民大学历史学院教授、博士生导师

王阳明如何教育子弟

吴　光

▲ 王守仁（1472—1529 年），字伯安，号阳明，明代哲学家、思想家、文学家、教育家。图为《王文成公全书》明隆庆初刻本所载王阳明像。

王阳明文武双全，声名卓著。他立身以德，治家尽孝，从政亲民，为国尽忠，是"真三不朽"者。习近平总书记曾高度评价王阳明的历史贡献。王阳明是伟大的哲学家、思想家，伟大的军事家、政治家，他的一生真正做到了知行合一。王阳明谆谆教育子弟立志勤学，以圣贤自期，以修身养心、致良知为人生根本，而不以读书做官、谋取功名利禄为人生目标，从而形成了丰富的家教思想，培育了优秀的家风传统。

勉励子弟立志勤学，改过责善

王阳明从小就有大志向。他十一岁那年读私塾时，有一天，突然问塾师："何为（人生）第一等事？"塾师回答说："惟读书登第（做官）耳！"王阳明怀疑道："登第恐未为第一等事，或读书学圣贤耳！"

其《教条示龙场诸生》云："诸生相从，于此甚盛。恐无能为助也，以四事相规，聊以答诸生之意：一曰立志；二曰勤学；三曰改过；四曰责善。……立志：志不立，天下无可成之事，虽百工技艺，未有不本于志者。……勤学：已立志为君子，自当从事于学。凡学之不勤，必其志之尚未笃也。……改过：夫过者，自大贤所不免，然不害其卒为大贤者，为其能改也。故不贵于无过，而贵于能改过。……责善：责善，朋友之道，然须忠告而善道之。悉其忠爱，致其婉曲，使彼闻之而可从，绎之而可改。"立志、勤学、改过、责善"八个字，可以说是王阳明教育思想的八字诀。

其《示宪儿》一文以通俗易晓的三字经形式，传达了王阳明教育后代的基本价值观念，这就是：勤学、孝弟、谦恭、循礼、节俭、戒贪、包容、心善等美德。该文说：

> 幼儿曹，听教诲；勤读书，要孝弟；学谦恭，循礼义；节饮食，戒游戏；毋说谎，毋贪利；毋任情，毋斗气；毋责人，但自治。能下人，是有志；能容人，是大器。凡做人，在心地；心地好，是良士；心地恶，是凶类。譬树果，心是蒂；蒂若坏，果必坠。吾教汝，全在是；汝谛听，勿轻弃。

论种德养心，仁礼孝弟

王阳明的《赣州书示四侄正思等》一篇书函的中心思想是教育子弟以仁礼存心、以孝弟为本、以圣贤自期。该文说："吾非徒望尔辈但取青紫荣身肥家，如世俗所尚，以夸市井小儿。尔辈须以仁礼存心，以孝弟为本，以圣贤自期，务在光前裕后，斯可矣。"其《传习录》语录云："种树者必培其根，种德者必养其心。欲树之长，必于始生时删其繁枝；欲德之盛，必于始学时去夫外好。"其《又与克彰太叔》书函云："正宪读书，一切举业功名等事皆非所望，但惟教之以孝弟而已。"

要求师法圣贤，以"致良知"为人生根本

王阳明在致弟子徐爱的家书《与徐仲仁》中，教育弟子"求古圣贤而师法之"，说："养心莫善于义理，为学莫要于精专；毋为习俗所移，毋为物诱所引；求古圣贤而师法之，切莫以斯言为迂阔也。"又在《寄正宪男手墨》中强调自己的讲学宗旨，要求子弟以"致良知"为人生根本。他说："吾平生讲学，只是'致良知'三字。仁，人心也；良知之诚爱恻怛处，便是仁，无诚爱恻怛之心，亦无良知可致矣。汝于此处，宜加猛省。"王阳明自提出"致良知"的心学宗旨以后，无论是对门人弟子，还是对家人子弟，皆谆谆教之以"致良知"，这个良知，便是孔孟之"仁"，程朱之"天理"。"致良知"，既是阳明学派的门风，也是王阳明一家的家风。

王阳明的江西大弟子邹守益对乃师家书给予了精辟的总结和极高的评价，说："先师阳明夫子家书二卷，嗣子正宪仲肃甫什袭藏之。益趋天真，奠兰亭，获睹焉。喜曰：'是能授简不忘矣！'书中'读书敦行，日进高明'；'钤束下人，谨守礼法'；及切磋道义，请益求教，互相夹持，接引来学，真是一善一药。至'吾平日讲学，只是致良知三字。仁，人心也；良知之诚爱恻怛处，便是仁，无诚爱恻怛，亦无良知可致'，是以继志述事望吾仲肃也。仲肃日孳孳焉，进而书绅，退而服膺，则大慰吾党爱助之怀，而夫子于昭之灵，实宠嘉之。"这个评论，不仅以阳明之教敦励阳明后人，而且以之激励同门学子，亦足见王阳明关于确立道德良知对于建立良好家风、门风思想的重要意义。

教育家人"勇于改过，以改过为贵"

王阳明在《寄诸弟》的家书中，特别强调了"改过为贵"的思想，他说："本心之明，皎如白日，无有有过而不自知者，但患不能改耳。……人孰无过？改之为贵。……吾近来实见此学有用力处，但为平日习染深痼，克治欠勇。故切切预为弟辈言之，毋使亦如吾之习染既深，而后克治之难也。"可见，勇于改过，以改过为贵，也是王阳明所提倡的优良家风。

论树立忠义为先、国事为重的良好家风

王阳明《上海日翁书》云："男之欲归已非一日，急急图此已两年，今竟陷身于难。人臣之义至此，岂复容苟逃幸脱！……伏望大人陪万保爱，诸弟必能勉尽孝养，且暮切勿以不孝男为念。天苟悯男一念血诚，得全首领，归拜膝下，当必有日矣。"其《岭南寄正宪男》云："汝不审近日亦有少进益

否？聪儿（正亿）迩来眠食如何？……我今国事在身，岂复能记念家事，汝辈自宜体悉勉励，方是佳子弟尔。"

这两封家书，都表达了王阳明忠义为先、国事为重的崇高境界，这也是王阳明倾力培养的良好家风。

本文发表于2019年10月21日《北京日报·理论周刊》文史版，
原题为《王阳明倾力培养的优良家风》，
作者时任浙江省社会科学院哲学研究所研究员、
浙江省儒学学会会长

第二章

世相

古代城市是如何管理的

葛剑雄

随着近年来考古发掘和研究的进展，中国的城市历史正在不断改写和上溯，发现古代城市遗址的范围也从黄河流域扩大到长江流域和其他地区。早期历史文献中一些有关城市的记载，已经被考古发现所证实。

由于夏、商、周三代实行分封制，每座城几乎都是大小不等的国。国的数量越来越多，以至有"万国"之说。直到春秋初期（公元前8世纪后期），有记载的国还有一千多个。尽管这些国名义上都从属于王和上级诸侯，但都有一定的独立性，所以无不将行政功能置于首位。一般来说，一座城中最重要的部分必定是主宰该城的诸侯或贵族的宫室，同时也是该城的行政和祭祀场所。城的四周一般围有城墙，有的还有相应的防卫工事。由于人口稀少，土地富余，城的范围可以划得很大，城内不仅有手工作坊，还可能有农田。相比之下，普通居民的住所和活动场所反而显得微不足道。

用今天的眼光看，城市内部这样的结构和功能并不合理，但却符合当时的实际需要，也体现了当时人的智慧。对每座城的居民来说，最重要的是生存和安全。这些都离不开君主和城墙的庇护，二者在城中占主要地位是顺理成章的。

自秦以降，中央集权制度越来越巩固，城市的政治功能和等级制度也越来越明显。以西汉为例，全国一千五百多座城被分为首都，郡、国（诸侯国），县、侯国（列侯的封地）、道（设置于少数民族地区的县级政区）、邑（皇后、公主等的封邑）三个等级，逐级管辖。每座城都设有政府机构，都筑有城墙，宫殿（或衙署）与城墙成为一座城市不可或缺的主体。

西汉的长安城是在秦朝废墟上新建的城市，事先就有严格的规划。长安城的面积约36平方公里，但城内的主要部分是宫殿，长乐宫、未央宫、桂宫合计约12.6平方公里，加上衙署、仓库、兵营、监狱等设施，最多只有三分之一的面积供百姓居住。由于城内容不下众多官员、贵族，他们大多居住在长安附近新建或扩建的"陵县"（因皇帝的陵墓而设置的县）内，以至形成了一个人口比长安还多的城市带。

东汉首都洛阳城的面积约10平方公里，城内的南宫、北宫等宫殿占地约4平方公里，再除去衙署等建筑，留给居民的地方大概也不过三分之一。

首都以下的城市不需要那么大的宫殿，但作为地区性的行政中心，相应的衙署和其他行政、军事机构也会占较大面积，居民能享受到的设施很有限，城市生活的质量很低。

在一个农业社会，多数人从事农业生产，离不开自己的土地和家园。除了本来就住在城里，或不得不住在城里的皇帝、贵族、官吏、将士、商人、工匠等，其他人往往选择乡居，因为城市对他们并无多少吸引力，城市生活未必比农村生活更美好。

东汉末年开始的分裂割据，以及期间反复出现的饥馑、战乱使原有城市受到很大破坏，但一些新因素也促成了城市的进步。例如，各政权为了增强实力，在城市建设中更讲究实效，避免形式；原有宫殿毁坏，或没有能力建造新的宫殿和衙署，民居在城市中所占比例相应增加；人口流动增加了移民，也带来了不同的文化；佛教传入后，寺庙成为城市必不可少的组成部分，在首都与大城市中往往形成特殊的景观。

以北魏洛阳为例，据《洛阳伽蓝记》记载，"京城表里凡有一千余寺""自葱岭已西，至于大秦，百国千城，莫不欢附，商胡贩客，日奔塞下，所谓尽天地之区已。乐中原土风，因而宅者，不可胜数。是以附化之民，万有余家。门巷修整，阊阖填列，青槐荫陌，绿树垂庭，天下难得之货，咸悉在焉"。这种新气象，恰恰是以往的首都城市所不曾有过的。

唐朝的首都长安已经兼顾了城市的不同功能。长安城由外郭城、宫城、皇城和各坊、市等构成，是中国里坊制封闭式城市的典型。其中五条干道宽百米以上。街道将城内分为一百一十坊，各坊建有坊墙、坊门，坊内为居民住宅、宫衙、佛寺、道观等。东西两市筑有围墙，市内店铺、作坊密布，商业繁荣。三条渠道将河水引入城内，以满足宫苑和景观用水，并汇成曲江池等风景名胜。

唐长安城是当时世界上范围最大、人口最多、设施最先进的城市之一，但封闭性结构还是对居民的生活有所影响，对商业和经济的发展有所限制，这些局限到宋代才得到突破。结合

《清明上河图》的描绘和文献记载，可以肯定，包括首都开封在内的城市在发展中取得了长足进步。

因此，尽管在宋代以后，首都等大城市依然沿袭封闭性政治中心的传统，但在经济发达地区，"清明上河图"的模式长盛不衰。如明清的江南，以经济为基础发展起来的市镇，以天然河流和人工运河组成的交通运输网络，以精细农业和商业、手工业和服务业组成的复合经济，形成了崭新的城市、集镇和城市生活。

本文发表于2014年12月29日《北京日报·理论周刊》文史版，
原题为《"清明上河图"显示城市功能的突破——
中国古代城市的形态与功能》，
作者时任教育部社会科学委员会委员

明清讼案为何多

徐忠明

人们常说：中国人缺少法律意识。即使到了今天，也一样。有人一听到中国的法治状况不好，就说是受了传统文化的影响，似乎以前的中国人根本就没有法律意识。但是，据我这些年来的阅读发现，在明清时期，老百姓对法律好像不是我们想象的那样不在意，或者说他们是非常在意法律的。

除了官府的法律宣传，民间也很重视法律书籍的编撰和出版

明清时期，老百姓在意法律，有几个方面的因素。

在朱元璋时期颁行的《大明律》里，即有"讲读律令"的条文。这条规定，不仅是针对官员的，也是针对老百姓的。对官员来说，不但要讲读律令，而且还要通晓律意；否则，将会受到制裁。对老百姓而言，如能通晓律令，在普通犯罪时，即可免罪一次。清代也有这样的律文。

另外，朱元璋对于《明大诰》的宣传，可谓不遗余力。谢应芳《龟巢集》卷八载有"读大诰作巷歌"语云："挂书牛角田头读，且喜农夫也识丁。"这里的"挂书"之"书"，即《明大诰》。同书卷七尚有"周可大新充粮长"七绝一首，语曰：

"田家岁晚柴门闭，熟读天朝大诰篇。"足见《明大诰》流传之广泛，以至牧童、农夫都在习读《明大诰》这部明太祖"钦定"的特别法。

与此同时，在通衢要道和众人聚会的地方，还会张挂相应的法律文本，以便老百姓知晓法律。有时，老百姓还因不知道法律而被官府免于处罚。《明实录》记载，永乐二年（1404年），大理寺官员奏："市民以小秤交易者，请论违制律。"皇帝问工部官员："小秤之禁已申明否？"答曰："文移诸司矣。"又问："榜谕于市否？"答曰："未。"皇帝就说："官府虽有令，民固未悉知之。民知令，则不犯；令不从，则加刑。不令而刑之，不仁。其释之。"

除了官府的法律宣传，民间也很重视法律书籍的编撰和出版。例如，被学者称为"日用类书"的大型书籍，属于民间日常生活的百科全书，在明清时期非常流行，版本很多。可是，它们往往相互抄袭，不仅鲁鱼亥豕，错谬百出，而且纸质低劣，印制恶滥。而其原因，显然是为了满足普通百姓的需要。另外，明清时期还有很多商业用书，除了介绍商业知识，也会介绍一些法律知识与文书知识。原因很简单，商人要做买卖，当然要订契约。

不可忽略的是，在明清时期的文学作品中，同样不乏法律故事。甚至，在儿童的识字课本中，也会介绍一些简单的法律知识。例如，晚清刘树屏编撰、吴子城绘图的《澄衷蒙学堂字课图说》一书，对"斩"和"绞"等刑罚，不但做了字面上的释义，而且还配有图像，非常直观，便于儿童识字和记忆。

通过这些资料，我们可以想象，如果老百姓不在意法律，那么以"射利"为志业的书商为什么要去编那些法律书籍，甚至要去做盗版的事情呢？虽然中国古代没有版权法，但著作权的意识还是有的。据此，我们可以推测：只要有阅读法律书籍的人，那就一定会有读者市场，也一定会有购买法律书籍的人，这是一个循环往复的过程。阅读法律书籍，当然是为了满足日常生活的需要。

说到买书，自然涉及书籍的价格。虽然晚明以来中国的书籍出版有了很大的发展，但是书籍的价格并不便宜。在清朝，买一套印制精美的《红楼梦》要花多少钱呢？大约要二十两银子。那二十两银子又是一个什么概念呢？大约是五口之家一年的开销。因此，买得起《红楼梦》的，恐怕是有钱人和读书人。在晚清，知县杜凤治说，自己看到一套《大清律例》，价格是十八两银子，因嫌贵而没买。比较而言，之所以"日用类书"多是盗版作品，而且大多印制恶滥，无疑是为了降低成本；一套卷帙浩繁的"日用类书"，只卖一两银子，可见是为了满足普通老百姓的需要。据此，我们可以说，当时的老百姓对法律是非常在意的。

明清时期，中国已经是一个"诉讼社会"，讼师非常活跃，诉讼率也日趋高涨

著名的日本法学家川岛武宜，在《现代化与法》一书中，曾经专章讨论了日本人的法律意识。从诉讼率的视角，考察了日本人的法律意识。在他看来，如果一个社会的诉讼率低，那么老百姓的法律意识就弱；如果诉讼率高，那么法律意识就强。因为老百姓只有知道自己的利益受到侵犯，才会去打官司。因此，诉讼率和法律意识有一定的因果关系，或者说是一种正向的关系。

中国古人的诉讼意识是怎样的呢？读过《水浒传》的人，可能还会记得：武大郎被潘金莲、王婆、西门庆合谋害死后，武松出差回来，看到自己的大哥突然死了，觉得很诧异，就去调查取证。刚开始，武松想走司法程序，就去找卖鸭梨的郓哥，盘问他事情的经过；接着，又找到了仵作行的团头何九叔，取了武大郎的骨头以及西门庆的贿金。取证后，武松找了一个陈代书，请他写状子，因为代书是专门帮别人写诉状的行家。之后，武松再去县衙告状。可是，县衙里的胥役因为收了西门庆的贿赂，就以证据不足为由，驳回了诉讼。到最后，武松只得采取"私力救济"的办法，杀了潘金莲和西门庆。

这个故事告诉我们，小说中的武二郎，对诉讼程序并不陌生，故而整个行动有板有眼；至于复仇杀人，乃是被逼无奈。这是否意味着，当时的老百姓已经具备比较良好的法律意识呢？我的答案：是。实际上，到了明清时期，人们对诉讼已经不陌生了。也因此，有学者声称，明清时期，中国已经是一个"诉讼社会"。可以用来佐证"诉讼社会"的证据，有以下几点。

一是讼师非常活跃。讼师不仅在城市开设歇店，招徕生意，而且还出没于穷乡僻壤，甚至搭建了跨区域的业务网络。能干的讼师，可以置起家业，即使"菜鸟"讼师，也能养家糊口。试想，如果没有相应的业务，绝无可能出现这样的情形。

二是"官代书"制度的形成。官府设置官代书，有两种功能：一种是帮诉讼两造（专指涉及诉讼关系的原告和被告）写状子；另一种是通过官代书来抑制讼师。不过，由于官代书的法律素养不佳，考试的录取标准只是粗通文墨而已，因此他们很难达到遏制讼师的预期效果；相反，讼师文化素养较高，脑子也够机灵。在这种情况下，即使有官代书提供法律服务，两造还是要找讼师帮忙写状子。

三是诉讼率的日趋高涨。以乾隆时期为例，全国设置了约一千五百个州县，人口约有三亿，平均每个州县约有二十万人。那么，每个州县要审理多少个案件呢？大约一两百个案件。当时的家庭规模是五口之家。每年约有二百个家庭会有一起诉讼案件；十年下来，约二十个家庭即有一起诉讼。可见，这个比例不低。如此多的家庭卷入诉讼，如果没有法律意识和诉讼意识，怎么可能！

四是限制诉状的字数。由于"放告日"提交州县衙门的状子很多，一年甚至会有数以万计的状子；其中，绝大多数是"催词"和"投词"一类的文书，以至于州县牧令根本看不过来，就想出了限制诉状字数的招数，以便节约牧令的时间。因为州县牧令负责辖区所有的事务，一忙起来，时间就不够用。那么，诉状的字数究竟多少才算合适呢？各地不同，基本上是在一百五十至三百字之间。如果以一万份诉状来计算，累计有一百五十万至三百万字之多。足见，牧令要读完这么多的状子，所花费的时间就可想而知了。

性情温和、爱好和平的中国人，为何会有那么多的诉讼案件

人们通常会说：中国人性情温和，爱好和平，追求和谐社会；而且，儒家特别倡导"无讼"的社会理想。怎么会有那么多的诉讼案件呢？从抽象层面来看，这些说法固然不错。然而认真思索起来，它们又有不小的问题。这是因为，老百姓并不是我们想象的那样，个个都是"君子喻以义"的；相反，因物质资源匮乏而导致的生存压力，势必产生"小人喻以利"的现象。在《中华帝国的法律》一书中，作者曾说：在中国农民的眼里，每一粒稻谷都是珍贵的。在这种情况下，如果自身利益受到了侵犯，诉诸衙门也就不可避免。要之，君子道德与无讼理想，一旦遭遇物质利益的挑战，也就难免落荒而逃。

甚至，当我们读到帝国官方关于"调处息讼"的话语和渲染时，亦切不要以为，这完全是对"无讼"理想的追求。实际上，它更有可能是由于州县牧令忙不过来，乃至是因"自图安逸"而拒绝受理案件。毕竟，明清时期的牧令，不像现在的法院，他们是瞿同祖先生所谓的"一人政府"，必须承担征收赋税、官学教育、社会治安、灾荒赈济、公共工程等各项事务；甚至，牧令晚上还要打着灯笼跟衙役一起巡查城里的治安。即使以司法实践来讲，他们要负责缉捕案犯、检验尸伤、勘查现场、审理案件、管

理牢狱等事。除了审理数以百计的民事案件，还要审理十起八起的命盗案件。像广东省的南海县，一年发生的刑事案件就很多，清代知县杜凤治在日记（杜凤治日记逐录了同光年间所在地方的风土民情、官场风气、上下关系、办事规则、基层断案过程，几至"事无巨细"；记载了自己的出入行藏和对朝政世事的联想心得，几至"感慨良多"。所记甚至连四时变化、阴晴圆缺也无一遗漏，这就使他的日记成为研究晚清基层社会以及地方官场的珍贵史料）中曾经提到，单是强盗案件，一年就有八十多起；一次执行死刑，也有十七人之多。与南海相比，番禺稍微好些，命盗案要少一半。这样一来，国家法律与州县牧令倡议"无讼"的社会理想，要求民间自行解决词讼案件和笞杖案件，均有迫不得已的苦衷，而非一味的道德宣示。

要而言之，无论是宣传法律知识与阅读法律书籍，抑或是民间社会常态的诉讼实践，都说明中国古人的法律意识和诉讼意识皆不弱。仍须指出，由于明清中国尚处在农业社会，也是一个乡土社会，虽然市场经济已经很活跃，人们的社会流动也很频繁，但是，毕竟与现代社会不同。因此，我们不能以现代社会人们的法律意识和诉讼意识来衡量，否则，即会出现"厚污古人"之事。

本文发表于2015年1月26日《北京日报·理论周刊》文史版，
原题为《古代中国人的日常法律意识》，
作者时任中山大学法学院院长、教授

契约：古代中国维稳的一大利器

仲伟民　王正华

学术界关于中国传统社会与文化的研究宏观多、微观少，国家层面多、基层社会少，与老百姓生活息息相关的研究内容更少。这导致我们对中国传统社会与文化的认识比较片面，尤其对老百姓衣食住行日常生活的了解非常不够。自20世纪初以来，契约文书的不断发现为研究中国传统基层社会的制度、经济、文化等提供了珍贵的新材料。从一定意义上可以说，契约文书是中国历史变迁最生动的载体，是传统中国社会人们日常经济生活最真实的写照。

务实精神：契约文书体现的是重实用的实践逻辑，涉及民间日常生活的方方面面

有学者认为，传统儒家所推崇的理念实质是一种说教，讲的是大家必须遵循的规则。而这些规则正是通过社会生活中一个个财产所有、婚丧嫁娶、土地买卖、继嗣分家的案例生动体现出来的。但是二者在多大程度上能够达到一致呢？透过契约文书，我们可以看到，民间社会所体现的是一种普遍的务实主义倾向，与士大夫阶层所宣传的很多"高大上"的理念并不相同，其更符合百姓生活的日常规则、乡俗民例和自己的生活实

况。这点在契约的具体内容和形式上都表现得很明显，例如交易的相关规定、交易物、画押方式、加批以及契约中经常使用的俗字俚语等。

约束，包括乡原体例、宗族规约、行业规则等，有学者将其总结为"习惯法"的力量。这是由于传统社会的个体深深地系于其血缘网络、地缘场景的群体之中。乡原体例是民间社会在长期的生活实践中自生自发总结产生的，中国各地的乡原体例虽然各异，但也有共同的特征，例如针对土地交易契约的规定往往会使之符合农业生产的规律。自南宋以后，宗族力量对于地域社会的作用逐渐增强。以徽州为例，诸如祭祀、户婚、立嗣、赋役等民事纠纷多经宗族组织根据族规家法等进行公处、族论。除此之外，宗族组织还通过制定祖训族规家法、兴修族谱、开展各种活动等行为，将宗法规范化入族人观念意识之中。其中很多内容会涉及契约，尤其是土地的买卖，我们可以看到在很多土地买卖过程中往往有族长身份之人出现。在商业领域，团行、会馆、公所、商会等组织的存在，不但有利于商人之间联络感情，更多的是为工商各业制定行业规则。另外在金融、体育和文娱等方面也存在着诸多组织，当这些组织参与到契约交易中时，其行为往往要符合行业规则才能被承认。

中国的契约体现的是一种重实用的实践逻辑，具有很强的世俗性，涉及民间日常生活的方方面面。交易物品不仅包括土地、房屋等重要的不动产，甚至还有农具、牛马、粪坑、茅厕、树木、水井等内容，这些物品和广大普通老百姓的日常生活是息息相关的。仅土地买卖的交易方式就包括租佃、抵押、典、活卖、绝卖等多种形式。

契约精神：可以将中国传统契约定义为一种"身份型契约"

契约精神是近代西方现代社会兴起的重要支柱。有观点认为，传统时代的中国人一直拥有契约精神；也有观点认为，中国古代社会并不存在西方意义上的契约精神。更多学者认为，应就不同历史语境来理解中国是否有契约精神。如俞江认为"在信用和效力这两个基础层面上，中国传统契约与古罗马契约，乃至和任何一个民族社会的契约都没有区别"，与近代以来西方社会强调意志自由的成熟的契约类型相比，"所不同的是，中国传统契约所遵循的是宽泛的底线伦理，因此可以将大量身份特别是等级身份方面的内容不加筛选地包容进去。如果以这一差异作为两种契约的典型特征加以区分，或许可以将中国传统契约定义为一种'身份型契约'，而把近代人观念中的那种契约定义为'自由型契约'"。称中国传统社会是契约社会，显得过于夸张了；但说中国文化缺乏契约精神，同样也不恰当。从契约材料和历史过程来看，民间社会对契约精神的维护及运行，有一套经历长期实践所形成的机理，在一定程度上保证了中国基层社会的正常运转。

法治精神：契约是维持中国传统社会稳定的一大利器

传统观点认为，中国古代政府派出官吏只到县一级，县以下的广大农村实行自治。在几千年的时间中，中国如何实现地方自治？宗族、乡绅的作用不容忽视，但民间社会的自治功能同样十分巨大。契约乃地方自治最典型的表现之一。当前，学术界认识中国古代法史问题大多关注诸如《大明律》《大清律例》等官方颁行的成文法典。如果从更为广阔的视角来认识古代法秩序，正如寺田浩明所说，明清时期，"一般民众在日常生活中如何大量地写下和交换称为'契'或'约'的书面材料，对于大部分日常生活或日常社会关系是如何依靠这些相互性契约来支撑的，必定都会得到深刻的印象"。

同牵涉人命、叛逆等大的刑事案件比较而言，古代法律对于户婚、田土、钱债此类事务的规定就显得薄弱，但是这些才是和百姓生活息息相关的，也是百姓最为关注的。在长期的历史积淀过程中，广大的农村地区经历了普遍性和持续性的契约实践，利用契约，辅以外部力量，形成了一套朴素完整的习惯法，规范着百姓的日常生活。这一张张契约牵涉老百姓实际生活的方方面面，且经过长期的筛选过程，得到社会认同。所谓的"官有政法，民从私契"即是言此。无论是官府的判决，还是民间社会的认知，两者都将自愿所立契约作为解决问题的重要凭证。因此，契约是维持中国传统社会稳定的一大利器。

本文发表于2018年7月23日《北京日报·理论周刊》文史版，原题为《契约文书：中国传统社会日常经济生活的真实写照》，作者仲伟民时任清华大学人文学院历史系教授，王正华时为清华大学人文学院历史系博士研究生

古人如何看待月食

王洪波

在科学昌明的现代，我们自然能够以纯粹审美、好奇的眼光来看待月食的发生，但是在古代，月食作为一种少见的天文现象，一旦发生很容易受到古人的关注。早在商代就有了月食记录。已经发现的殷墟卜辞中记载了五次月食事件，具体发生年代尚有争议，大致是在公元前1300至前1144年。《诗经》中也有"彼月而食，则维其常。此日而食，于何不臧"的诗句，被确定为是一次月食在前、日食在后的日月连食，发生在公元前776年周幽王时期。

月食在古代具有政治层面的意蕴

到了汉武帝时期，大儒董仲舒以儒家学说为基础，对先秦诸子思想进行了系统整合，构建了一套"天人合一""天人感应"学说。由此天降灾异与帝王的"修政""修德"联系起来，"奉天承运"成为帝王政治不可或缺的理论根据。太阳象征着人主之君，即"日为阳精，人君之象"。这样就把日食的发生与帝王失德相联系。与太阳相对的月亮，则有两重含义：对于后宫来说，月亮是帝王后宫之主的代表；对于朝廷来说，月亮又是诸侯大臣的代表。

正因为有以上这种附会，月食在古代常被用作"大臣斗皇后"的有力武器。汉哀帝即位后，祖母傅太后政治野心膨胀，不断为自己、为父母、为亲属求名、求官、求利，朝野上下普遍不满，纷纷上奏表示异议。傅太后盛怒之下，毫不客气地予以整肃，贬谪了一批批大臣。待诏李寻劝诫皇帝："月亮是后妃、大臣、诸侯的象征。近来月亮多次出现异象，这是后宫干政乱朝、大臣不足依赖的缘故。陛下应另寻贤能，这样才能使国家昌盛强大。"李寻所言正是在警示傅太后的权力过盛，希望皇帝能够借天象来制衡其权力。

当然，大臣们内部之间争斗起来，"月食"这种武器用得更是得心应手。唐代大历年间宰相元载专权，结党营私，犯法妄为。御史大夫李栖筠耿直不阿，上书弹劾元载同党岭南节度使徐浩、京兆尹杜济、吏部侍郎薛邕以及华原尉侯莫陈怤，唐代宗犹豫不决。适逢月食出现，李栖筠趁机将此归因于徐浩等人"罔上行私"的行为，要求代宗利用"月蚀修刑"的机会，对元载党羽给予惩处，于是徐浩等人皆遭贬黜。

从国家大政角度看，月食以后，古人还要反思在刑罚方面是否有失偏颇。因为"日掌阳，月掌阴。阳为德，阴为刑"。董仲舒认为"执法不得其中，怨气盛并滥及良善，则月蚀"。也就是说，执法有失偏颇、怨气过盛也会导致月食的发生。因此，月食出现后往往有皇帝颁布特赦诏书，赦免囚徒、收拾和掩埋骸骨以及讼理冤屈。

月食之后官方和民间的一系列补救措施

月食后，古人除了对自身行为进行反思外，还有一系列补救措施。《周礼》中记载："救日月，则诏王鼓。"就是说当日食或者月食发生后，要由周天子亲自击鼓来驱逐吞食月亮的怪物。随着人们对日食、月食认识的加深，到清代擂鼓这一仪式已经不需要皇帝来亲自实行。不过对于官员还是有要求。康熙七年（1668年）规定，月食救护除有公务在身的堂司官员以外，其余大臣均要参加救护仪式。乾隆四十七年（1782年），规定月食救护为"百官齐集救护，亦应素服将事，以合奏鼓之义。嗣后如遇日、月食，应当穿朝服之期，亦著用素服行礼，著为令"。从此将官员着素服参加救护的制度固定了下来。

另外郑玄注《周礼·庭氏》中也记载："救日以枉矢，救月以恒矢……"恒矢是前后重量均衡，射出以后箭行平稳，射程较远的一种特殊弓箭。月食时向月亮射出这种弓箭，也可以从怪物口中解救出月亮。这一习俗　直到清代还有延续。《西方人笔下的中国风情画》中就有晚清西洋人绘制的《射天狗图》，生动描绘了这一景象。

对于古代女子来说，为了拯救月亮，可能就要牺牲须臾不能离开的镜子了。唐代《开元天宝遗事》的"击鉴救月"中写道："长安城中，每月蚀时，即士女取鉴向月击之，满郭如是，盖云救月蚀也。""鉴"为镜子的古称。唐长安人口在百万左右，月食发生时，全城士女都要拿起镜子向月亮敲击，这一场景可以说是相当壮观了。不过汉唐时期的镜子是青铜镜，敲之只会

▲古画中对日食、月食现象多有记载。

发出响亮的声音，同击鼓有异曲同工之用，倒不影响以后的使用。

击鼓、击镜等都是通过制造声音来达到救月的目的。同样是救月，皇室层面有着种种烦琐的礼仪，又要素服，又要避正殿，并且上香、跪拜，行三跪九叩救护礼，作乐伐鼓。组织性稍差的民间，救月仪式就不免显得喧嚣，到后来反而颇有娱乐性。清代一些来到中国的传教士和外国使节对此多有记载，乾隆年间马戛尔尼访华期间，恰逢一次月食。副使斯当东回忆：月食前街巷贴出了官府预告月食的通告。当月食发生时，百姓纷传天上的狗要吃掉月亮，于是敲锣打鼓，力图尽快赶走这一怪兽。光绪年间驻中国云南的法国外交官方苏雅曾有一次从睡梦中被炮声惊醒，以为遭到了民众的进攻。原来是城中百姓遇到了月食，在放鞭炮，"以轰走吞吃月亮的天狗"。

本文发表于2018年2月12日《北京日报·理论周刊》文史版，原题为《中国古代的月食观》，作者时任北京市社会科学院历史所副研究员

古代文人为什么偏爱假山

朱良志

中国文人对假山似乎有一种偏爱，凡是出名的园林总会有同样闻名的假山坐落其中。遍览世界各地的名胜景点，也只有中国古人如此煞费苦心地选出嶙峋怪石，又大费周章地堆砌造型，其背后深藏着中国传统艺术的哲学趣味。

假山这个名称来自唐代，它跟芭蕉、莲花等一样，都是佛教的法物。但在印度佛教中，并未将假山视为法物。而在中国唐代后，假山成为佛门的重要法物。我们都知道寺院一般建在深山中，深山的院子里竖起块石头，叫假山。去了真山后，再回到院子里，看到这个假山，会觉得到底谁是真山，谁是假山？真假之间，包含的是对生命真实的看法。这对中国艺术产生了重要影响。

中国园林都有假山，如留园冠云峰。留园是苏州四大园林之一，是清末复建的园林，但这块石头渊源有自，它被放在溪水中，后面是一个简易的屋子，青瓦白墙，有一些林木点缀其间，假山的影子投在水中。它是太湖石，太湖石在北宋时期就为人们所喜爱，是造园的珍品。米芾以"瘦、漏、透、皱"来概括太湖石的特点，这四个字几乎就是一篇好文章，可以说是对中国艺术哲学的呈现。

中国人为什么喜欢石头？西方建筑前一般有雕塑，多是与宗教有关的人的形象；而中国人的建筑没有这种东西，但一般有假山。假山就是中国建筑前的雕塑，其中含有深邃的思想追求。瘦、漏、透、皱就是"拙"，"拙"就是把巧的东西去掉，把目的性的东西去掉，要巧夺天工。

我很喜欢明代计成的一句话："虽由人作，宛自天开。"这句话可以说是中国艺术的纲领之一。我将它归纳成三句话、两个要点。三句话就是：一切艺术都是人作的；作得就像没有作过一样；作得就像天工开物。两个要点：遵循自然，但是我觉得这不是最重要的；最关键的就是规避人工秩序。

▶文人墨客对假山格外偏爱。图为五代后梁画家赵嵒创作的《八达游春图》，图中可见一嶙峋怪石。现藏于台北故宫博物院。

　　第一个要点：遵循自然。中国人遵循自然，但并不代表中国人认为自然美比人所创造的美，更重视自然美。庄子是自然主义者，他特别欣赏外界自然物。他说："山林与，皋壤与，使我欣欣然而乐与！"山水连绵，使我欣欣然而乐，这是庄子在写自然美，他特别欣赏山水自然美，觉得山水能够愉悦情境。但是，庄子接着说，"而乐又未毕也，哀又继之"。就是说，还没有高兴完，哀又继之。所以细致咀嚼庄子哲学可以体会到，他绝对不是欣赏外在自然胜过人内在的美。中国美学的主脉中也没有这个思想。我们今天讲"天人合一"，也不是对外在自然物的重视，而忽视对人本身的重视。我们今天讲中国画的概念，杰出代表就是水墨山水画。不画人而画山水，并不意味着中国人对外在自然物更感兴趣，而是因为山水画是人心灵的象征，一片山水就是一种心灵的境界，重视山水画，是对人内在觉性的重视。

　　第二个要点：规避人工秩序。为什么人所创造的东西，不要留下人的痕迹呢？要痕迹全无，何以人所创造的痕迹这样不堪？问题的症结就在这里。人所创造的东西，不能露出人工的痕迹，不能露出知识的痕迹、技术的痕迹。不是外在自然物比人高明的问题，而是要突破秩序，突破知识，突破陈规，而导向对人的内在心灵的体会。

　　这两个要点——遵循自然和规避人工秩序，归到一点就是人的心灵的体验，这是最根本的东西。所以"虽由人作，宛自天开"，就是讲归于人心灵体验的问题。大巧若拙，并非对美的东西的排斥，而是对美丑相对的知识性的规避，对人类在美的名义下泛滥着欲望的洪流的规避。

人类打着审美的旗号，恣肆泛滥人的欲望，破坏这个世界，已经走得太远了。打着审美这样一个旗号，吃要吃最好的，住要住最好的，消化要消化最好的东西。中国古代历史上，要讲审美，乾隆是最知道审美的，他把天下好画全归在他那个地方，题了几万首诗在这些好画上，糟蹋了那么多东西。所以，大巧若拙不是愚蠢哲学，它是让你放弃外在目的性的攫取，追求内在真实的体验。

本文发表于2016年10月24日《北京日报·理论周刊》文史版，原题为《中国古代艺术的拙趣——古代文人为什么偏爱假山？》，作者时任北京大学教授

清明，是节气也是节日

王洪波

清明是传统的二十四节气之一，先秦典籍中已出现，《逸周书·时训》称："清明之日，桐始华。"清明前后气候变暖，万物勃发，欣欣向荣，所以古人很看重这一节气。不过从汉代一直到魏晋南北朝，清明一直是作为季节时序标记的节气存在。唐宋时期，清明节逐渐与上巳节和寒食节相融合，上巳节的"祓禊"与寒食节的禁火、冷食等逐渐消亡，成为一个以踏青、扫墓为主要活动的节日。唐宋时期逐渐定型的清明节，兼有节气与节日两种"身份"，以户外活动即扫墓、踏青为主，兼有肃穆（在扫墓祭奠活动中）与欢乐（在踏青等游玩活动中）两种情感氛围。

祭祀扫墓是清明节的重要主题，主要继承了寒食节的传统

清明祭祀扫墓，主要继承了寒食节的传统。唐宋时期随着清明、寒食、上巳三节的融合，扫墓成为这一节日的重要主题。北宋《东京梦华录》记载清明节："寒食第三节，即清明日矣。凡新坟皆用此日拜扫。"南宋《梦粱录》记载清明节时"官员士庶俱出郊省坟，以尽思"。明朝清明节祭祀被官方进一

步规定。《明史》记载："上陵之祀，每岁清明、中元、冬至凡三。"民间祭祀活动更为普遍，在这一天不仅要祭拜，还要修整墓地，为墓地除草添土。清明节无人祭拜之墓，往往被看作孤坟。清代习俗基本沿袭明代，不过扫墓之日除清明外，还增加了霜降这一天。《清通礼》云："岁，寒食及霜降节，拜扫圹茔，届期素服诣墓，具酒馔及芟剪草木之器，周胝封树，剪除荆草，故称扫墓。"此外，据说旧时北京人清明扫墓活动并不在清明当天，而是在邻近清明的"单"日举行。

清明前后的春游活动，其历史比祭祀活动还要悠久

清明前后的春游活动，历史比祭祀活动还要悠久，

▲《东京梦华录》是宋代孟元老的笔记体散记文，主要记录北宋都城东京上至皇室下至百姓的日常生活。图为《东京梦华录》书影。

更多地继承了上巳节的传统，其活动也更加丰富。唐代《开元天宝遗事》记载清明时节长安士女出游场景："长安士女游春野步，遇名花则设席藉草，以红裙递相插挂，以为宴幄。"唐代人们没有了上巳节"祓禊"的虔诚态度和寒食节纪念介子推的庄重心情，开始尽情地游玩，这时的清明节甚至成为当时新科进士举行宴集的节日。《东城父老传》记载："清明节士开宴集于曲江亭。既撤馔，则移乐泛舟，

又有灯阁打球之会。"据《唐诗纪事》记载，曲江之会，行市罗列，长安几为之半空。不少公卿世家也借着这一机会来挑选东床佳婿，"公卿家率以是日拣选东床，车马阗塞，莫可殚述"。

宋代清明节踏青之俗比唐代还要兴盛。《东京梦华录》卷七"清明节"记载："田野如市，往往就芳树之下，或园圃之间，罗列杯盘，互相劝酬，都城之歌儿舞女，遍满园亭，抵暮而归。"周密《武林旧事》载："清明前后十日，城中士女艳妆饰，金翠深缃，接踵联肩，翩翩游赏。画船箫鼓，终日不绝。"吴惟信《苏堤清明即事》曰："梨花风起正清明，游子寻春半出城。日暮笙歌收拾去，万株杨柳属流莺。"宋代名画《清明上河图》，就生动地描绘了宋代清明时节都城人民踏青远足的热闹情景。除春游外，清明节人们也要享受各种美食。

明清时期的清明节活动

明清时期清明出游盛况有所衰落。清代富察敦崇《燕京岁时记》记载："清明即寒食，又曰禁烟节。古人最重之，今人不为节，但儿童戴柳祭扫坟茔而已。世族之祭扫者，于祭品之外，以五色纸钱制成幡盖，陈于墓左。"清明节祭祀与春游合而为一：祭祀扫墓时庄严肃穆，规规矩矩，但仪式结束后，就变得非常轻松，从对逝者的尊敬中转入对自然的亲近。如明代北京城居民清明祭祀后，"哭罢不归也，趋芳树，择园圃，列坐尽醉。有歌者哭笑无端，哀往而乐回也"。客居京城，无法回家之人往往在清明节到西直门外高梁桥踏青。《帝京景物略》记云："岁清明，桃柳当候，岸草遍矣，都人踏青高梁桥。"

清代清明习俗与明代大同小异，扫墓完即在郊外春游、野餐、放风筝。《帝京岁时纪胜·三月清明》记载："清明扫墓，倾城男女，纷出四郊。担酌挈盒，轮毂相望。各携纸鸢线轴，祭扫毕即于坟前施放较胜。"此外，清明这天还要摘采新柳，制成柳圈，戴在头上。民谚有"清明不戴柳，红颜成皓首"或"清明不戴柳，死了变黄狗"的说法。

总之，清明的主题不只是扫墓，更重要的是扫墓和踏青相结合。祭奠先祖，除了表达对先人的哀思，也使后人获得了精神慰藉。踏青郊游作为清明节的重要内容之一，就是为了让人们感受春天的生机勃勃，满怀积极的生活态度。清明的娱乐活动，恰恰也代表着我们有战胜悲伤、困难的勇气。

本文发表于2018年4月9日《北京日报·理论周刊》文史版，
原题为《清明主题溯源》，
作者时任北京市社会科学院历史所副研究员

古人的乡愁寻寄

张　勃

乡愁是一种有着悠久历史的个人情绪和集体情绪

现代社会自然有其乡愁，笔者曾将其概括为故园之情、自然之想与传统之恋。但作为"深切思念家乡的忧伤的心情"，乡愁并非产生于现代社会，它是一种有着悠久历史的个人情绪和集体情绪，《诗经·小雅·采薇》中的"昔我往矣，杨柳依依。今我来思，雨雪霏霏"，已是描写乡愁的著名诗句。而在两千多年前楚汉相争的垓下之战中，刘邦让自己的军队在夜间大唱楚歌，以引起项羽军队的思乡之情，已是对乡愁情感的有效利用，而项羽军队也果真在四面楚歌声中忧从中来，斗志骤消。

中国传统社会以农立国，人们安土重迁，一般不会抛家舍业，背井离乡。然而，战乱、灾荒、移民、经商、戍边、读书、仕进等多种因素又确实导致了许多人离开家乡的事实。这其中有被迫的离开，也有为了寻找更好生存机会的离开，但无论哪一种，都为乡愁的产生准备了条件。

古代社会交通不发达，空间是难以跨越的距离，对于每一个到他乡谋生活、求发展、避灾难的人而言，离开故乡都是个体生活史上的重大事件，它意味着种种变化的必然发生。从此，他要离开自己生于斯长于斯的那片土地，离开基于血缘、地缘、业缘等建立起密切交往关系的亲朋好友、邻里乡亲，离开他熟悉的风俗民情和地方文化传统。他去了一个陌生的地方。在那里，他可能水土不服，也可能言语不通，他缺乏亲戚朋友，难以找到可以共享欢乐、分担痛苦的人，甚至卧病在床也没有一个人前来嘘寒问暖。身处这样一个漂泊无助、精神困顿的异己的世界，他必然会想念故乡，那种称为乡愁的情绪也便油然而生。而如果他是一个因为国家灭亡、政权更迭不得不离开家乡的人，那么他的乡愁就会因增加了失国之痛变得更加持久而深沉。

古人乡愁寻寄的方式

然而，具有社会行动能力的人绝不会让自己长期深陷于乡愁织就的网络之中不能自拔，他一定会想方设法谋求摆脱，使乡愁得到纾解和寄托。大致而言，古人乡愁寻寄的方式主要有以下几种。

首先是在他乡再造故乡。东晋《西京杂记》里记载了汉高祖刘邦再造故乡的故事，说的是刘邦建汉定都长安后，将父亲太公接来同住，可是太公发现他在老家丰县所喜欢的东西在新地方都是没有的，就患了乡愁。为此刘邦运用最高统治者的权力建了一个新丰，不仅将故乡的街巷布局、人文景观、风俗民情整体复制，就连老家的人和鸡鸭犬羊也都迁移了来，以至于"士女老幼相携路首，各知其室，放犬羊鸡鸭于通涂，亦竞识其家"。这下太公的乡愁有了寄托，重新高兴起来。像营建新丰这样在他乡复制故乡的例子在历史上是罕见的，不过，离乡的人在他乡努力沿用故乡的生活方式、习俗传统乃至故乡的名字，却是常见的现象。比如西晋末年，中原地区先后爆发八王之乱和永嘉之乱，地方割据势力连年混战，争斗不休。为避战乱，北方人大批渡江南迁。到了南方之后，这些移民相聚而居，总是刻意保持着原来的籍贯和地区，以致在南方出现了大量北方的州郡名，只是加上一个"南"字，如在京口设立南徐州，在江乘设立南琅琊郡与南临沂县。再比如，两宋之际由于大量东京人南迁临安，临安就经历了一个明显的"东京化"的过程，临安的房舍街衢、服饰饮食、风俗习惯等均和东京十分相似。"暖风熏得游人醉，直把杭州作汴州。"通过在他乡延续故乡的生活方式、习俗传统乃至故乡的名字，使人产生仿佛在故乡之感，就能有效形成文化传统的连续感和个人身份的同一感，从而对乡愁的寄托发挥一定的作用。

其次是身体返乡，即人回到家乡去。既然乡愁因离乡而起，那么只要家乡变化不大，身体返乡就是缓释乡愁的最佳办法。通过返乡，人的身体再次与家乡的山水、人物、文化亲密接触，耳之所闻，目之所见，鼻之所嗅，舌之所尝，口之所说，身之所触，无不是熟悉的、亲切的，由是心灵有了依靠，精神也得以安顿。

然而离乡的人很难做到一有乡愁就身体返乡，更不用说并非所有人都有身体返乡的机会。对于许多因为战争、灾荒、王朝易代、政府移民等被迫离乡的人而言，家乡已成故乡，是身体永远回不去的地方。即便回去，也已经物是人非，甚至物人皆非，根本无法寄托乡愁了。相比之下，精神返乡是一种更容易做到也更有效的乡愁寄托方式，即通过对山川景观、人物故事、风俗民情等与故乡有关的一切回忆和想象，使自己的情感、心灵、精神贴近故乡，从而满足对自我同一性和身份感的诉求，形成一种直面现实的积极力量。

与同乡相聚一起谈论家乡，或者共同回忆往事，是一种典型的精神返乡。初唐的王绩写过一篇《在京思故园见乡人问》，"旅泊多年岁，老去不知回。忽逢门前客，道发故乡来。敛眉俱握手，破涕共衔杯"。这个长年离乡、满怀乡愁的诗人偶然遇见一个同乡，不由激动地流下了眼泪，他拉着同乡一边喝酒一边询问故乡的人和事，从朋旧童孩、宗族弟侄、旧园新树、茅斋宽窄一直问到柳行疏密、院果林花，仍然意犹未尽。王维亦有一首小诗，"君自故乡来，应知故乡事。来日绮窗前，寒梅著花未"，与它有异曲同工之妙，都写出了离乡人寻寄乡愁的迫切，想必在知晓了"故乡事"之后，他们的乡愁会得到一定的缓解吧。

然而，文人们并不止于谈论和言说式的回忆，他们还会用手中的笔，通过直抒思乡之情或者互通家信，乃至书写故乡的方式进行精神返乡。中国古代有许多抒发乡愁的文学作品，李白的《静夜思》、杜甫的《月夜忆舍弟》、崔颢的《黄鹤楼》、范仲淹的《苏幕遮》都是其中的名篇。而南朝宗懔的《荆楚岁时记》，唐代李绰的《秦中岁时记》，宋代孟元老的《东京梦华录》、吴自牧的《梦粱录》、周密的《武林旧事》，明代陆启浤的《北京岁华记》，等等，都通过对故乡岁时节日、景观风俗、民情人物的回忆和书写，来寄托对于"回不去的故乡"的恋念之情。

▲ 南朝宗懔的《荆楚岁时记》中有大量的怀旧书写。

书写故乡的文化乡愁成为我们了解历史的重要凭依

特别值得一提的是，有些明显寄托乡愁、精神返乡的作品写作于王朝更迭之际，由于王朝更迭往往造成文化传统的断裂，这些作者便超越了对自我情感的一般关注，而有着一种传承文化、弥合断裂、保存历史记忆的自觉意识，他们的乡愁也就不仅是对故乡土地景物人情的乡愁，更是一种文化乡愁。比如孟元老之所以写《东京梦华录》即在于："暗想当年，节物风流，人情和美，但成怅恨。近与亲戚会面，谈及曩昔，后生往往妄生不然。仆恐浸久，论其风俗者失于事实，诚为可惜；谨省记编次成集，庶几开卷得睹当时之盛。"正是这样的文化乡愁，不仅使书写故乡本身构成了一个富有特色的学术传统，而且留下了珍贵的历史记忆，成为我们了解历史、认识历史、建立起与前人连带感和密切关系的重要凭依。

本文发表于2015年6月15日《北京日报·理论周刊》文史版，
原题为《古人的乡愁寻寄》，
作者时任北京联合大学北京学研究所研究员

逛街购物，古人也上瘾

张颐武

今天，购物是我们生活的重要部分，无论在家还是出游，买买买总是少不了的，现在更有如"双十一"这样在网络上凭空创造出的节日。其实自有人类社会以来，就有购物，一买一卖之间，是人类的生活赖以存在的基础。

当然，这种商业文化所形成的购物风尚其实是从古到今都有的。司马迁的《史记》就专有《货殖列传》，就是探讨商业文化的一篇宏文，其中提到的"商而通之"就是讲不同地方的物产通过商业的流通得以在广阔的地域中互通有无。这篇大文章首先是承认人的欲望，认为这不可简单压抑，"富者，人之情性，所不学而俱欲者也"。人都想过富裕的生活，这是人性的一部分。其次说明社会需要因势利导，既不能被欲望完全控制，也不能彻底压抑它。同时深入分析物产和消费的关系，各地物产不同，而人的欲望是旺盛的，都想要更好的生活，就需要消费，所以需要贸易商业。同时对于利润、对于分工等都有极精辟的论述。也讨论商业伦理和精神，从商人白圭引出"智勇仁强"的观念，从范蠡说到"择人任时"的商业观念和"富好行其德"的观念。从地域之差别引出商业的必要，这可以说是对商业最透彻的理解。最后讲到商业竞争中的无常，"富无经业，则货无常主，能者辐辏，不肖者瓦解"。这是对于风险的透彻分析。讲到商业成功者企业家对于社会的巨大影响。"巨万者乃与王者同乐。岂所谓'素封'者邪？非也？"这是对于大商人作用的清晰理解。这一篇可以说是中国式的商业的宣言，司马迁的认识是如此透彻和深邃，揭示了商业的真谛，今天看仍然是洞见人性的好文章。

当然一般的购物生活，就没有这么高大上，只是普通人的快乐，这种快乐其实也留在了历史上。唐朝长安的繁荣就在于来自丝绸之路的各种货物的集聚和扩散。当年丝路上活跃着的粟特人就是以善于经商闻名于世的。长安有所谓的"东市"和"西市"，遍布各种店铺，各种物产琳琅满目，让人惊叹这个城市的繁荣。卖奇珍异宝、各地货品的真是不少。当然，那时候官府对市场限制很严，正午才能开市，到了太阳落山就得关市。一面是对造假、缺斤少两有管理，另一面也是限制这些商业的发展。农业社会总是担心商业过于繁盛会影响最基本的生存，让人心思浮躁，所以限制就多。中唐之后，限制就减少了，夜里能开市了。当年的长安城还有各种"一条街"，崇仁坊是乐器一条街，延寿坊是玉器一条街，常乐坊是美酒一条街。这些"一条街"都有专业分工，也装点了繁荣。

两宋的都城，更是繁荣。东京汴梁，现在有《清明上河图》和《东京梦华录》这样留下的真实记录，让人沉迷。货物之多，光景之盛，都超过了唐朝。这时候都有通宵营业的街市了。坊

▲《清明上河图》（局部），北宋著名画家张择端所绘。
图为《清明上河图》中对繁华街景的描绘。

与市更是合二为一。豪华的酒楼更是多得很，那种繁荣的胜景到今天还让人回味。有名的诗人刘子翚有诗："梁园歌舞足风流，美酒如刀解断愁。忆得少年多乐事，夜深灯火上樊楼。"从中可以想见其繁华。南宋的杭州，也是如此。至于明以后，市井文化更是普及。《三言二拍》或《金瓶梅》的那些故事里更多的是对于商业的了解和认知。

从当年的逛街到今天的网上购物，不变的是人对于繁华的迷恋，也是对于美好生活追寻的一部分，这其实是古今一致的。

本文发表于2019年11月18日《北京日报·理论周刊》文史版，
原题为《商而通之——古代购物琐谈》，
作者时任北京大学教授

古代北方人真的不爱吃稻米吗

曾雄生

　　传统中国北方人吃米（相对于全体人口而言）的机会不多。稻米在北方人的生活中处境尴尬。它似乎高贵，又好像卑微。这让我们看到一种非常矛盾的现象：餐桌上的稻米是食中上品，"非婚丧节令，恒不轻用"，可是另一方面，我们却看到穷人反而不习惯食用稻米，致使某些地方稻产失传。

　　河北香河曾以产稻著称。清初还有稻米产出，所产稻米包括粳稻、糯稻、水稻和旱稻。但到民国时期，稻米生产已从本地绝迹，少量的稻米"来自津沽"，而小米、玉蜀黍（玉米）、杂豆成为百姓日常生活中的主要食品。

　　山东博兴县也是如此，"土人非燕宾不以炊（稻米）"。河南密县洧河两岸均有水稻分布，但稻米饭"供祭祀、宾客之需，常食不轻用也"。山西长子县产稻不多，"祭祀、宾客之用，惟取给于太原晋祠之贩来者"。

　　总之，稻米对北方人来说，不能没有，也无须太多。北方人食稻的机会不多，能经常吃到稻米的人往往是富贵阶层。

　　古人将"食稻衣锦"视为"生人之极乐，以稻味尤美故"。孔子曰："食夫稻，衣夫锦，于女安乎？"孟子提道："五亩之宅，树之以桑，五十者可以衣帛矣。鸡豚狗彘之畜，无失其时，七十者可以食肉矣。"在人均寿命较短的古代，老年人口只占总人口的少数，所以真正能够享用饭稻衣帛和肉食的只是贵族阶层。

这种情况由来已久。山东沭河上游大汶口文化晚期至岳石文化时期的人骨食性分析结果表明，大汶口晚期的食物结构存在贫富差异，富有者的饮食以大米等植物为主，普通老百姓的饮食以小米等植物为主。

这种历时久远的饮食习惯，到宋元时期依然未改。宋仁宗嘉祐二年（1057年），河北大水，民乏食，原计划发放太仓粳米六十万斛，赈济灾民；因北人不便食粳，便从本地拨出小米四十万石以代之。

元时，自北方来湖南的士兵多疾，原因是"不习食稻"，于是便动用船只运送粟米若干万斛到湖南。

宋元以后，小麦取代小米成为北方人的主食，面食习惯的养成，成为北方人食用大米的又一障碍。

在南方的北方人，因面食缺乏，只能"强进腥鱼蒸粝饭"。宋室南渡之后，当时西北人聚集的临安（今浙江杭州），面食种类不下汴梁。仅蒸制食品就有五十多种，其中大包子、荷叶饼、羊肉馒头、各种馅儿饼、千层饼、烧饼、春饼等都是典型的北方面食。

这是人口流动的结果，更是长期形成的饮食习惯使然。对于普通的北方民众而言，不仅没有多少稻米可供食用，而且有稻米也不爱食用。

直到清代和近代这种情况仍然如此。稻米的消费量在清朝皇室和达官贵族的食物构成中占有较大的份额。乾隆皇帝甚至"无一日不食，无一食非稻"。稻在皇家礼制中的地位也高于麦和其他作物。在举行耕耤之礼时，户部官初进耒，次进鞭，次进皇上耕耤稻种匣，次进诸王耕耤麦种匣、谷种匣，次进九卿耕耤豆种匣、黍种匣。

北方稻米的消费人群主要集中在大、中城市。"都城百万户，籴太仓稻米食者甚多。"近代山西，"民间食稻者甚尠，仅商业繁盛之地需之耳"，又"山西所产者，非纯属稻，有秔（或写作粳）与糯。秔作饭及稀饭，为上流社会常食及一般宴客庆祝日所食用。糯米则制粉、蒸糕或供神用之"。

老北京人以米饭当主食的不多，但副食中却有不少是以稻米为主料制作的，如年糕、江米条、紫米粥、艾窝窝等。古典小说《红梦楼》中提到"御田粳米熬粥"，"御田胭脂米"制作的"红稻米粥"等事，是贵族食用稻米的一种反映。

一些稀有而珍贵的稻米往往作为礼物在贵族之间送往迎来。康熙发现御稻米后，由于产量有限，在很长一段时间里，御稻米只是作为御膳，或是一种赏赐，供皇帝或是其身边的达官贵人享用。

本文发表于2016年11月7日《北京日报·理论周刊》文史版，原题为《北人遇到稻米时》，作者时任中国科学院自然科学史研究所研究员

三秦儿女的"优根性"

戴生岐

渭水文化作为中华文化发展的逻辑起点、历史基因和活力源头，必然会在中国的崛起中显示其独特魅力。熊十力先生早就讲过，"自本自根之谓命，恒创恒新之谓生"。文化的本质是"人文化成"。生活于渭水流域的三秦儿女，是创生、涵化和提升渭水文化的生力军。挖掘和传播三秦儿女在创造渭水文化中所积淀的主体"优根性"，对于现阶段构筑和谐中华文化不无裨益。

三秦儿女的文化性格概括起来就是四句话，即生烈朴咥，闲逸窝㷉，正统耿介，公诚勤德。

生烈朴咥：三秦儿女是志存高远、事功至上、纳异进取、不断流动的忠烈之士

三秦儿女首先就是具有崇根敬本信仰的"得天命"一族。"天"在这里主要指自己性命所由出的祖宗和历史文化基因。所以，三秦儿女在灵魂深处就具有敬天保民和祖宗崇拜的价值信仰。陈忠实先生在《白鹿原》中，通过关中名儒朱先生的口所发出的"究竟要折腾到何时为止"的天问，就代表三秦儿女"安息为本"和崇尚"不折腾"的心声。得天命一族往往都是高贵之人。高贵者往往"惟大是求"，因而又会在仰天长啸中

臻于壮怀激烈，所以，三秦儿女又是志存高远、事功至上、纳异进取、不断流动的忠烈之士。

从历史发展脉络看，汉唐以前，三秦儿女大都是儒法互补的类型。但是，两宋以降，三秦儿女却在文化反思中变成了形儒实道的人，成了"甘其食、美其服、安其居、乐其俗""高下不相慕"（《黄帝内经》）和"至乐活身""得大自在"的老庄之徒。那么，疏离政治的三秦儿女在何处找乐子？答曰"咥活为乐"。而"咥活"的本意却至少有四种，即一为吃饭（陕西人叫"咥饭"）；二为交媾；三为弄事；四为咥人（"打架"是也。最有名者就是由"陕西冷娃"孙蔚如将军带领三秦优秀后生在中条山和日本人干的那一架）。而这就是表现人世间生命"欢实"和尊严的主要内容。

闲逸窝㞏：关中地区大多风调雨顺，关中人就有闲情逸致从事文化活动

关中地区历来是风调雨顺，除个别年份因干旱等天灾导致了盗贼蜂拥、土匪横行的混乱局面，大多数时间，关中也被称为"天府之国"，所以这里的人并不会因为工作效能感欠佳而吃不上饭。再加上受儒家"矜而不争"、道家"知足不辱"和法家艰苦朴素文化的多重熏陶，他们对"一天三顿面，有了辣椒不要菜"的日子感到心满意足。于是，就有闲情逸致从事文化活动。

"窝㞏"一词要分开来讲。"窝"就是待在某一处不挪窝，同时也有"窝心"（舒坦）之义；"枼"就是记述家族谱系的薄木片。躺在家族谱系（山西人叫"先人案"）上不思进取，就必然会坐吃山空。所以，由"窝枼"所造成的"品麻"和"闲逸"往往深藏着某种危机。然而，就像经济、政治、文化的发展从来具有某种不平衡性一样，在把祖宗的"家当"还没有"踢踏"完的一段时间里，坚守在家门口的三秦儿女在文化上还是会做出一些好东西的。他们把主要精力放在了颇具后现代"小型叙事"的文化创造上，如小说、诗歌、散文、书法、玺印、绘画、镌刻、雕塑、建筑、青铜器、甲骨文、玉器、交通、中医、农学等等。

三秦儿女闲逸窝枼的文化品格还体现在日常生活的各种民俗事象中。日常生活中的民俗文化事象主要涵盖衣食住行、送往迎来、婚丧嫁娶、节庆祭祀、地方戏剧等方面。由于周尚火德，秦尚水德，陕西人民在衣着上主要是喜庆热烈的红色和肃穆凝重的皂色。同时，由于受"天子的选民"意识的影响，他们还普遍崇尚黄色。老者多半会在腰间系上一条黄腰带，以示这个身份特色。而善于驾车和养马的秦人又发展了发达的服饰文化，加上威严厚重的皂色衣着的匹配，在此基础上就形成了独具三秦大地地域特色的社会服饰文化。

正统耿介：用心做事的三秦儿女，在千百年来的政治实践中，把天地正气内化为自身的"大体"品性

三秦儿女中庸正统的文化性格主要从医、食、政和个体人格四方面来体现。秦地多良医。三秦医者的杰出代表有岐伯、扁鹊、淳于意、孙思邈、陈尧道、武之望、王焘、李鼎铭、黄竹斋等等。他们都是熟稔"医者易也"之哲理，追求医政相通之境界，发誓要济世活人的苍生大医。中庸正统之文化品格落实在政治治理中，就是对刑罚之公平正义原则的贯彻。回眸历史，秦文化对"大一统"国家形态的认同，以及在认同基础上对中央集权制的肯定，可视为王道治理价值观念的初级版。汉代在"大一统"基础上不断完善的帝制、三公九卿制、郡县制，可以视为王道治理价值观念的完善版。秦汉以后，中国两千年政治基本模式不曾改变。故识者叹曰："两千年之政，秦政也。"

秦人多耿介。正因为在医、食、政三方面的长期"熏染"，养成了三秦儿女的耿介品性。这就是表现在他们身上的以小济大、以柔济刚的忧患意识和"危言危行"、殷忧淑世的家国情怀。这种情怀表现在个体身上，就造成了绵延不绝的"冷娃"辈出。历史进入近现代以来，这样的"冷娃"更是为国家的安危做出了突出贡献。例如关中蒲城人王鼎，就是这样的血性之士。他通过尸谏的方式上书道光皇帝，力陈香港不能割、和约不能签、穆彰阿不能用、林则徐不能贬的道理。其慷慨激昂的殷殷陈情，几乎成了当时的爱国宣言。比王鼎晚一百年，还是蒲城人的杨虎城，又用兵谏的方式演绎了比王鼎更加悲壮惨烈的爱国主题。

公诚勤德：集中反映了三秦儿女突出的桑梓情怀、社稷意识和家庭主义的价值偏好

"公"在这里主要指一种"大道之行，天下为公"的社稷情怀。公以去私，用绝党争。这八个字说明，"公"不啻是一种制度安排，而且已然渗透到三秦儿女的骨髓中，变成了他们的道德情操。正因为抱有天下情怀，司马迁才在为李陵辩护遭奇耻大辱之宫刑后怀有"不蛊之志"，写出了"史家之绝唱，无韵之离骚"的史学名著《史记》；正因为有天下情怀，被称为"关西孔子"的东汉渭南人杨震才不徇私情，坚拒王密送来的巨额"政治献金"，并宣示了闻名天下的"四知之言"；正因为有天下情怀，在明朝被称为"当世的魏徵"的三原人王恕，才能"直言直行"，扶大厦于将倾，创办书院，以整饬人心，呼唤社会正义为己任，被人们赞叹为"两京十二部，唯有一王恕"；等等。

"诚"在这里主要指三秦儿女对维系社会生活的基础结构之"爱国诚信"的信仰和坚守。燕汲是孔子七十二高足中唯一的陕西人，有人为了试探燕汲的诚信水平，故意在他面前丢了一包黄金，但燕汲不为所动，捡到后就物归原主。三秦儿女的诚信基因一直延续到当代。今天，拾金不昧的好人好事在三秦大地比比皆是，而眉县杨家村农民在农田作业时发现、保护青铜器并及时上缴国家的善举，更是把三秦儿女"爱国诚信"的美德诠释得淋漓尽致。

"勤"则是对三秦儿女崇尚科技、敬业奉献的墨家精神的彰显。我党创办的第一所理工类大学——延安自然科学院院长徐特立先生,就被陕北人民称为"墨子徒",这说明墨家文化在三秦大地有很深的草根基础。

"德"在这里主要反映三秦儿女的桑梓情怀和家园精神。于陕西出土的青铜器"何尊",上面就镌刻有"宅兹中国"四字铭文。中国比较早的社区教育的典范就形成于明清之际的陕西蓝田。吕大忠所撰《吕氏乡约》,为基层缙绅整饬一方社会组织秩序及挽救世道人心提供了行之有效的规则。其中所崇尚的"德业相劝,过失相规,礼俗相交,患难相恤"等条目朗朗上口,易记好学,极大地提振了陕西基层社区居民的文明程度,史家说自此"关中风俗为之一变"。

本文发表于2017年6月19日《北京日报·理论周刊》文史版,原题为《关中人地域性格之四大特点》,作者时任长安大学社会学教授

西汉的黄金是正式货币吗

李祖德

2015 年，考古工作者在南昌西汉海昏侯墓主椁室西侧发现了大量马蹄金和金饼，部分金器被送往江西省博物馆，在当时引起人们热议。其实，一千多年来，人们对秦汉时期的黄金货币一直议论纷纷。有的人怀疑西汉史籍中的"金"都是铜或至少部分是铜，有的人认为东汉黄金货币的突然消失是我国古代经济史上一个难解之谜，有的人认为西汉的黄金"不是正式的货币"。这些问题的讨论，对进一步促进秦汉经济史的研究是十分有益的。

西汉的黄金货币大多可根据交易需要任意切割

春秋战国时期，唯一以黄金作为流通货币的国家是楚国。在此之前，虽然有关于黄金作为交换物的文献记载，但把一定量的黄金铸成一定的形状，并印上一定的文字标记，则是从楚国开始。楚地盛产黄金，所铸的"爰金"是我国最早的黄金货币。秦始皇统一六国，将黄金正式作为法定货币。"秦兼天下，币为二等。黄金以溢为名，上币"，于是黄金货币便在全国流通。

陕西地区秦国金饼的出土，说明黄金货币不仅在楚国通行，而在其他地区也有流通。如果说，由于秦朝二世而亡，因而出土的黄金货币很少，那么到了汉代，黄金货币出土的数量与范围就相当可观。出土资料证明，汉代黄金货币流通范围已远远超出战国时期楚国的领域而遍及全国。汉代的黄金货币与楚国的爰金有所不同。楚国的爰金形状大致分为两种：一种是饼状，另一种是版状。西汉的黄金货币大多是饼块状，大小不等。这种饼块状的黄金货币，根据交易的需要，可以任意切割，仍处在比较原始的称量货币阶段。

到汉武帝时，黄金货币有了较大变化，那就是对马蹄金与麟趾金的铸作。《汉书·武帝纪》记载："诏曰：有司议曰，径者朕郊见上帝，西登陇首，获白麟以馈宗庙，渥洼水出天马，泰山见黄金，宜改故名，今更黄金为麟趾，以协瑞焉。"北宋沈括所著的《梦溪笔谈》还对马蹄金与麟趾金的形状做了具体描述："麟趾中空，四傍皆有文，刻极工巧；作圆饼，四边无模范迹，似于平物上滴成，如今乾柿，上人谓之柿子金。"这就是说，到了汉武帝太始二年（公元前95年）时，黄金货币有了比较固定的形制，不论是马蹄金还是麟趾金，都是呈圆形或椭圆形的饼块状货币。

几十年来，汉代的马蹄金、麟趾金以及相似的金饼屡有出土。根据汉代黄金货币出土的情况来看，汉代的黄金货币是法定的"上币"，流通地域较广；黄金货币以饼块状为主，每块除"一两"小金饼外，都在一斤左右；有些饼块状黄金货币底部刻有各种记号，有的刻有斤、两、铢的重量；黄金货币根据交易需要，可以任意剪凿，分散使用。可见，汉代的黄金货币仍处在比较原始的称量货币阶段。

汉代的黄金货币与铜钱呈现出一些奇特的现象

称量货币的黄金与金属铸币铜钱有着显著的区别。汉代的铜钱是法定货币，具有固定的重量和成色。固定的重量，就需要有固定的形状来体现，即圆形方孔。人们在使用钱币时，不必先考虑货币的重量是多少，只需计算货币的数量就可进行商品交换。汉代的黄金货币，虽然具有比较固定的饼块状形制，每块重量在一斤左右，但没有固定的标准重量，大小不一，重量不等，实际上仍然是一种自然的金属铸块。人们在使用黄金货币时，既要知道货币的重量，又要鉴定黄金的成色与真伪，在交换中有很多不便之处。因此，汉代的黄金货币还没有完全脱离原始的物品货币形态，在交换过程中，一方面可以作为货币的形式出现，另一方面又作为物品具有使用价值而进行交换。

汉代的黄金货币由于处在货币发展史中的物品货币阶段，因而与处于金属铸币阶段的铜钱产生了许多不协调的关系，从而呈现出一些奇特的现象。

第一，终西汉一代，黄金货币与铜钱之间没有法定的比价。

西汉的黄金与铜钱虽有一定的比价，但没有政府规定的长期固定不变的法定比价。这不是偶然的疏忽，究其原因，主要是黄金货币与铸币铜钱处于不同的货币发展阶段。西汉的黄金货币是以重量为计算单位，处于称量货币阶段，而西汉的铜钱是金属铸币，是以枚数为计算单位。黄金以货币的重量进行交

▲金饼，又称饼金，为汉代货币之一，主要用于皇室贵族间的赏赐与馈赠。图为陕西历史博物馆所藏金饼。

换，铜钱以货币的数量进行交换，两者之间有着根本的区别。这当然不是说"黄金无价"。因为任何一种物品，只要具有一定的使用价值，都有一定的价格。其性质只是黄金作为物品与铜钱之间产生的价格，而不是黄金作为货币与另一种铜钱货币之间产生的法定比价。作为法定比价，一种货币与另一种货币的比价是不能随时变更的，是由法律明文规定的；而作为一种物品，其价格是随着不同的情况可以随时改变的。西汉一代，黄金价格因时因地常有高下之别，充分说明黄金货币具有物品属性的一面。西汉黄金货币尚处于称量的物品货币阶段。它作为一种货币，对其他物品具有一定的价值尺度，但同时其本身又是一种物品。物品的价格是不能与两种货币之间的法定比价相混同的。

第二，国库财政储藏，不以黄金为计；王侯功臣赏赐，则有赐金数万。

《汉书·食货志》记载："至武帝之初，七十年间，国家无事，非遇水旱，则民人给家足。都鄙廪庾尽满，而府库余财。京师之钱累巨万，贯朽而不可校。"《汉书·王嘉传》也记载："孝元皇帝奉承大业，温恭少欲，出内钱四十万万，水衡钱二十五万万，少府钱十八万万。"以上这些西汉府库的积储，为何不厌其烦地只记铜钱而不涉及黄金？

　　与此相反，在王侯功臣的封赏中，中央政府经常可以从府库中取出大量的黄金，有的动辄数万斤，最多的甚至达到五十万斤，如"大将军票骑大出击胡，赏赐五十万金"。西汉政府一年的赋税收入为四十余万万铜钱，如果以王莽时期一斤黄金值万钱来计算，仅仅这一次赏赐就倾全国赋税收入还差十万万铜钱。明明府库中存在着大量的黄金，为何在政府财政积储的计算时却以铜钱为计？

　　要分析这一现象，不能不涉及黄金的价值尺度和流通手段。

　　在西汉的商品交换中，铜钱有明确的价值尺度。这是由铜钱为金属铸币所决定的。西汉王朝向人民征收的算赋、口赋、更赋，汉简中所反映的物价、家庭财产的统计，都无不以铜钱作为价值尺度的唯一标准。当然，在价值尺度上具有局限性的黄金货币，不等于说不具备价值尺度。但我们可以发现，不少文献记载黄金的价值尺度是不精确的。但翻遍汉简，也找不出一条有关黄金与其他物品之间的精确比价。黄金货币不确定的价值尺度，必然被同时通行而有明确价值尺度的铜钱所代替。

　　以称量来决定价值大小的黄金货币，虽然在价值尺度上不能与铜钱相比，但黄金与铜材相比，黄金的价值显然高于铜材，这是由黄金属于贵金属所决定的。因而，在大宗赏赐中，黄金货币的优越性远远超过铜钱。汉武帝太始二年（公元前95年）铸作马蹄金与麟趾金时，明确规定这些黄金货币"因以班赐诸侯王"。据彭信威先生统计，西汉赐金总额达八十九万余斤，而汉武帝赏赐卫青与霍去病分别是二十万与五十万斤之多。在军事活动频繁与后勤供应紧张的情况下，赏赐黄金货币显然比赏赐铜钱来得轻便。黄金货币虽然没有明确的价值尺度，但赏赐是一方赠予另一方，不是一种正式的双方交换行为，有没有明确的价值尺度对赏赐来说并不十分重要，重要的是作为货币的黄金，具有自身高贵的商品价值，这对于金属铸币的铜钱来说是不具备的。

黄金虽价值尺度不明确且流通不便，但依然是正式的货币

长期以来，对于西汉黄金货币的评价存在着两种不同的意见：一种意见把西汉的黄金货币估计得很高，认为汉时通货"专用黄金"，有的认为汉代以黄金为代表的"贵金属货币高居支配地位"，"是事实上的金本位时代"；另一种意见认为西汉的黄金"不是正式的货币"。我认为，这两种意见都有偏颇。

作为称量货币的黄金，实际上仍处在物品货币的历史阶段，具有两重属性，即既是货币，又是物品。物品货币是中国货币发展史上一个重要的阶段。以称量来决定价值大小的黄金货币，起着与其他商品交换的媒介作用。考古出土中有黄金货币切割的痕迹充分说明了这一点。由于与铜钱同时并行，其价值尺度不明确且流通不便，但不能因此就认为黄金"不是正式的货币"。同样，处于物品货币阶段的黄金，不可能"是事

实上的金本位时代"。金属称量货币实际上仍然是一种自然的金属铸块，还没有完全摆脱原始的物品货币的形态。西汉黄金的大宗赏赐或赠予，虽也可作为货币的大量赐赠，但由于不存在双方交换的行为，因而作为贵重物品的赏赐或赠予则更为合理。忽视西汉黄金货币具有物品属性的作用，必然会做出不恰当的估计。

本文发表于2015年12月21日《北京日报·理论周刊》文史版，
原题为《西汉的黄金是正式货币吗？——
古代经济史上一个难解之谜》，
作者时任中国社会科学院历史研究所研究员

唐代城市的"街肆恶少"都是些什么人

宁　欣

有人认为唐代城市的"街肆恶少"与汉代的游侠具有渊源关系，其实二者的社会属性和时代属性有很大差别。活跃于城市社会中的一些品质恶劣的年轻人，文献中多有记载。这些人的成分很复杂。根据相关资料记载，他们的社会构成主要有以下几类：权贵豪戚子弟，破落世家子弟，城市贫民子弟，长期盘踞和滞留京城的低级胥吏和杂任中的辞退人员，外来流动人口。很多情况下，不同类别多有交集，即某一个人可能会兼有多重身份。例如破落世家子弟、长期盘踞和滞留京城的低级胥吏和杂任中的辞退人员都有可能集中在同一人身上。

权贵豪戚子弟

权贵豪戚子弟一向是城市社会个性张扬的群体，他们恃贵而骄，驰骋张扬，隋代已经有突出实例。如隋代的左翊卫大将军宇文述之子宇文化及和宇文智及，由于化及弟士及尚南阳公主，两人更为嚣张。

玄宗朝的记载也不少。如李白诗中所述："风流少年时，京洛事游遨。腰间延陵剑，玉带明珠袍。我昔斗鸡徒，连延五陵豪。邀遮相组织，呵吓来煎熬。君开万丛人，鞍马皆辟易。

告急清宪台，脱余北门厄。"斗鸡酗酒、结伴滋事、炫耀财富等，是玄宗朝以后这些纨绔子弟及其追随者的风格。到唐后期，情况有所不同，活跃在京城的街肆恶少已经属于不同的社会阶层了。

权贵豪戚子弟在京城的嚣张和招摇，从隋到唐后期有变化，隋代的宇文氏子弟，有恃无恐，所作所为也不影响他们的升迁和发达。玄宗朝及其之后，更多的是"五陵少年"，社会风气的蜕变，使得这些少年斗鸡、炫富、寻仇等，往往结伴滋事。但不少人因祖父余荫，有卫官身份，盼望着建功立业。一些诗人出于各种考虑对他们给予了欣赏性的描述。德宗以后，京城民间社会各种势力活跃起来，从隋初的权贵高门到玄宗朝的五陵少年，又有变化，市井子弟开始占据京城民间社会的舞台。

破落世家子弟

一些破落或没落的世家子弟，盘踞京城，往往纠集一些层次较低的社会恶少，滋事于京城。上述的"五陵少年"，也与破落世家子弟有关。很多破落世家子弟，很可能追随五陵少年，形成声势。如隋朝的沈光，其家累世有官，后因政治原因而衰落，他本人早年混迹市井，成为恶少所朋附的恶势力，后追随隋炀帝屡建功勋。之后成为隋炀帝身边的大将，为保护隋炀帝，粉碎宇文化及的谋反而死。

这类破落世家子弟，在京城炫耀和张扬的方式似乎比权贵豪威子弟层次低了些，他们的最高理想是靠立军功升迁。

城市贫民子弟

如果说唐前期的京城恶少大多是攀附于权贵豪戚甚至没落世家子弟，那么到了唐后期，活跃于京师的"恶少"则已有了变化。占据城市舞台中心的恶少已经从权贵豪戚子弟转为一般城市贫民和市民子弟了，他们炫耀和展示自身的方式更加"城市化"和"低俗化"了。崔沔所作《应封神岳举贤良方正第二道》中有问答，"问：屠钓关拆之流，鸡鸣犬吠之伍，集于都邑，盖八万计"。形容市井之徒云集京城之盛。但八万的数字如何得出，不详。

这些坊市恶少，刺青文身成为时尚和标识，不仅嚣张于街肆，并且敢与官府叫板，挑战权威。《酉阳杂俎》卷八《鲸》载："上都街肆恶少，率髡而肤札，备众物形状。恃诸军，张拳强劫，至有以蛇集酒家，捉羊胛击人者。"

还可举出如大宁坊力者张干，"札左膊曰：生不怕京兆尹，右膊曰：死不畏阎罗王"。力者张干，从称谓和名字看，是靠力气吃饭、社会阶层比较低的人。

长期盘踞和滞留京城的低级胥吏和杂任中的辞退人员

京城长安云集着中央官署和京兆府各级各类官署，任职人员包括低级官吏和胥吏及杂职人员。《资治通鉴》云："官自三师以下一万七千六百八十六员，吏自佐史以上五万七千四百一十六员。"《唐律疏议》云："流外官者，谓诸司令史以下，有流外告身者。杂任，谓在官供事，无流外品。"上述诸书记载的低级任职人员，可以说除州县地方职任，大多集中在京城各官署，可以分为流外官、杂任杂职、色役三个层次或类别。

李锦绣《关于唐后期官与吏界限的几点思考》一文，同意日本学者砺波护的唐后期胥吏人数增加的观点，并指出，仅财政领域的胥吏增加了近十三倍。根据李锦绣文，我们可以得知，一是唐后期胥吏数量成倍甚至成十倍地增加，尤其是关键部门，虽然传统的旧有的胥吏职位很多已经被后起的吏职甚至是官职所取代，但大量的色役和杂使等充斥着各个部门是不争的事实。

严耕望先生对这些人口数量的估测是："长安城全部中央官署之官员胥吏，加京兆府、长安、万年两县之官员胥吏之人数，必当在五万以上。"长安各级各类官署官与吏的比例，或低品加胥吏与中品以上的比例，至少不应低于4：1，那么，长安的胥吏应不少于四万，若加上不在编制内的杂任、杂职掌，人数会更多。

这些群体虽然在正史记载中着墨不多，但应该引起足够的重视。如五坊小儿、各宦官机构小使、宫市中的"白望"、公主府中的混混等。唐后期还是可以搜集到很多具体而生动的记载。

外来流动人口

关于唐代长安城的人口数量，很多学者做过估算。严耕望先生的《唐代长安人口数量估测》对外来流动人口仅仅给予了五万左右的估测,远远少于实际的数量。其中,从农村和外地涌进都城的外来流动人口没有计算充分,是主要原因之一。严先生将流动人口分为季节性流动与非季节性流动。非季节性流动人口包括四方商人、地方州府吏员进京公干、外国公私人等、留学生、僧徒、每月2900余在京当值的诸使司丁匠幕士,还有将作监、少府监隶属工匠共34850人,根据需要分番上京当值,具体数字不详。季节性流动人口,包括参加吏部铨选的选人,参加礼部科举的举子、州府朝集使等。

本文发表于2019年8月5日《北京日报·理论周刊》文史版,
原题为《唐代城市"街肆恶少"成分复杂》,
作者时任北京师范大学教授

宋人休假花样多

张熙惟

"三日一沐，五日一浴"，是自先秦形成的卫生美德，后据此演化为公休假"休沐"一词。揆诸文献，"休假"有许多意同而称谓不同的词语表达。在宋人的语境中，休假有休沐、归沐、休暇、休务、旬休、旬假等说法，还有朝假、式假、假告、假宁、腊假、朝休、更休、告宁、告归、谒告、谒归等对不同休假的称呼，镌诸简册，载之篇籍，展现异彩纷呈的节假文化，是中国古代节日文化的绮丽篇章。

休假之制的确立与流变：从北宋休假令到南宋假宁格

我国古代休假之制源远流长，意蕴深厚，历朝脉络相承，迭有创新。"五日一休"自汉代起成为国家法定休假日，至唐代改为十日一假，称"旬假"。宋代集历朝假日制度之大成，因革相承，发展创新，使节假制度更为完备、系统。正如《宋史》所云："宋承唐制，抑又甚焉。"司马光诗作"风雨难期王事剧，未知休沐几旬来"，道出了因政务缠身而对假日的企盼。宋代休假之制确立于北宋前期。这一时期，随着政治统治的逐步巩固，社会经济的恢复发展，以及社会秩序的渐趋稳定，包括节假制度在内的各项政治制度得以逐步创建并完善。

　　赵宋立国伊始，就恢复建立休假制度。据李焘《续资治通鉴长编》（以下简称《长编》）载，太祖乾德六年（968年）九月辛卯，诏"节假及太祠，并如令式处分"。开宝九年（976年）四月二十三日，又"诏自今旬假不视事，赐百官休沐"。明确"著令旬假为休浴"，确立"旬休赐假"之制。太宗太平兴国三年（978年）七月乙酉《改用七日为七夕节诏》曰："七夕佳辰，著于式令……自今宜以七日为七夕，仍令颁行天下为定制。"真宗时以"天书"降临、封禅泰山而创设天庆节、天贶节、先天节、降圣节、天祺节等节日。徽宗亦效仿真宗增设天应节、真元节、宁贶节、元成节、天符节、开基节等。故《宋史》记云："诸庆节，古无是也，真宗以后始有之。"这类宗教性节日也被纳入法定假日。

　　《宋会要辑稿》亦载："国初休假之制，皆按令式：岁节、寒食、冬至，各假七日，休务五日；圣节、上元、中元，各假三日，休务一日；春秋二社、上巳、重午、重阳、立春、人日、中和节、春分、立夏、三伏、立秋、七夕、秋分、授衣、立冬，各假一日，不休务；夏至、腊日，各假三日，不休务；诸大祀假一日，不休务。其后或因旧制，或增建庆节，旬日赐沐，皆令休务者，并著于令。"官员休假，或免朝参为休沐，或官署停止办公为休务，休沐非一定休务。但从真宗景德三年（1006年）九月规定"上巳、二社、端午、重阳并旬时休务一日"后，非特殊情况"皆令休务"，逐渐形成休假亦休务之制。

　　休假之制度化，体现了宋代行政体制渐臻完善，折射出新的执政理念。但对朝廷来说，假日过多也会影响官府的政务处理和办事效率。围绕着既要有利于国家机器正常运转，又能最大限度实行人性化管理，不断有官员如包拯、王安石、王十朋、罗愿等对节假制度提出改革主张，两宋休假之制也就始终处于变革损益之中。

休假惠及社会诸群体：官吏、工匠、军人及学生

欧阳修《初伏日招王几道小饮》云："人生有酒复何求，官事无了须偷暇。古云伏日当早归，况今著令许休假。"描写了休假宴友的喜悦。宋代节假日有多少？宋人庞元英《文昌杂录》载"祠部休假岁凡七十有六日"。实际上，到神宗元丰五年（1082年）祠部厘定官员休假制度时，各类休假日已超过一百二十多天。宋代休假主体包括各级政府官吏、官府工匠、军人、官学师生乃至编配囚徒等，成为惠及社会诸群体的法定福利待遇。

宋代休假形式主要包括公假和私假。公假包括例行假、节假、赐假、赴任假等。例行假为常规假日，如旬假，官员每十天休假一天，一年可达三十多天。节假是根据农事节令而休的假日，包括立春、春分、立夏、夏至、立秋、秋分、立冬、冬至等节气假日，以及元日、寒食、重午、重阳、人日、中和、七夕等民俗节日。赐假、赴任假等都是朝廷以休假方式给予相关人员的非物质奖赏，有着非定时、定期的特点。如大中祥符元年（1008年）真宗东封泰山时，即赐百官休假三日。

私假是指因个人事务而休假，名目颇杂。如婚丧、疾病、省亲以及处理私人紧急事务又无法利用旬休、节假之便时，均按规定给予休假待遇。如《宋史》所载太祖开宝敕文曰："应常参官及内殿起居职官等，自今刺史、郎中、将军以下遇私忌，请准式假一日。"因官吏私忌休假是按"令式"规定的，故称"式假"。《庆元条法事类》"假宁格"载：官员结婚给九日假，期亲五日，大功三日，小功二日，缌麻一日。探亲等皆"准格令给假"。病假或称病告，又称寻医。太祖建隆元年（960年）九月，诏"文武常参官请病告过三日，以名闻，当遣太医诊视之"。同时规定休病假不得超过百日，否则停发俸禄。超过二百日者，除籍罢官。

官府工匠也有休假。大中祥符二年（1009年）六月兴建昭应宫时，修宫使丁谓欲宫速成，请三伏不赐休假，宰臣王旦言当顺时令，真宗以为然，乃诏"修昭应宫役夫三伏日执土作者，悉罢之"。大中祥符六年（1013年）诏"诸煎盐井役夫，遇天庆等四节并给假"。南宋《庆元条法事类》载，凡役丁夫，元日、寒食、冬至、腊日各休假一日。编配囚徒或"流囚居作"者，每旬休假一日，元日、寒食、冬至休假三日。

官学学生有"斋假""告假"之制。因故暂外出不能回校者，允请"宿假"。长时间不在校学习者，允请不超过一年的"长假"。周密《癸辛杂识》还记："太学，上巳暇一日，武学，则三日。清明，太学三日，武学乃一日。"诸州县学，亦"岁时给假，各有日限"。

军人也有相应休假。真宗天禧四年（1020年）秋七月辛酉：
"诏京东西、河北路经水灾州军，勿得科调丁夫，其守捍堤防
役兵，仍令长吏并加存恤、番休之。"南宋《嘉泰事类》"军
防格"亦载："寒食，诸军住教三日"，"中元节，诸军住教一
日"。皆为节假日停止训练之制。

另外，还有其他定期或不定期的休假。如王栐《燕翼诒
谋录》所载，太宗淳化二年（991年）正月己丑，"诏京朝官
厘务于外者，受诏后给假一月"，使"久劳于外"的官员能还
乡里"展扫坟墓，聚会亲族，料理生产作业"。为表示对科举
选才的重视，仁宗庆历六年（1046年）三月二十四日诏："为
放举人毕，依宴后一日例放歇泊假一日，前后殿不座，永为定
式。"南宋时则在御试唱名后，给有关主持考试的官员放歇泊
假三天。至于皇帝"亲行大礼及车驾巡幸，赐群臣休假，皆无
定制"，但也成为休假之制的重要组成部分。有些部门的休假，
还确立轮休制。如元丰二年（1079年）三月，神宗批示曰："大
理寺长、贰、丞、主簿家属既不在治所，如遇休假，宜止各轮
一员在寺，余归休沐，庶制可经久，人无惮倦。其著为令。"

宋代休假之制开创因政事而设节之先河，节假体系趋于完
备，成为我国古代假日制度文化的繁荣期，也奠定近世公共节
日体系基本规模，成为当今假日之制的文化原型。

休假之制社会影响大观：假日经济与节序文学

休假之制既是皇朝政治管理制度的重要内容，也是社会生

活不可或缺的组成部分。真宗景德三年（1006年）九月庚戌，"诏以稼穑屡登，机务多暇，自今群臣不妨职事，并听游宴，御史勿得纠察。上巳、二社、端午、重阳并旬时休务一日。祁寒、盛暑、大雨雪议放朝。著于令"。大中祥符五年（1012年）五月丙子，又"诏自今两省五品、中书省四品、诸司三品有同列出使，并许郊钱，仍给休暇一日。余官亲属僚友出行，任以休务日钱送"。休假并"许臣民宴乐"的规定，为人们节日交游、聚会、宴娱营造宽松氛围，助推文人诗酒之会与结社唱和成为一种时尚，催生绚丽多姿的节假文化，蔚为大观。

宋代各种节假活动丰富多彩，像立春打春牛、上巳祓禊、清明扫墓、端午竞渡、七夕乞巧、中秋赏月、重阳登高、冬至进履、小年扫除、除夕守岁、新年祝福等，呈现时序性节日娱乐化、宗教性节日商业化特点，极大地促进了消费经济发展，形成繁荣昌盛的节日市场及假日经济。正如孟元老《东京梦华录序》所记都城开封节假气象云："时节相次，各有观赏。灯宵月夕，雪际花时；乞巧登高，教池游苑……花光满路，何限春游；箫鼓喧空，几家夜宴。"艳丽富贵，欣欣向荣，一派节日繁华景象，引领都市消费时尚。

休假之制为平日忙碌于公务的人们提供休暇时间，以游观赏玩，放松身心，探亲访友，寻芳讨胜。正所谓"会待诏恩三日沐，湖山寻胜任舟舆"。《东京梦华录》记都城清明休假、踏青游春盛景："四野如市，往往就芳树之下，或园囿之间，罗列杯盘，互相劝酬。都城之歌儿舞女，遍满园亭，抵暮而归。"吴自牧《梦粱录》记南宋临安清明节盛况："车马往来繁盛，填塞都门。"构成一道绚丽多彩的节假风俗长廊和人文景观。

岁时节日文化氛围的熏陶，激发文人学士的创作灵感，生发形成具有浓郁生活气息、意境深远的节令诗、节序词为主体内容的节序文学。《全宋诗》收录端午帖子词多达五百余首，《全宋词》收录以节日为题的词作超过千首。节序诗词以"祈愿、祝福、赏心、乐逸、良辰"等为主题思想，是展现宋代节日民俗风情的瑰丽画卷。如立春，是农历二十四节气中的第一个节气，人们对于春天的到来寄予厚望。赵长卿《探春令·早春》下片："幡儿胜儿都姑婶，戴得忔戏。愿新春以后，吉吉利利，百事都如意"，昭示出对美好生活的热烈企盼与祝愿。元宵节是当时最为隆重、极具风采的节日，号称"新年第一佳时节"。"月上柳梢头，人约黄昏后"也成为宋朝女性最为自由的风流灯月夜。《全宋诗》即收录一百多位作者的二百多首七夕诗作品。至如中秋佳节，全民同庆。苏轼一阕《水调歌头·明月几时有》更被誉为千古绝唱，独步古今。

宋代节序文学或借节日事象抒发鸿鹄之志，或借节假交游相互慰勉。托物喻意，寄寓抒情，颇具文化韵味、审美意蕴和艺术魅力。尽显时序风物之盛，休闲宴乐之情，展现出浓郁的市井生活气息和鲜明的时代特色。尤其是如元宵节"舞队"和猜灯谜、二月十五花朝节、重阳赏菊等，皆创始确立于宋代，揭示宋代假日文化的博深精邃。

▲我国古代休假之制源远流长，意蕴深厚。宋人利用休假时间游观赏玩，放松身心。图为南宋画家马远所绘《山径春行图》(局部)，现藏于台北故宫博物院。

宋代休假之制继承前代典制，革故鼎新，顺势而为，建立起制度化的节假体系，惠及社会诸群体。节假之制极大地促进了消费经济的活跃，发展为繁荣昌盛的假日经济，催生绚丽多彩的节序文学，形成璀璨夺目的节假文化。

本文发表于2019年1月28日《北京日报·理论周刊》文史版，
原题为《我国假日之制的文化原型——
宋代休假之制催生的绮丽多姿的节假文化》，
作者时任山东大学历史文化学院教授

宋朝繁荣的"乡村旅游"

陈忠海

宋朝较以往更重视农业生产和农村建设，在"重农"的同时也不"抑商"，这为发展乡村旅游提供了宽松环境。宋朝乡村旅游业的繁荣，为经济发展和国家税收做出了贡献。

近五百位诗人留下了田园诗，总数超过四千首

宋朝大批具备文人和官员双重身份的旅游者走进乡村，体验乡村生活，成为一道新景观，这从他们创作的大量田园诗中就能看出来。据统计，有近五百位宋朝诗人留下了田园诗，总数超过四千首，其中范成大一百四十首，杨万里七十五首，苏辙三十六首……这些数字大大高于前代同类作品，宋代以前田园诗被认为写得最好且诗作较多的是陶渊明和王维，他们留下的田园诗都只有三十首。

宋代乡村旅游者中还有一个特殊人群，就是应试的士人，在只能用脚一步一步完成长途旅行的情况下，有人索性把漫长枯燥的旅途变成了一路上的"乡村游"。条件好的学子出行时还会带上一个或几个仆人，或者几个学子结伴而行，这其实也是一个庞大的旅游群体。宋真宗景德四年（1007年），各地来京城应试的"贡举人集阙下者万四千五百六十二人"，由此拉

动起的"乡村游"几乎成常态化，可以想见，他们也带动了乡村旅游的繁盛。

农民辛苦劳作，农闲时也希望得到放松，他们既是乡村旅游的组织者，也是乡村旅游的参与者。苏轼在《和子由蚕市》一诗中写道："蜀人衣食常苦艰，蜀人游乐不知还。千人耕种万人食，一年辛苦一春闲。"农业生产的发展，农村生活条件的改善，使农民也具备了旅游的兴趣与渴望。

▲旅游者走进乡村，以观赏农事为乐。图为清代画家陈枚所绘《耕织图》，现藏于台北故宫博物院。

乡村旅游因地制宜：观赏农事、赏花、"斗草"、放风筝

旅游者走进乡村，自然要观赏农事。诗人范成大在乡间看到百姓插秧苗，禁不住停下脚步细心观看。理学家朱熹来到乡间，看到稻谷已经成熟，写下了"禾黍谁言不阳艳，晚炊流咏有余香"的诗句。在宋朝诗人的笔下，几乎所有农事活动都被写入诗中，有的还"去锄南山豆，归灌东园瓜"，亲自体验农业劳动。

春天，乡村百花盛开，"往来车马游山客，贪看山花踏山石"，像苏轼那样的"花痴"，甚至"只恐夜深花睡去，故烧高烛照红妆"。一些乡民看到种植花卉能带来商机，就有意识大量种植以吸引游客，"武陵儒生苗彤，事园池以接宾客。有野春亭者，杂植山花，五色错列"。洛阳等地素以牡丹著称，当地还组织起牡丹花会，赏花也卖花，欧阳修曾记载说，花会上"姚黄一接头，直钱五千"，说的是稀有牡丹花品种"姚黄"价格非常昂贵，种花、卖花甚至嫁接新品种成为一部分乡民吸引旅客并实现致富的手段。

各地在发展乡村旅游中因地制宜，推出自己的特色，如洛阳主打牡丹，成都附近的乡村则开发出"游江""蚕市"等活动。

在各地乡村旅游中，还流行着许多人们喜闻乐见的游戏活动。宋时，一种叫"斗草"的游戏在广大乡村十分盛行，它分为"文斗"和"武斗"两种，"文斗"是比关于花卉百草的知识，看谁懂得多；"武斗"是双方各采摘具有一定韧性的草，相互交叉成十字状，各自用力拉扯，以不断者为胜。在宋朝，"斗草"游戏深受成人和儿童的喜爱，范成大在《春日田园杂

兴》中写道："社下烧钱鼓似雷，日斜扶得醉翁回。青枝满地花狼藉，知是儿孙斗草来。"

宋朝乡村旅游中还有荡秋千、放风筝、斗鸡等流行的娱乐活动，其中荡秋千是寒食、清明前后踏青郊外游的一项"保留活动"，被称为"半仙之戏"。放风筝也非常盛行，"万人同向青霄望，鼓笛声中度彩球"。当时还流行一种玩法，清明节时人们将风筝放高放远，之后将线割断，让风筝带走一年的"霉气"。

乡村旅游繁荣了乡村经济，也为朝廷增加了税收

乡村旅游的兴盛带动了经济发展，宋朝的旅店业等较以往有极大提升，与这股"乡村旅游热"有着密不可分的关系。

宋朝之前，旅店业的主要经营者是官府，基本是为国家驿站系统配套服务的。宋朝以后，在鼓励商业活动以及旅游业兴盛的背景下，私营旅店业开始兴旺发达，不仅大城市里旅店林立，而且广大乡村也到处开设旅店，在宋人的诗文中，"村店""野店""郊店""山店"以及"逆旅"等随处可见，宋仁宗时"朝廷发兵屯定州几六万人，皆寓居逆旅及民间"，显示出乡间旅店的巨大容纳能力。

当时的旅店业经营已较为成熟，不少旅店在定价时已与旅游的淡季、旺季相挂钩，每到旅游旺季或者科举应试期间，"虽一榻之屋，赁金不下数十楮"。临安钱塘江潮是著名旅游景点，每到观潮时，"自庙子头直至六和塔，家家楼屋，尽为贵戚内侍等雇赁作看位观潮"，这期间"饮食百物皆倍穹常时"，那时观潮的人多住在周边乡村，旅店费用较平时自然也翻番上涨。

乡村旅游带动的不仅是旅店业，一些人看到了乡村旅游带来的商机，于是投资修建私家园林供人游览，类似于现在的公园，园主通过收取"茶汤钱"来获利。徐大焯在《烬余录》中记述了这样一个案例："朱勔家本虎丘，用事后构屋盘门内，名泳水园。中有双节堂、御容殿、御赐阁、迷香楼、九曲桥、十八曲水、八宝亭。又毁间门内北仓为养植园，栽种盆花，每一花事必供设数千本。游人给司阍钱二十文，任入游观，妇稚不费分文。"在这个私人修建的"公园"里，不仅有亭台楼阁和花卉，还有游泳池，大门口有被称为"司阍"的收票员，每张门票二十文，妇女和儿童不收门票。

发展乡村旅游，吸纳了大量劳动人口，旅游业及相关的旅店业、饮食业、种植业、交通业等都从中受益，进一步繁荣了乡村经济，也为朝廷增加了税收。苏轼知杭州期间曾上《杭州乞度牒开西湖状》奏折，讲到杭州地区的"酒税"每年就有二十多万贯，这仅是杭州一地饮食行业为税收做的贡献。宋神宗熙宁九年（1076年），全国各地"草市"为朝廷增加的商业税高达四百二十多万贯，约占当时全国财政总收入的十分之一。宋朝被称为"最富的王朝"，繁荣的乡村旅游业在其中也做出了不小的贡献。

本文发表于2019年4月15日《北京日报·理论周刊》文史版，
原题为《宋朝繁荣的"乡村旅游"》，
作者为文史学者

明人也爱追"时尚"

陈宝良

　　若追忆起明代大一统履历，无论是对"仁宣之治"的溢美，还是对"郑和下西洋"的热议，甚至探究北部边防与海疆的策略，都难脱王朝历史叙事"自上而下"的惯常视野。社会与文化是一个持续变体，明既承袭汉唐衣冠，又有对传统秩序的某种反叛，无论是经济结构、政治氛围的变化，"社会流动"的加速及其对等级制度的冲击，还是思想文化的活力与多样性，都在民生日常中显现千类万绪的反射，其中民间的"时尚"就是观察明代经济社会生活的一个独特的标本。

　　自明代中期以后，慢慢形成一股追逐"时尚"之风。这就不能不提及"时尚""时样"两个专有名词。

　　从现有的史料来看，"时尚"一词始见于明代。什么是时尚？晚明名僧袾宏所著《竹窗随笔》有如下解释："今一衣一帽，一器一物，一字一语，种种所作所为，凡唱自一人，群起而随之，谓之时尚。"这就是说，时尚的形成，通常"唱自一人"，而其影响力则是"群起而随之"，形成一股区域性甚或全国性的冲击波。

　　先说"一衣一帽"，这显然与"时样"

▲从现有史料来看，"时尚"一词始见于晚明僧人袾宏所著《竹窗随笔》。图为《竹窗随笔》书影。

一词相关。在明代，江南儇薄子的衣帽样式，无不更改古制，谓之"时样"。那么，什么是当时的"时样"服饰？我们不妨举个例子加以说明：笔管水袜。明代最初使用的布袜大多以宽大为主，在膝际缚住。但一至晚明，这种宽大的袜子已经不再流行，转而改为盛行窄小。这种窄小的袜子，又称"笔管水袜"。

再来看"一字一语"，大抵可以从俗语、清言两个方面加以考察。明代的江南，市语已经相当风行。明代小说中的歇后语，如"南京沈万三，北京枯树弯——人的名儿，树的影儿"，其出典显然是当时流行的谚语，应为"南京沈万三，北京大柳树"。这些原本出自曲中的时尚流行语，在慢慢延及普通平民的过程中，最后更是"衣冠渐染"，开始被一些文人士大夫所接受。此外，在明代江南文人士大夫中间，流行一种清言，显然与他们讲究清雅的生活有着密切的关系，如朱存理，就著有《松下清言》。

无论是衣帽、字语，还是器物，其时尚的形成，通常倡自一人，于是在明代又出现了许多时尚人物。在明代，文化人如果想成为一个时尚人物，只能依靠他们的著作与行为。如果他们是首倡者，并引发一种群起仿效的效果，最后形成一种"时尚"，那么这些人就堪称时尚人物。在明代，真正称得上时尚人物者，应该说只有李贽（以"卓吾"著称）、陈继儒（以"眉公"著称）、王稚登（以"百谷"著称）、袁黄（以"了凡先生"著称）、袾宏（以"莲池大师"著称）五人。

在晚明，苏州、杭州应该说是当时最为时尚前卫的城市，为此形成了传播一时且又为大众所耳熟能详的"苏样""苏意""杭州风"等专有称呼。

明代有一句俗谚:"苏州样,广州匠。"所谓"苏州样",在明代尚有一个相关的新名词,就是"苏意"。这个名词背后所透露出来的信息,就是苏州已经成为领导当时天下时尚之都。在明代,苏州的得名,并不是人造的园林之胜,而是这座城市中的人。所谓苏样,明人沈弘宇《嫖赌机关》卷上曾有这样的解释:"房中葺理精致,几上陈列玩好,多蓄异香,广贮细茶。遇清客,一炉烟,一壶茶,坐谈笑语,穷日彻夜,并不以鄙事萦心,亦不以俗语出口。这段高雅风味,不啻桃源形境。"至于苏意,可引明人吴从先在《小窗自纪》所释为例:"焚香煮茗,从来清课,至于今讹曰'苏意'。天下无不焚之煮之,独以意归苏,以苏非着意于此,则以此写意耳。"可见,同是焚香、煮茗,一般人重在其内容,也就是实用价值,而苏州人则重在这么一种形式,不过是写意,表达一种意境,也就是重视其中的美学价值。显然,所谓的苏意,应该包括以下两层含义:一是服饰时尚,二是"做人透骨时样"。改用今天的时髦话,就是走在时代前列,永远是时尚的弄潮儿。那么,怎样的人才算得上"做人透骨时样"?明末清初著名诗人吴伟业在《秣陵春》传奇中,借用纨绔子弟真琦之口,说出了这种生活的基本特点,也就是玩古董、试新茶。

本文发表于2019年11月4日《北京日报·理论周刊》文史版,
原题为《唱自一人,群起而随之——明人的"时尚"》,
作者时任西南大学历史文化学院教授

清代奏折：可靠的历史凭证

秦国经　　高换婷

奏折是清代文臣武将向皇帝报告军政要务的一种文书。这种文书经过皇帝亲自批阅以后，返回具奏人贯彻执行。经过皇帝御批的奏折叫朱批奏折。朱批奏折执行以后，要定期缴还宫中，由皇宫秘存。奏折不但内容重要，而且是价值珍贵的古文书遗存。

清初派生出奏折的原因

清朝初期，文书形式沿用明朝旧制，臣工奏事，采用公题私奏制度。凡是报告钱粮兵马、命盗刑名等例行公事，一律使用题本，盖官印；凡是报告官员私事，一律使用奏本，不用印。然而这种题奏文书在运转的过程中，逐渐暴露出其严重的弊端：一是官员的私事和公事很难区分，而且题本的文字冗长，格式繁杂。如用一百个字就可以说清的事情，有的题本中竟写了几百字还没有说到正题上。二是题本、奏本处理程序烦琐，不易保密。如各地大臣的题奏本章，先要由通政使司转交内阁大学士票拟意见以后，再呈皇帝阅批。有时皇帝还不知道题奏的内情，外面已有传闻了。这样的文书办事制度，很不适应满族统治者当时政治和军事的需要，于是一种办事既速且密的新文书出现了，这便是奏折。

奏折是由奏本逐渐发展而来的。据史料记载，清初便有奏折的使用，但现存于世的奏折原档，始于康熙朝。

康熙皇帝亲政后，为了加强皇帝集权统治，洞悉政情民隐，令亲信满汉官员用密折奏事，直接送皇帝批阅，不要经过内阁票拟。例如，康熙四十三年（1704年）正月初八，陕西巡抚鄂海呈上的满文请安折，康熙帝在上面朱批：

> 朕体安善。以后奏折，尔亲手写来，即字不好有
> 错亦不妨，但不可令人知道。况且在尔等折内皆朕随
> 手草写，再无一人知道，亦无底稿。

雍正帝继位后，由于当时形势和政治斗争的需要，大兴密奏之风，奏折制度大为推广。

到乾隆时期，各项典章及文书制度进一步完备。奏事既迅速又机密的奏折，逐步代替了奏本。乾隆十三年（1748年）便下令废除了奏本，规定奏折为政府正式的公文。以后历朝相沿，臣工奏事可以题本、奏折兼用。到了清末，为提高施政效率，光绪二十七年（1901年）又进一步废除了题本，改题为奏。

具折者的身份认定

在君主独裁的封建社会里，能够向皇帝奏事，是一种权力和荣誉。所以对具折人的资格，历朝都有严格的规定。顺治时对于题奏者范围略加限制，规定京内各王公及部院大臣、在外督抚提镇可以题奏，其他官员不能直接向皇帝奏事。康熙时扩

大具折者范围，令一些亲信奴才可以密折奏事。雍正时大兴密奏之风，具折人员范围进一步扩大。京官自翰林、科道、郎中以上，外官自知府、道员、学政以上，武官自副将以上，旗员自参领以上，皆可密封具奏。雍正帝之所以扩大具折者的范围，是为了达到明目达聪的目的，其实质是为了加强中央集权的君主专制制度。督抚为封疆大吏，向来独操地方大权，而允许藩臬用密折奏事，可以使藩臬与督抚互相制约，以便皇帝从中操纵。

乾隆时期，国家昌盛，各项典章制度比较完备，奏事制度也进一步划一和规范。乾隆帝自诩宽严相济，他综康、雍两朝折奏的范围并加以平衡，规定京内九卿科道诸大臣，在外督抚将军提镇藩臬，旗员都统、副都统，凡四品以上的官员，都可以具折奏事。以后历朝相沿，成为定制。

在奏折中官员自称有"奴才"和"臣"两种。满洲督抚提镇等官，清前期多具清字（满文）折，折中一般自称"奴才"。道光五年（1825年）规定，各省满洲督抚藩臬，除请安、谢恩折外，凡奏事折一律称"臣"。

清朝密折的运用

当奏本逐渐演变为奏折后，奏折不仅奏官员一己之私事，凡是军机要事、指战方略、吏治民生等，都可具折上奏。而且事无巨细，如臣工的生辰八字、性情癖好、衣食疾病都可奏报。皇帝在折上也随心所欲，无所不批。例如，雍正帝曾在官员引见履历折上批谕：

王刚八字想来是好的。冯允中看过，甚不相宜，运似已过，只可平守。袁继荫亦甚不宜，恐妨寿云云。

密折不仅是皇帝刺探情报、驾驭臣工的手段，而且是教诲臣工的工具。雍正帝在《朱批谕旨》序文中说：

每折或手批数十言，或数百言，且有多至千言者，皆出一己之见，未敢言其必当。然而教人为善，戒人为非，示以安民察吏之方，训以正德厚生之要，晓以福善祸淫之理，勉以存诚去伪之功。

乾隆时期及以后各朝，奏折成为臣工奏报政务的主要文书。除军政要务随时奏报以外，每年还规定有例行奏报的事务及奏事规矩。比如，每年四月、八月奏报二麦、秋禾收成分数；每年立冬以后，须奏报得雪情况。年底封印后须汇奏事件有十多项，比如，各属有无私设班馆、私置刑具，动用钱粮工程报销未结各案，等等。

清朝奏折书写方式的演变

清初的奏折，一般都是由官员亲自书写。康熙四十三年（1704年）七月二十九日在江宁郎中曹寅折中，皇帝朱批：

凡奏折不可令人写，但有风声，关系匪浅，小心，小心，小心，小心！

乾隆以后，奏折已很少由具折人亲书。一般都由幕僚根据堂官的意思起草折稿，奏折的文体要求是政论文和叙事文体。文字必须简练、准确、通顺，最忌"晦、涩、乱、复"。庆贺、谢恩奏折可用骈体文。折内长句不可超过十二字，最短句不得少于四字。堂官阅准的折稿无误，再缮正式折件，字体匀、正、方、光、秀为最好。奏折的尺寸，康熙、雍正年间长短宽窄不一，乾隆年间逐渐划一：折长二十三厘米，折宽十厘米。

奏折写好后，装入封套，外包黄纸，放入折匣锁住。外用黄绸袱包裹。折匣由皇帝赐给，四个或六个不等。折匣损坏，奏请内廷更换。驿递时要注明日行四百、五百、六百里不等。督抚等奏折也可派专差或家丁亲送北京呈递。

保守机密是奏折的一个重要特点

奏折的一个重要特点，就是能保守机密。它可以密封直接送到御前，中间不经诸多官员转手。奏折有一套严格的保密制度。具折者必须严守机密，凡密折内容，不能泄露给任何人，即使是亲属子弟也不例外。雍正时还规定，泄露或探听密折者，以泄露军机律治罪。奏折的递送十分严密。密折缮好后，必须锁入折匣密封上呈。折匣有的是皇帝特颁发的，有的是臣工奏请颁给的。颁发折匣时带有铜钥匙一把，封口大高丽纸一张，小黄纸二张，上有御押。具折者将密折装入折匣后上锁，用封口黄纸密封，外加黄布包裹，交兵部由驿递发出，锁匙留下。宫中存有同样的锁匙，用以开启。然后呈皇帝亲自阅批。

清朝奏折的处理程序

臣工的奏折直接送皇帝批阅。但皇帝日理万机，必须有辅助办理奏折的机构和官员，军机处便是办理奏折的主要机关。奏折的处理程序是这样的：

在京各衙门的奏折，派笔帖式一名于寅初二刻（约上午四点钟）送至景运门九卿房外奏事处奏事官接收。外奏事官于寅正（约上午五点钟）乾清门开启后，即持折入内奏事处交奏事太监。各省驿递的奏折，送兵部捷报处，捷报处官员再送宫门呈递。内奏事处随到随接。

奏事处接折登记后，交奏事太监呈皇帝阅览。皇帝将处理意见用朱砂红笔批于折上。凡遇"国丧"用蓝批。

奏折经皇帝批阅后，于每日清晨寅卯二时（约上午五六点钟）发下内奏事处送交军机处。军机大臣对已有批示办法的奏折，即遵照办理。如没有被朱批，另捧入请旨。

军机大臣承旨后，遵照规定程式，拟写谕旨。拟写明发谕旨由内阁下发，或寄信谕旨，又称"廷寄"，由军机大臣封寄。

同时军机处值日章京，将当日所接奏折、所奉谕旨、所呈片单，详细分别记入《随手登记簿》。朱批登记全文，谕旨及折片摘叙事由。春、夏、秋、冬各装订一册，取名《随手档》。

此外，军机处在办理奏折时，都按照原文另抄写一份，用于备查，叫"录副奏折"。录副奏折上注明奉朱批年月日，连同未奉朱批折件及奏片并附单、册、图，每日捆为一束，每半月为一包，称"月折包"。

现存于世的清代奏折的历史价值

由于清朝严密完备的文书档案制度和清以后的重视与保护，大批的清代奏折得以保存下来。据不完全统计，现存的清以后奏折有一百四十三万余件，其中汉、满文朱批奏折有七十一万余件；录副奏折七十二万余件。在朱批奏折中，主要为汉文奏折，有六十三万余件。满文朱批奏折有八万余件。分别藏于中国第一历史档案馆和台北故宫博物院图书文献馆。现存的清代奏折中，最早的折子为康熙十二年（1673年），最晚的为宣统三年（1911年），时间跨度为二百三十八年。时跨两个多世纪，有如此巨量的文献被保存下来，实为中华古代档案之冠，世界无与伦比。

清代以前历朝皇帝批阅的文书的真迹，几乎不存在。唯有清代从康熙至宣统，共有九个皇帝朱批文书的原件被大量保存下来，具有很高的文物价值。从史学的角度来看，它是最原始、最真实、最具有历史凭证价值的第一手珍贵史料。清代的奏折是皇帝和臣工在办理政务中自然形成的，因而它反映的史事是最客观的。它不像清实录、圣训、会典等官方文献以及《清史稿》等著作，是经过作者以一定的立场、观点加工而编纂的。现存清代的奏折中，不仅有皇帝朱批的原件，而且抄有系统的副本——录副奏折。在录副月折包中，还存有大量的清单、清册、地图以及咨、照、禀、移等文书，实是我国古代文书的荟萃，是研究我国文书学、档案学的珍贵材料。清代的奏折，是当时的行政文书，具有法律和施政效力。它是我国疆土、海域、人口、民族、山川、资源等最可靠的历史凭证，特别是它对故宫、天安门、天坛、颐和园、避暑山庄等古代宫殿苑囿的维修和保护，具有不可替代的依据作用。

本文发表于2013年8月19日《北京日报·理论周刊》文史版，
原题为《清代奏折：弥足珍贵的古文书》，
作者秦国经为中国第一历史档案馆原副馆长，
高换婷时任中国第一历史档案馆研究馆员

清代官员能否自称"奴才"也有官方规定

潘洪钢

学界对清代"奴才"一称的理解基本依照陈垣与鲁迅先生的看法

清代官员,常常自称"奴才",既见于官方文件、奏章之中,也常常出现在官员觐见皇帝之时。学界对此基本依照陈垣与鲁迅先生的看法,视为清廷强行区分满汉官员身份的措施。

陈垣是这么说的:"满人称奴才,有时可以称臣;汉人称臣,无时可以称奴才。"鲁迅先生说:"在清朝,旗人自称'奴才',汉人只能自称'臣'。这并非因为是'炎黄之胄',特地优待,赐以嘉名的,其实是所以别于满人的'奴才',其地位还下于'奴才'。"这其实是排满浪潮影响下对"奴才"一词的理解,当然其中也道出了清代旗人与民人身份的不同。事实上,这两个称谓所对应的对象有一个变化过程。

奴才一词,亦作"奴财""驽才",在北方少数民族中是常见词汇

奴才一词,亦作"奴财""驽才",在中国北方各地,尤其是北方少数民族中是一个常见词汇。魏晋以降,常常作为贱称、卑称或詈骂之词，出现于历史记载之中。《晋书》卷一〇一《载记第一·刘元海》："颖不用吾言，逆自奔溃，真奴才也。"至明清时期，宫内宦官常常自称为奴才，也被人骂作奴才，如《明史》卷二四四《杨涟传》："涟大骂：奴才，皇帝召我等，今已晏驾，若曹不听入，欲何为？"

而在北方民族中，臣与奴才本属一意，并无多少分别。如《隋书》卷八十四《北狄》："沙钵略谓其属曰：何名为臣？报曰：隋国称臣，犹此称奴耳。"臣与奴才二词通假，起自北方，由来已久。清入关以前，"奴才"一词已出现于官方文献中，《清稗类钞·称谓类》："当未入关以前，满洲曾贡献于高丽，其表文，自称'后金国奴才'。可见'奴才'二字之来历，实为对于上国所通用，其后逐相沿成习耳。"可见，满洲旧俗，以奴才与臣相等，并不以为有辱国体。

清廷起于北方，满语中有"阿哈"，汉语意译为"奴才"。沿其旧俗，"奴才"一词在社会上也得以广泛使用，当时及后世各种小说中也常有反映。《红楼梦》第三十三回，贾政说宝玉："该死的奴才！你在家不读书罢了。"在很多时候，奴才及其衍生词语都是贱称和含有贬义的。入关后，这类词语有时也出现在正式官方文献中和煌煌上谕之中，如雍正五年（1727年）十一月，雍正帝上谕中有"此等卑污之习，皆始自包衣下贱奴才"之语。在此种背景下，称谓用语中出现"奴才"一词，是极其自然的事情了。

清入关后相当长一段时间内，并未对奏章中称奴才或臣进行统一规定

资料表明，清入关后，在相当长一段时间内，并未对奏章中称奴才或称臣进行统一规定。沿袭入关前满洲旧俗，旗人面见皇帝及在给皇帝的奏折中，有用臣的，也有自称奴才的。康熙时期，仍有两称并用，甚至同一奏折中，既称奴才又称臣的情况。雍正初年，清廷试图统一相关称谓，《钦定八旗通志》卷首之九：雍正元年八月，清廷试图统一相关称谓："凡奏章内称臣、称奴才，俱是臣下之词，不宜两样书写，嗣后着一概书写臣字。特谕。"虽然如此，我们看到，雍正时期的奏章中，仍然是两称并存，同为旗籍官员，既有称臣的，也有称奴才的。汉文文献如此，满文文献也如此。雍正帝亦并未因其自称"奴才""臣"而表示批评或斥责，而是照常批以"知道了"等语。

直到乾隆前期，此种两称并存的情况仍然可以见到。

乾隆帝要求满族大臣公事与私事分称臣、奴才

然而，此时旗员称呼问题已经开始出现变化。一个典型事例是，乾隆六年（1741年），贵州官员张广泗上奏请求将长子留在自己身边，奏折中，自称为臣，而将儿子称为奴才，乾隆帝为此专门下旨，对张广泗进行训斥。这表明，虽然旗籍官员在奏章中仍然两称并存，但这一现象已经引起清政府的注意，对于旗下官员私事折，已经开始要求称"奴才"，以维护满洲旧俗。

至乾隆二十三年（1758年），乾隆帝正式下令对官员自称进行规范。不过，这一次与雍正朝的要求统一自称为"臣"不同，乾隆帝要求公事与私事分开办理："满洲大臣奏事，称臣、称奴才，字样不一。著传谕嗣后颁行，公事折奏称臣；请安、谢恩、寻常折奏，仍称奴才，以存满洲旧体。"

至此，清代官场称谓中，奴才与臣的称呼规矩基本确定。《清稗类钞·称谓类》记载了奴才称呼运用的基本情况："不独满洲也，蒙古、汉军亦同此称，惟与汉人会衔之章奏，则一律称臣。"同时，"汉人之为提督总兵者，称奴才，虽与督抚会衔，而称奴才如故，不能与督抚一律称臣也。王公府邸之属员奴仆，对于其主，亦自称奴才。"

大体上说，官方文件及正式场合称奴才的，有两种情形。

第一种情形：满洲等旗下官员，觐见皇帝、皇后时，自称奴才。在奏折中也使用奴才这一自称，无论官职尊卑，甚至官居大学士、尚书之职，仍然自称为奴才。而汉族官员无论在觐见还是奏章中，都自称为臣。这时称奴才，显示出清自乾隆以后，对满洲旧俗的极力维护。

第二种情形：清制中，武职官员对皇帝，也自称为奴才，虽然与督抚大员会衔上奏，都自称为奴才。究其初制，或有深意，但行之既久，则视为习惯。至咸丰二年（1852年），将武职称奴才之规矩推广至武科举人，令"嗣后中式武举引见。俱一律奏称奴才。如再有错误。即将该提调等奏参"。

清末，反满浪潮迭起，人们对旗员与汉官的不同称谓多有议论，1907年，两江总督端方等联名上"满汉平议"折，提出"奏折中无论满汉一律自称曰臣，不得再用奴才字样"。至宣统二年（1910年），清廷宣布："我朝满汉文武诸臣，有称臣、称奴才之分。因系旧习相沿，以致名称各异。……当此豫备立宪时代，尤宜化除成见，悉泯异同。嗣后内外满汉文武诸臣陈奏事件，著一律称臣，以昭画一而示大同，将此通谕知之。"推行不久，清王朝即在辛亥革命的浪潮中土崩瓦解了。

清自乾隆时确定此制，并与整个清王朝相始终。其初制，本意在维护旗下旧俗，提示旗籍与武职人员时刻记住自己的身份，保持所谓的"国语骑射"，随时准备效忠于王朝统治，这也推动了这一称呼在社会上的广泛使用。客观上，这一称谓也区别了旗人与汉臣的身份。

本文发表于2016年1月11日《北京日报·理论周刊》文史版，
原题为《清代"奴才"称谓考》，
作者时任湖北省社会科学院研究员

清代官场上的家奴与长随

潘洪钢

还是从《水窗春呓》所讲的户部小吏向大帅福康安要钱的故事说起：小吏要把一张名片递到福大帅手中，是件很不容易的事，他为此前后花了十万两银子，这可不是个小数目。那么，他这些钱花到什么地方去了呢？这就涉及了清代政治体制中的另外一类人——官员的家人与长随。他要见这位炙手可热的大帅，要把名片递上去，先要过的就是家人、家丁这一关。

官员的家奴与长随在官僚体制中占有一席之地

要说官员的家奴与长随，其实有两个不同的层次，是一个很容易混淆的内容，第一个层次是真正的家中奴仆，是侍侯官员家庭或家族的人，他们照料官员及家属在家中的生活起居，与外界一般联系不多；第二个层次就与政治体制挂钩了，他们是随主人赴任到官衙的长随、家人、门子、跟班等等。以地方州县官府来说，官衙分为内外两个部分，外部主要是三班六房和差役等人，内部则主要是官员与师爷所在的地方。内外两个部分怎样联通呢？这就要靠这些所谓的长随、家人、门子了。性质上他们虽属于"官员仆隶"之列，却也在官僚体制中占有一席之地。

在一个官本位的社会中，与官员沾上一点关系都是非同小可的荣耀，家奴、家人、长随之类是官员的贴身人物，虽然没有什么法定身份，其影响力却非同一般。他们甚至会成为官员身边的重重黑幕，成为官僚体制中的一个毒瘤。也正因为如此，那小吏要进见福大帅才会花去十万两的巨款。

高官显贵的家奴、奴仆为害一方，在京城中体现较为明显

为害较浅的，如小吏要花钱的第一关口，就是高官显贵府邸的"门子"了。这种门子与地方官衙中交通内外、不看门的"门子"不同，他们是真看门的。清人刘体智《异辞录》中说："京师贵人门役，对于有求者，辄靳之以取利。"虽是家人奴才中地位至低之人，你想要进门，要看你手头是否宽裕、出手是否大方，否则，进门的第一关你就过不了。

为害至巨的，则如贴身奴才、府中管事之类。清礼亲王昭梿著《啸亭杂录》卷九，回忆了他自己家族祖上，在康熙时期有一个豪横的奴才叫张凤阳。说是王府奴仆，但这个张凤阳却可以交接王公大臣，当时著名的索额图、明珠、高士奇请客，张凤阳都能成为座上客。六部职司、衙门事务，他都能插得上手，势力极大。当时京中谚语说："要做官，问索三；要讲情，问老明；其任之暂与长，问张凤阳。"把这个王府家奴与当朝大员索额图、明珠相提并论。一次，张凤阳在郊外路边休息，有个外省督抚手下的车队路过，喝令张凤阳让路，张凤阳斜睨着眼说，什么龌龊官，也敢有这么大的威风。后来，不出一个月，这个高官果然被罢免。更有甚者，一次，昭梿的外祖父，也是旗内大族的董鄂公得罪了张凤阳，他竟敢带人去其府上，胡乱打砸一通。礼亲王没办法，把这事告到了康熙帝那里。康熙回答说，他是你的家奴，你可以自己治其罪嘛。王爷回府，把张凤阳叫来，命人"立毙"于杖下。不一会儿，宫中皇后的懿旨传来，命免张凤阳之罪，却已经来不及了。老王爷杖毙了张凤阳，京中人心大快。

这个张凤阳，是主人亲自出手才得以治罪。清王朝对此类事，也有惩处。但多数时候，是在这些奴才的主子身败名裂后，在其主子的罪名中加上"家奴逾制"等罪名。如雍正时权臣隆科多的罪状中，第二条大罪就是"纵容家人，勒索招摇，肆行无忌"。年羹尧的大罪中有两条与纵容家人有关："家人魏之耀家产数十万金，羹尧妄奏毫无受贿""纵容家仆魏之耀等，朝服蟒衣，与司道、提督官同座"。嘉庆初年，惩治乾隆时权臣和珅，其第二十条大罪是："家人刘全资产亦二十余万，且有大珠及珍珠手串。"

家奴之流横行霸道，但毕竟没有合法理由和身份，只能是狐假虎威，离开了主人的威势，一个小小知县也能治得住他。但就整个清代而言，他们仍是官场乃至社会一害，民间恨之入骨却又无可奈何。

就其总体情况而言，家奴与长随对社会政治与下层百姓为害甚巨

至于长随之类却又与家奴不同。清代的长随，尤其是州县

▲清代钱泳《履园丛话》中对长随有部分描写。图为《履园丛话》书影。

衙门的长随，始终是地方官员私自雇佣的一种力量，而且更重要的是它是作为一种行政力量而存在的。以人数而言之，长随数量极为庞大，虽然制度上明定了限额，但实际上一州一县往往达数百人之多；以职能而论，州县所有行政事务，无不有长随家人参与其中。有学者做过统计，长随虽有门上、签押、管事、办差、跟班五大类别，而实际事务中，举凡衙门事务，都离不开长随等人的具体承办。

长随最盛之时，在乾隆至嘉庆时期。清钱泳《履园丛话》中说："长随之多，莫甚于乾嘉两朝；长随之横，亦莫甚于乾嘉两朝。捐官出仕者，有之；穷奢极欲者，有之；傲慢败事者，有之；嫖赌殆尽者，有之；一朝落魄至于冻饿以死者，有之；或人亡家破男盗女娼者，有之。"与家奴不同的是，他们是官僚体制中不可或缺的一部分，与之相同的是，他们与官员本人的联系较吏胥密切得多，凡事借官之声威，办事有力，而为害也大。很多时候，其中很多人借主官之名，混迹于官场，借公事肥私。

长随们"往往恃其主势，擅作威福"。一个典型事例是，道光年间，安徽巡抚王晓林手下"门丁"陈七"小有才干"，深得主子信任，揽权舞弊，在官场上声威很大。这个陈七家里生了公子，官场上所有大小官员，都要前往恭贺。王巡抚在皖时间较长，而这个陈七也借机发了大财。咸丰年间竟也花钱冒名捐了个官来做，俨然一副士大夫气派。

家奴与长随当然也有一些干练之才，但就其总体情况而言，这个群体对社会政治与下层百姓为害甚巨。当主子强干时，他们也许就只能供杂役、办差事而已，而多数时候，搜刮民财、为害一方仍是其主流。

本文发表于2016年7月4日《北京日报·理论周刊》文史版，
原题为《清代官场上的家奴与长随》，
作者时任湖北省社会科学院研究员

清代官绅的退休生活

冯尔康

官员和绅士到了晚年，早已功成名就，自宜于优游林下，含饴弄孙，颐养天年，享受美好的人生。乾隆十五年（1750年）中举的赵翼，在六十年后的嘉庆十五年（1810年）因重赴鹿鸣宴而自诩："中岁归田，但专营于著述，猥以林居晚景，适逢乡举初程，蒙皇上宠加旧秩以赏衔，准随新班而赴宴。"晚岁得意之情，溢于言表。笔者阅览了清朝人物的百余种年谱，再回忆以往读过的清人传记，感到赵翼式的优游林下者有之，而不安于此者亦不少，不可得此境遇者则更多。如若把他们的晚景归纳分类，大约可以分为以下几种类型。

醉心撰述

笔者发现许多以文字为生的学者，或以撰著为主要职责的官员，无论在什么年龄段，对于研究学术都有兴趣；到了老年，仍孜孜不倦，继续著书立说，以之为人生的追求，写出大量的著作。另外以行政事务为主的官员，科举出身，本来有能力写作，晚年利用时间舞文弄墨而乐此不疲的也大有人在。

人们一提到明清之际的学术大师，必定说顾（炎武）、黄（宗羲）、王（夫之）。思想家、史学家黄宗羲著述等身，年过花甲之后，新著和总结以前的著作又出了一批。他是余姚人，平时阅读诸家文集，凡是关涉家乡的文字都记录下来。到六十三岁时，将《姚江逸诗》十五卷梓刻行世，同时还辑有《姚江文略》《姚江琐事》。次年到宁波天一阁阅览，把流通不广的书抄出书目，其他学人辗转抄写，从而使之流传于世。

▲图为黄宗羲代表作《明儒学案》书影。

康熙十四年（1675年）黄氏编辑成《明文案》，多达二百一十七卷，后被辑入《四库全书》。六十七岁时将代表作《明儒学案》写成，这部巨著总括有明一代学术思想史。自订《南雷文案》于七十一岁，并由门人校刊。到七十九岁，将《南雷文案》《吾悔集》《撰杖集》《蜀山集》修订，删汰三分之一，编成《南雷文定》。八十三岁得重病，应酬文字一概摒绝，力疾整理文稿，将平日读《水经注》的心得汇辑成《今水经》；适值《明儒学案》刻印校对，口述序文，由儿子代书。从这一年起，所作的文章，命名为《病榻集》。次年，将《明文海》四百八十二卷选成，又从中择出尤须阅读的文章编成《明文授读》。八十六岁寿终正寝，殁前，犹作《葬制或问》《梨洲末命》等文。

顺康时期的诗坛祭酒王士禛成名甚早，然而终身在写作诗文。康熙三十四年（1695年）六十二岁，任户部侍郎，"部务稍暇，与同人、诸及门为结夏文字之会"，将以前的诗词和杂文汇编为《蚕尾集》，古文词另编成《渔阳文略》。次年奉命去川陕祭祀山川，写诗百余篇，集成《雍益集》，并作《秦蜀驿程后记》《陇蜀会闻》，还认为自己写的诗少了，不如前次去四川作的多。六十六岁在都察院左都御史任上，撰成《古欢录》。康熙四十三年（1704年）七十一岁时，结集《蚕尾续集》，同年因办案得咎，罢职回籍。七十三岁时将当年写的诗集成《古夫于亭稿》，次年又将新作编成《蚕尾后集》。七十六岁时新作《分甘余话》。辞世前一年七十七岁时已病得很厉害，仍有《己丑庚寅近诗》问世，同时《渔阳诗话》也编成。他的全集《带经堂集》九十二卷在他逝世后数月刻成。他自回籍即开始写作年谱，后来因病不能握管，口授由儿子代书，完成《渔洋山人自撰年谱》。可知他在晚年，年年有新作、新书，与黄宗羲一样始终没有停笔。

南海人吴荣光，任至湖南巡抚，六十八岁休致，次年作出《辛丑消夏记》，自订年谱亦写至这一年。七十岁出版《筠清馆金文》《筠清馆金石文字》，并开始撰著《历代名人年谱》。及至病笃，研究工作仍未停顿，不能执笔，请人代书。儿子们怕他劳神伤身，劝他歇息，也是不听。原来吴氏"无他消遣，依然手不释卷，是以精神消耗，虽日服参剂，竟未奏效"。不过，十七卷书总算完成了，未留遗憾。

以上几位，晚年仍醉心于写作，究其缘由，约有三种。其一，多年形成的习惯，继续青壮年时期的事业，是学术追求的延续。像王士禛、黄宗羲等人，可能他们就是把研究、著述当作性命之所在，乐趣之所在，人生意义之所在，所以才能坚持到生命的最后一刻。在后人看来，没有学术研究，他们的一生将大为失色。其二，为了丰富晚年的生活，将精力用到著书立说上，如吴荣光，没有别的嗜好，只有靠读书写作来消磨时光。在清代，人们的休闲生活比较单调，官绅纵有经济条件举行老人诗会，也很难经常进行。可以外出观光，如吴荣光致仕后到广西就医，游览桂林山水，然而不是每个人的身体状况都允许他外出旅行。而阅览写作，令精力有处使，可减少精神上的苦恼。其三，为了生活，不得不行文卖钱，以养家糊口，许瀚即是如此。

优游林下

官员告老还乡，不必案牍劳形，也可以放下"伴君如伴虎"的心理包袱；或虽罢官家居，有处分在身，但通常的情形是不会再出事的。这两种人都可以说是无官一身轻，应当可以养尊处优，颐养天年。确实有这么一批人。

福建长乐人梁章钜，官至江苏巡抚，道光二十二年（1842年）六十八岁休致，并未居于故里，而寄居福建浦城四年余，出版《退庵所藏金石书画题跋》《藤花吟馆诗钞》。当其所造的北东园"草木日长，半亩塘中游鱼亦渐大，甚可闭户自娱"的时候，认为"浦中风俗日媮，省中时局亦顿异，所闻所见多非意料所期"，颇感不适。儿子们劝他远游避乱，友人约他游览杭州，遂举家出游江浙。因有家而不能归之意，自云为"浪游"。自道光二十六年（1846年）至二十九年（1849年），遍历太湖水域和长江下游的南北各地，观赏名胜古迹，访问旧友新朋。

他每去一处，绝非走到为止，而是考订掌故，满足求知的欲望。在与友人的聚会中，必有唱和，因而记录成《浪迹丛谈》，刊于道光二十七年（1847年），次年刻出《续谈》，辞世之年刻印《三谈》和《巧对录》。梁氏到苏州，朋友约他观光毕沅的灵岩山馆，他曾经去过，但是以前来去匆匆，这次为"考悉其颠末"，欣然前往。细细欣赏，一面感叹毕沅花重金而未能有赏盛的机会，一面将过往没有留意的楹联抄录下来，以备补入《楹联三话》一书中，因此感到"此游亦不虚矣"。到扬州，笔记写了一卷多，拜访其师、致仕乡居的大学士阮元，呈上《师友集》，阮元为之作序，誉为"他日必传之作"。游小玲珑山馆，请主人告知其来历，令后世读者亦能明了此园的建筑特色、名称由来和主家的更易。

满洲旗人麟庆，官南河河道总督，道光二十二年（1842年）因河决而罢官，其长子崇实认为乃父"以十余年两河劳瘁，一旦卸肩，反觉优游"，因而赶紧在北京"整理家园，并求田问舍，为娱亲之计"，建成半亩园。麟庆到京，于新宅举行满人的安杆祭天大礼，命长子夫妇主祭，表示不理家政，以颐养为事。同时，"访多年老友，相约游山"。携带二子东之蓟县盘山，历经上中下三盘，趁行宫除草之机，得领略其风光一二；北游居庸关，观览明十三陵，到汤山洗温泉浴；西游西山诸名刹和名胜，碧云寺、大觉寺、黑龙潭和玉泉山皆为足迹所到之处；西南去丰台，观赏芍药，再前行至房山，拜谒金朝皇陵，而这里被视为其远祖陵寝。居家的日子，与旧日的僚属校阅图书，鉴别旧藏字画。有时领着幼女、童孙玩耍，以输棋为乐——"所谓败亦可喜尔"。夏天在退思斋，"读名山志，以当卧游；读《水经注》，以资博览"。秋日夜读诸葛亮《诫子书》，产生与三十年前不同的感受。同时请人作画像，经营生圹。他是真正的优游林下了。

但是他也用心，每到一地，探其历史和特点，并且记录下来。在先他就请人作画，自写说明，每一幅画就是他生活的一个片段。他说将这些画连缀起来，即为他的年谱。他在江苏任上已将其中的文字刻印出两册，图画未能刊行。回京后继续写、画，上面说到的那些行踪也都一一绘制成幅，其子说无论花多少钱都要全部刻印出来。他很高兴，及至弥留之际，将全稿置于榻旁，可见念念不舍。其子在他死后不久，于道光二十九年（1849年）把全书刊刻完成，了其遗愿。

优游林下者与前述醉心写作者有所不同：一种是生活享受为主，著作为辅；另一种则与之相反，几乎是一心钻研学问，生活享乐放在相当次要的地位。然而两者亦有共同之处，即都有追求。优游林下者并非醉生梦死，他们的游山逛水、享受人生，有着求知的欲望，希望把看到的事物弄明白，获知其原委，即懂得事理，求得新知识。此乃较高层次的精神享受，与纯粹的追逐物欲有明显的区别。

致力族务家政

前述麟庆不关心家务，是老年官绅的一种类型。另有一批人热衷于家族事务，倡办或兴办家族公共事业，修家谱，建祠堂，祭祖坟，开族会，办义塾，训子弟，以此为务，而不知疲倦。这同样是一种追求，在南方人中较多出现。

浙江海宁人查慎行，五十四岁才中进士，官翰林院编修，得康熙帝赏识。六十四岁引疾乞休。旋里后，应族兄之召入五老会，又举行真率会，"与宗兄弟劝酬齿序，杖履肩随，较农桑，量晴雨，间与田父野老咏歌盛世。且举家课，集子弟之能文者试之，有志者期以上进，自弃者勉其改行"。他以教训子弟为己责，"待子弟严而有恩，有过虽成人不少贷"。教育之外，修祠堂，兴祭田。陈敬璋在所撰《查他山先生年谱》的康熙六十年（1721年）、谱主七十二岁条写道："（查氏）一切世故不与闻，至关祖宗祠墓事，则存贮公产，嫌怨不避，经理出入，劳苦不辞，赎祭田，修祠宇，家虽贫，必竭力捐助，恒比丰厚者倍之。有时独立举行，虽困甚，弗顾。"为什么这么认真？原因在于他认为子孙的功名财富，都是祖宗功德福泽所给予的，只有追远报本，才能保持家族的兴旺。

安徽定远人方士淦，在知府任上被遣戍新疆，四十二岁东归，四十八岁建立家族支祠，"以奉祭祀"。五十岁率领三弟校定宗祠所藏家谱，用聚珍版刷印成书，计印六十部。次年，到徽州休宁祖坟上祭，原来有个族人在其祖墓旁立坟，听说他要回来，忙着将坟迁走。他到后，大会族人，祭宗祠，并写出此行的《纪略》一卷。看来，他把祭祖修谱作为晚年的人生要务，并坚持不懈。他辞世前一年，自撰楹联云："时至即行，再休恋身外浮云、天边朗月；知足不辱，问谁似殿前作赋、塞上从军。"他是把一切都看开了。

家庭家族成员的出处进退、身体状况，常常在很大程度上影响老人的健康，乃至导致死亡。湘军将领刘长佑，官至云贵总督，光绪七年（1881年）休致。他的家法，"朔望必谒墓下"。他因在外从军，拜扫时日少，回籍后虔诚履行。当他六十七岁时，本在病中，而每拜墓必恸，因而病情加重。辞世那一年，他三弟在四川候补知府的儿子病逝，家人不敢告诉他，他总问侄儿为什么不来信。及至其灵柩返里，家人无法再瞒，他因三弟已丧二子，再走一个，极度悲痛，头目眩晕，诸症复发，经诊治虽有好转，但数月后亡故。

坚持修身养性

每一个有所成就的人，必定有一种信念，并以较强的自律能力去促成其实现，否则其成功是难以想象的。事实是有的人不能坚持，或不能全面地持之以恒，半途而废，放任自流；而有的人却能一以贯之，任何时候都能严格要求自己，坚定人生目标，愈有成就，愈加反省，老而弥笃。遗民、隐士可以说是后一种人的典型，在清代，这一类人相当多，下面举两个人物的言行，以见其一斑。

明清之际的山西阳曲人傅山，诗文、书法、医学样样精通，成就卓著。青年时代向往清明政治，明朝灭亡，甘愿隐逸，不做清朝的官，也不合作。顺治前期不幸吃了官司，事毕仍不改初衷。康熙十八年（1679年）举行博学鸿词特科，要求官员推荐人才与试，给事中李宗孔等人荐举傅山。七十三岁的傅氏深知应试就是合作，就要做官，与己愿相违，故而称病拒绝。但是官府不放过他，催逼他起程进京赴考。县令戴梦熊派夫役强行抬着他上路，待到离北京城三十里的地方，他拼死不让再走。

这次特科，本为笼络人才，收买人心，故而官员重视其事。见傅山不上圈套，不给皇帝面子，怎么得了。一个个为在皇帝面前卖好，纷纷出动劝驾。先是大学士冯溥屈尊拜访，百官跟进，傅山半躺在床上，声称有病，不能起床答礼，更不能应试。人们见他如此自尊自爱，反而更敬重他。所以史书云："是时海内名士云集，高征君名，进谒者骈阗户外，征君卧床蓐不起。"

他的山西同乡、刑部尚书魏象枢，见这样僵持令朝廷下不了台，出面打圆场，奏称他实在老病，请求免予考试。康熙帝允准。冯溥又密奏，傅山虽然未试，给予一官，以收人望，遂命为中书舍人。冯溥强要傅山到庙堂谢恩，傅氏坚决不答应，官方就报告他已病危，难以正式行礼，把他抬来，到了望见午门的地方，他伤心地泪流满面。冯溥怕出事，就地强行扶他下拜，他则趁势倒在地上，魏象枢赶紧说好了好了，已经谢恩了。冯溥、魏象枢等人演了一出戏，圆了皇帝的面子，而傅山始终没有妥协。事后他感叹地说，从今以后再不会有逼我做官的麻烦事了；又说元朝的刘因，以贤孝闻名，被征召就出来做官，后来以母病辞职，希望别人不要把他看作和刘因一样的人，否则死不瞑目，表示他并未接受清朝的官职。听到这话的人，都为他捏了一把汗。总之，傅山在威逼利诱的情况下，竭力自持，坚守初衷，不与清廷合作，保持了晚节。

颜李学派的首要人物以卓越的修养传名后世。他们生活在农村，亲自耕作，讲求实学，注重践履。李塨是学派的集大成者兼发展者。看冯辰等人给他作的年谱——《李恕谷先生年谱》，反复记载他的"一岁常仪功"，强调他的严于自律，悔过迁善。从年谱的写作讲，不免招来内容重复的批评，但在保存史料上则令人知晓李氏的自持精神。《年谱》云，康熙四十六年间（1707年）谱主四十九岁，"仪功如常。去琐碎，戒暴怒，勿听人是非，待人以和，日必习恭一次。思吾心不精而粗，不一而杂，年已将衰而德不立，惭哉！"同年，皇三子诚亲王允祉派陈梦雷征聘他。他以草野之人，不足供奉贵人辞谢。而前三年，朋友阎若璩应皇四子、贝勒胤禛之召进京。得病，李氏前往探视，劝他"老当自重"，即作为平民学者，或者说是隐逸，不应当与贵胄交游。李氏五十三岁时，惧怕倚老卖老，与友人书云：

> 我兄弟年亦老大矣，衰至而骄，何常之有。望彼此共策，益拓度量，邃涵养，改过取善，雷行天复。不然，学且堕落，不唯愧负天下圣贤，亦吾师习斋之罪人矣。

七十岁那年冬天他得了类似中风的病，夜不能寐，然而还在做能做的事。至次年，每月《日记》的后面，仍然写着"小心翼翼，惧以终始"，自勉不懈。

不得卸肩

大臣在位，有的年老了仍恋栈不思引退，因而隐瞒年岁。史书有所谓"官龄"之说，即反映虚报年龄现象的严重。隐瞒，有的也无济于事，被强行休致。但也有一类人，到了老年，怕出差池，或者感到圣眷已衰，也有厌倦政事的情绪，遂生归田颐养的卸肩之望，因此乞请休致，然而却不一定能如愿。

乾隆初年，大学士鄂尔泰和张廷玉有各立门户的嫌疑。几十年后乾隆帝说："鄂尔泰因好虚誉而进于骄者，张廷玉则擅自谨而进于懦者。"鄂尔泰对汉人大臣骄慢，也并非一点不知自禁。乾隆四年（1739年）他六十大寿时不许做寿，作谢客咏怀诗云：

> 无然百岁便如何，二十峥嵘六十过。官贵倍增惭
> 愧事，恩深徒诵太平歌。
>
> 宾朋介寿思棠棣，儿女称觞感蓼莪。老至情怀难
> 向说，不堪重许贺人多。

有难言之隐，不敢张扬。乾隆七年（1742年）即受到"交部议处，以示薄罚"的处分。乾隆九年（1744年）腊月得病，次年正月疏请解任调理，不准，四月亡故。十年后以胡中藻文字狱案而大被谴责。

蒋攸铦，历任直隶总督、大学士、军机大臣。道光七年（1827年），皇帝命他以大学士出督两江，蒋氏具疏辞谢未成。

次年奏称："臣服官中外，有公是非而无私好恶；在己从不回护，于人何肯瞻徇？"可知圣眷已大有问题。道光十年（1830年）春因盐枭案被责问，九月奉命内召，因而对儿子说了心里话："我年来精力日衰，难胜重寄，以受恩深，不敢请（退）"，到京可以"调摄宿疾"，或许身体能好起来。哪知行到半路，被革职，病死在山东平原县。

林则徐于道光二十五年（1845年）年逾花甲时从新疆戍地内调，先后任陕西巡抚、云贵总督。这中间思想颇为矛盾，他身体也不好，一方面想为国出力，另一方面又感到世事掣肘，所以希望卸去陕甘总督署任，返回内地。当道光三十年（1850年）家居时，"设亲社，课戚中子弟"，有享受天伦生活的味道。十月初一接到赴广西钦差大臣的任命，次日即抱病起程，半个月后行到潮州而仙逝。

大臣能否卸肩，要看皇帝的眷注程度、本人的思想状态、世事的状况。多种因素综合而起作用，不是其主观愿望所能决定，这就是为官的身不由己。想去位而不可得；继续仕途，可能会出新错，也可能新账老账一起算，没有好下场，如同蒋攸铦；即使皇帝一时顾全大臣颜面，不加重罪，也让人提心吊胆，如同鄂尔泰。如此在职的老臣，晚年的生活怎么会是美满的呢？

本文发表于2016年8月29日《北京日报·理论周刊》文史版，原题为《清代官绅的退休生活》，作者时任南开大学教授

后妃史为何频频被扭曲夸大

虞云国

  中国后妃史是中国宫廷史、中国妇女生活史，乃至整个中国社会生活史不可或缺的构成内容。然而，由于研究缺乏，普及不够，一般民众所知有限，误解更不少。但后妃生涯、宫闱秘史，历来给人刺激而神秘的印象，撩拨着他们一窥内幕的好奇心。于是，便有种种齐东野语式的笔记、小说、戏剧、影视相继问世，这些作品的摹写刻画往往夸张失实，却在很大程度上迎合了搜奇猎艳的窥私心理。

  对后妃史的这种误读，主要表现在两方面。

  其一，对后宫生活不加批判缺乏原则地美化，大肆渲染锦衣玉食与珠光宝气的宫闱场景，满足羡富慕贵的低俗心理。由于不去揭露貌似庄严荣华、花团锦簇的背后，有多少红颜女子成为后妃制的殉葬品，于是，后宫历史上一再上演的凄凉残酷、血泪交织的悲剧，竟然都变成了讴歌帝后爱情的正剧或者显摆宫廷豪奢的闹剧。

  其二，对后妃的权斗不加谴责、毫无是非观地展现，甚至对以恶制恶、以黑斗黑也给出合理性辩护。由于不去着力暴露后妃制是寄生在君主专制母体上的怪胎，却把后妃之间围绕着金灿灿凤冠的生死权斗，都化解在理解的同情之中。这就在无形中误导广大受众，把文艺作品中宫斗权术当作制胜法宝，白领将其移植进职场，官员将其运用于仕途，恨不得我吃了你，你吃了我。

其实，中国后妃史有两个基本面相。一是不论哪个时代的后妃制，无一不是君主专制母体上畸形的产物，都给后妃这一特殊的妇女群体带来了无尽的不幸与深重的灾难。在后宫生活中，无论爱与恨，灵与肉，生与死，泪与血，她们的人生几乎都有过痛苦的挣扎与无助的浮沉。二是在君主专制下，作为一个特殊的女性群体，后妃们面对生活与命运，艰难地保存着人性中的真善美，而专制帝制又驱使她们转向人性恶。其间人性的真与伪，美与丑，善与恶，或者泾渭分明，或者泥沙俱下，或者只是沉渣泛起，从而合成了一部后妃人性的变奏曲。

记得少时读《唐诗三百首》，对元稹的《行宫》印象颇深，其诗云：

　　寥落古行宫，宫花寂寞红。

　　白头宫女在，闲坐说玄宗。

其义当时不甚了然，但凄美的诗境却嵌印于脑海，挥之不去。及长，读《唐宋诗举要》，高步瀛提示："白乐天《新乐府》有《上阳白发人》，此诗白头宫女，当即上阳宫女也。上阳宫在洛阳为离宫，故曰行宫。"再找来白居易的《上阳白发人》，主题是"愍怨旷也"，说这些宫女"玄宗末岁初选入，入时十六今六十"，不料"未容君王得见面""一生遂向空房宿"。那么，这些白头宫女，连皇帝面都未一睹，就终老行宫，只能在红艳如火的宫花丛中闲话天宝遗事。遥想入宫当年，她们也像宫花那样靓丽明媚，如今却已皤然老妪。这才明白，短短四句二十字，蕴含着后宫女性多少觖望与悲怆，不啻是鞭挞后妃制的千古绝唱，也有助于纠正后人对宫闱史的几多误读。

本文发表于2015年2月2日《北京日报·理论周刊》文史版，
原题为《搜奇猎艳扭曲了宫闱真史》，
作者时任上海师范大学教授、中国宋史研究会理事

第三章

丝 路

"玉石之路"：丝绸之路的前身

冯玉雷

玉器、玻璃等器物和葡萄等农作物经中亚东传，以及黄河流域黍粟类农作物的西传，都代表着史前东西文化交流。其中，玉石和丝帛是早于丝绸的重要文化媒介物，代表了中西大通道的物质交流史和文化交流精神。李希霍芬将这条大通道命名为"丝绸之路"，影响日广，而"玉石之路"是其前身。

2012年以来，叶舒宪、易华等学者根据从甘肃、青海等地区齐家文化及其他史前文化遗址出土的和田玉器等资料，推测距今约四千年前就有"玉石之路"的雏形，涉及新疆、青海、甘肃、宁夏、陕西、内蒙古、山西、河北、河南等省区。"玉石之路"在汉武帝时被重新开发利用，张骞两次出使西域所走的"丝绸之路"正是在古代"玉石之路"上拓展出来的。

华夏先民凭精细琢磨的玉器、玉礼器，建构出一套完整的玉的礼仪传统

公元前9世纪，在广袤的东亚和中亚地区，我国陆路交通史上有过一次规模宏大、影响深远的重大事件：西征昆仑山。这段历史被详细记录在《穆天子传》中。策划、组织、领导这次西巡活动的是周王朝第五位帝王姬满，即周穆王，世称"穆

天子"。周穆王是很多富有传奇色彩的故事的主角，尤其是与西王母瑶池相会的浪漫传说，使他成为古代众多帝王中最耀眼的明星之一。周天子与西王母会见的目的是什么？他为什么要"执白圭玄璧拜见西王母，献锦组百纯，素组三百纯"？而珠泽人为何要"献白玉石……"？最终，他"攻其玉石，取玉版三乘，载玉万只"而归，为何对玉石如此推崇？

人类先民在漫长的石器时代积累了丰富经验，发现了石头中的精华——玉。玉石作为大自然孕育的一种特殊物质，被古代先民寄予某种期待和理想，具备了品格、神性和思想，成为形而上的精神符号。在周而复始、不断丰富的仪式中，先民的审美、道德、哲学、伦理等理念逐渐趋同，最终成为古老华夏文明中的文化因子，并深深地融入炎黄子孙的血脉里。

先民创造文字时将玉文化理念镶嵌到汉字和成语中，如切磋、琢磨、玉成其事、金玉良言、亭亭玉立、玉树临风、琼浆玉液等等。据统计，带斜王偏旁的汉字大约有二百四十六个，都与美好有关。玉石代表天，中国用得最多的玉料是青玉，古代叫青天、苍天，《山海经》讲的一百四十九座山中有十七座出白玉。著名学者叶舒宪认为华夏先民正是凭精细琢磨的玉器、玉礼器来实现通神、通天的神话梦想，建构出一套完整的玉的宗教和礼仪传统。

华夏文明发生背后的一个重要动力是玉石神话信仰

中国在青铜器、铁器时代之前的新石器晚期大量使用玉器，历经几千年，最终形成开启华夏文明曙光的玉文化，最具有代表性的是红山文化、良渚文化、凌家滩文化、齐家文化、二里头文化以及近年发现的石峁文化。良渚文化与东北红山文化并驾齐驱，使中国新石器时代玉器发展到达最高峰。但这两种文化都神秘地消失了，承接它们的是二里头文化与齐家文化，它们与玉文化及夏代文明有着最密切的关系。

二里头文化遗址是公认的探索夏文化和夏商王朝分界的关键性遗址，该文化约在公元前21世纪至前17世纪，主要分布在河南中西部的洛阳附近和伊、洛、颍、汝诸水流域以及山西南部的汾水下游一带。国家"夏商周断代工程"结束后，二里头文化主体为夏人遗存的观点逐渐为大多数学者所接受，学术界也都倾向于认为二里头是夏王朝中晚期的都城之所在。但夏文化的发源地在何处？它是如何发展到中原的？

考古文物证明，齐家文化的范围主要在西北，这个时期的玉文化与夏朝初期文化形态高度重合。考古发现，南至珠江流域、北到辽河流域、西至河西走廊、东到东海之滨都有玉璧、玉琮、玉璜一类礼器出现，这体现了玉教信仰和神话观念的传播过程，齐家文化在这个过程中起到了极为重要的作用。相比较早的红山文化、良渚文化玉器，齐家文化玉器朴实无华。齐家文化玉器材质大体包括石、半石半玉、玉，还有绿松石、天河石等，受当时经济、交通等条件限制，只能就地或就近取材——不管"就地还是就近"，都必须有玉矿。考古发掘和矿石开采活动表明，齐家文化分布范围内存在着丰富的玉矿，武山、积石山、马衔山、祁连山、马鬃山等地都有玉矿发现。

比丝绸更早期的跨地区国际贸易对象是玉石，由此构成了玉石之路

通常人们认为古代用玉均来自新疆和田，2015年甘肃境内马鬃山玉矿的发现打破了这一认识。

石峁遗址地处陕北黄土高原北部边缘、农牧交错带的陕西神木县高家堡镇石峁村秃尾河北侧山峁上，是已发现龙山晚期到夏早期规模最大的城址，可能是夏早期中国北方中心。齐家文化分布区紧邻石峁文化区，齐家人在制作玉礼器的同时会不会通过陆路和黄河水道向石峁古城输送玉料？

中国玉教神话信仰传播的路线先是北玉南传，然后是东玉西传。从全球范围看，不论是丝绸贸易之路，还是茶马古道、香料之路等，都是在文明史"小传统"中出现，而新石器时代末期以来的玉文化、贸易通道更具文明发生的动力意义，玉石神话信仰是华夏文明发生背后的重要动力。中原地区缺少玉矿资源，因此距今七千年至五千年前中原地区影响力最广大的仰韶文化不能像红山文化、凌家滩文化和良渚文化那样生产出规模性的玉礼器。直到距今四千多年

▲ "玉石之路"在汉武帝时被重新开发利用，"丝绸之路"正是在此基础上拓展出来的。《战国策》中有对"昆山玉路"的记载。图为《战国策》书影。

前的山西襄汾陶寺文化、临汾下靳村和芮城坡头村庙底沟二期文化，以玉璧、玉琮为代表的大件组合性玉礼器体系才首次登场中原地区，随后又有成熟多样的玉礼器体系出现在中原腹地，并通过二里头文化的承上启下作用，建构出夏、商、周三代一脉相承的玉礼器传统。

比丝绸更早期的跨地区国际贸易对象是玉石（地中海文明主要关注绿松石和青金石），包括由玉石开发所衍生而来的金属矿石。中原地区需要从西部运输玉料，这些运输通道的形成就构成了玉石之路。沿着晋陕大峡谷两岸，就是中原大规模出现玉礼器的地方，包括石峁遗址、延安玉礼器、陶寺文化、清凉寺文化、安阳殷墟文化等。史前玉路主要靠水路，黄河及其支流充当了西玉东输的主渠道。考古文物证明，殷商时期和田玉就已进入中原。古代典籍记载显示，周穆王先向东走，到河南，越过黄河，过三门峡，到山西，绕过五个盆地，出雁门关，然后去河套、昆仑。《战国策》《史记》都有"昆山玉路"的记载。这条漫长的玉石贸易之路从新疆出发，经过甘肃、陕西或山西才能运抵河南；西域的玉石、宝马、瓜果传到中原，后来中原的丝绸也源源不断地运往西域。

本文发表于2017年4月10日《北京日报·理论周刊》文史版，
原题为《丝绸之路前缘："玉石之路"的开拓印迹》，
作者时任西北师范大学《丝绸之路》杂志社社长、总编辑

丝绸之路背后的动能

把中国文明与西欧亚及地中海世界连接起来的通道，就是陆上和海上的丝绸之路。丝绸之路对于中国方面来说，主要是边境贸易，中国人主动出境贸易，不占主流。

历史上中国的陆上或者海上的丝路贸易，都是中国与周边国家政治关系的一部分

15世纪开始的大航海事业，是近五百年来最重大的事件之一，欧洲人的东来形塑了今日的世界格局。这一伟大事变背后，就与丝绸之路直接相关。

元朝以后，西域地区出现了哈密、别失八里、柳城、于阗、火州以及吐鲁番等割据政权。帖木儿帝国控制了中亚，奥斯曼帝国统治了西亚，特别是1453年拜占庭灭亡之后，丝绸之路的陆上通道和海上通道都不同程度地受到阻碍。因此，15世纪欧洲人的大航海事业，其重要动力之一，就源自破除丝绸之路的阻塞，适应东西方贸易增长的需求。欧洲人不满意丝绸之路被西亚和北非的阿拉伯中间商人所垄断，他们这回携航海技术进步的优势，要直接走到东西方贸易的前台，航船所向，就是遥远的中国和印度。

在葡萄牙人1498年进入印度洋以前，东方商品运往欧洲和非洲北部的通道有波斯湾和红海两条。波斯湾一线是自波斯湾入口处的霍尔木兹上行至巴士拉，叙利亚和土耳其商人在此提取赢利丰厚的商品，经西亚陆路运往叙利亚或黑海的大港口，威尼斯人、热那亚人和加泰罗尼亚（今属西班牙）人前来这些港口购买提货。

取道红海的货物则多来自马六甲，经印度西南的卡利卡特（中国古书上的古里），或阿拉伯半岛南端的亚丁，进入红海，在图尔或苏伊士卸货，并由陆路运往开罗。到达开罗的货品一部分前行至亚历山大，直接由威尼斯、热那亚和加泰罗尼亚商人趸去；另一部分则由北非的撒拉逊商人，从亚历山大运往北非的各地中海港口和一些内陆城市。

从中可见，传统丝绸之路的中端控制在伊斯兰教徒手里；在西端，整个欧洲的地中海贸易则主要被意大利人垄断。面对丰厚的东方贸易利润与东方消费品的诱惑，欧洲各国充满了羡慕和嫉妒！于是西班牙和葡萄牙率先扬帆，目的就是寻求一条不受意大利人控制且避开阿拉伯人要挟的通往东方的道路，清除远东与西欧之间丝绸之路上的所有中介掮客。

可是，西人东来，不仅冲破了中间商的盘剥与垄断，也冲击着中国政府特别是明朝政府在丝路所经南海地区的朝贡体系。明朝开始直接面对西方，中国内地商品通过澳门大量进入西方市场。有数据表明，万历八年至十八年（1580—1590年），自澳门运往果阿的生丝每年三千多担，值银二十四万两，崇祯八年（1635年）达到六千担，值银四十八万两。经由马尼拉运至美洲的中国商品则成为太平洋大帆船贸易中的主要货物来源。世界市场对中国商品的大量需求无疑为中国沿海商品经济的发展开辟了广阔前景。清朝在康熙朝巩固了对于沿海和台湾地区的统治后，基本上把海上贸易集中在广州一地的十三行。中国主要外销商品，有瓷器、茶叶、布匹等。

中国在对外贸易中始终处于出超地位，积累了大量白银。明清时期，中国的货币改由白银计量，这是重大原因。这就存在一个巨大风险，明清时期国内金融政策是取决于国际贸易中白银的进口盈缩。东南地区甚至因为生产能够赚取"外汇"（白银）的经济作物而出现了粮食短缺，需要从北方或者外国进口的情况。

可是，随着墨西哥地区白银开采量的减少，为了平衡中外贸易，欧洲——主要是英国人开始向中国销售毒品鸦片，这些鸦片多数是英国在南亚或者东南亚殖民地生产的，运销中国十分方便，从而使中西贸易变成了用毒品换取商品的畸形结构，乃至导致激烈的政治和军事冲突。历史于是来到了另外一个十字路口。

历史上中国政府之所以一次次拒绝欧洲国家的主动贸易行为，诸如订条约、设使馆、开商埠，就是因为历史上中国的陆上或者海上的丝路贸易，都是中国与周边国家政治关系的一部分，政治上的互信与经济上的往来密不可分。

可是，这一次，18、19世纪的中国，面对的不再是传统意义上的朝贡体系，欧洲人也没有任何奇珍异宝可以平衡中国在丝绸、瓷器、茶叶等对外贸易的巨额出超。于是，大量白银涌入中国，冲击着中国的金融秩序，朝廷财政严重依赖白银进口，中国东南地区的产业分工甚至也依赖上了对外贸易。这是汉唐时期所不曾有过的。于是，当欧洲人为了平衡贸易逆差，向中国销售毒品鸦片时，经济贸易演变成政治和军事冲突已经势不可免。汉唐以来丝绸之路上中国与西方经济与贸易关系的起伏变化，也是我们观察"一带一路"沿途国家和地区政治实力兴衰消长的晴雨表。

历史上"一带一路"上的中西关系，可以划分为两个不同的发展时期

截至19世纪中叶，"一带一路"上的中西关系，可以划分为两个不同的发展时期。前一个时期，从远古时代到郑和下西洋结束的15世纪前期，可以称为古典时期。这一时期又可以分为两个不同的阶段，汉唐盛世，陆上丝绸之路为主体；宋元时代，海上香瓷之路则有了更重要的地位。汉唐时期，西域的交流最活跃；宋元时代，南海的贸易最繁盛。

就直接交往的地区而言，12世纪以前的中西交往主要是中国与西亚、中亚及南亚的交往，与欧洲人的直接往来极其罕见。13、14世纪，由于蒙古人的帝国造就了欧亚大陆直接交通的便利条件，使欧洲的旅行家、使节、传教士开始设法进入中国。他们都是通过西亚的陆路前来，进入西亚之后，或者北上

俄罗斯大草原抵达中国边境，或者南下波斯湾经过一段海路在中国东南沿海登陆。而且这些零星来访者在中国多数行色匆匆，元代在北京和泉州曾建立天主教教区，无奈时间不长且在此工作的欧洲人也很少。

后一个时期，主要是明清时期，从15世纪后期到19世纪初叶，相当于新航路开辟以来的三个世纪，我们可以称之为近代早期。就地区而言，这个时期中国与亚洲国家的交通往来依然频繁，但是最具影响力的是中国与欧洲的交往。此时期，中国在政治关系上是主权独立的（与19世纪中叶以后逐渐陷入半殖民地不同）；在经济上，中西仍然进行大体自愿的贸易往来。虽然中国在经济和科学领域已经逐渐落伍，但西方文明的东渐和中国文化的西传却保持一个互惠和平等的格局。

15世纪末期以来，以哥伦布发现美洲、达伽马开通欧洲—印度洋航路和麦哲伦环球航行为代表的许多航海活动，促进了欧洲各国航海事业的进步，随之而来的是海外殖民势力扩张活动的加速发展。此时，欧洲人频频由海路造访中国，大多数绕过好望角斜插印度洋，也有人经由美洲贯穿太平洋。取道西北陆路来华几乎只是俄国人的专利，西欧各国虽多次努力想从俄国借道，但成果甚微。16至18世纪承担中西文化交流使命的主要是耶稣会士。耶稣会士既深刻影响了中国人对于基督教的观念，也深刻影响了欧洲人对于中国的看法。作为一个整体的耶稣会士所塑造的中国形象成为这时期欧洲人认识中国的起点，成为欧洲人勾画自己心目中"中国"的基础。

从思想文化交流的层面而言，汉唐时代，影响中国的主要是西域的佛教；宋元时代至明初，传入中国的主要是伊斯兰文化。至于近代早期（1500—1800年），则是欧洲的基督教文化通过传教士入华。明清时期中西文化关系，基本上是一个中学西传的单向流动过程，虽然经耶稣会士之手，有部分西方科技与基督教思想传入中国，但与中学西传的规模和影响相比，可以说很不起眼。相反，汉唐时期佛教入华，无论是东来传法，还是西行取经，几乎都是单向的自西徂东。中国以"四大发明"为主体的工艺性文明则在唐宋时代传到了西方世界。

19世纪是西方殖民主义向全球扩张的帝国主义阶段，像中国这样不曾如印度那样沦为殖民地的主权国家，也因为鸦片战争而被迫打开了国门，脚步沉重地迈出了中世纪；西学东渐日益强盛，以致出现西潮汹涌的另外一种单向流动的局面。

总之，远东地区与欧亚非大陆的丝绸贸易，从上古的走私活动，到汉唐时代的边境贸易，乃至大航海时代以来的中欧直接通商，"一带一路"，源远流长。金戈铁马，血雨腥风；胡天汉月，羌笛驼铃；天方海舶，贾客乡情；丝路花雨，木铎声声。在物质和精神文明流淌的背后，人类共同的命运，也由此而编织在一起。

本文发表于2019年3月11日《北京日报·理论周刊》文史版，
原题为《丝绸之路背后的动能》，
作者时任清华大学教授

丝绸之路上鲜为人知的历史细节

赵　丰

丝绸之路由德国地理学家李希霍芬（曾七次到过中国）于1877年提出，此后，各种著述层出不穷，关于丝绸之路的概念也有所拓展，如海上丝绸之路、草原丝绸之路、西南丝绸之路等。丝绸之路其实并不是一条明确的路，只是一个通道，或是一个交流带。这个通道是东起中国、西达欧洲、连接欧亚大陆的交通带。丝绸之路的路线、兴衰、物品交流、作用及影响等，都值得不断地深入探讨和研究，这也是我们今天探索"丝绸之路经济带"的一份必要的历史资源。

丝绸之路到底有几条路线

李希霍芬提出的丝绸之路主要是指欧亚之间的一条陆路通道（后被称为沙漠绿洲丝绸之路），中途经过亚洲腹地，在干旱的沙漠、戈壁和高原中由绿洲相连而成。而中间又有分道，如从西安出发经河西走廊到敦煌后，就在新疆境内分为南、中、北三道，其中南、中两道到喀什又汇成一道，翻越帕米尔高原后进入中亚地区。通过以乌兹别克斯坦、吉尔吉斯斯坦、塔吉克斯坦、土库曼斯坦等为主的中亚两河流域，到达伊朗高原，然后再到达地中海沿岸。其实，这一路线在中国古籍《隋书·裴矩传》中已有记载，虽然有所不同，但大体相似。

最早提出海上丝绸之路的或可以算是法国人沙畹，1903年，他在《西突厥史料》一书中说到丝绸之路可分为陆路和海路两条。1968年，日本三杉隆敏出版《探索海上丝绸之路》。而在中国，陈炎是最早关注和研究海上丝绸之路的学者，他于1980年正式提出，而后又发表了一系列关于海上丝绸之路的文章。至于海上丝绸之路的具体走向，则包括意大利、希腊、土耳其、埃及、阿曼、巴基斯坦、印度、斯里兰卡、泰国、马来西亚、印尼、文莱、菲律宾、中国、韩国和日本等国。

关于草原丝绸之路的提出，目前没有一个较为明确的说法。西方学者更多地将其称作草原之路，其实就是一条天然的草原通道。因为在欧亚大陆的地理环境中，北亚遍布寒冷的苔原和亚寒带针叶林，中亚又有崇山峻岭和戈壁沙漠，只有在北纬40~50度之间的中纬度地区，才有利于人类的东西向交通。而这个地区恰好就是草原地带，向西可以连接中亚和东欧，向南越过阿勒泰山可以连接新疆，向东南则可通往中国的中原地区。

关于中国境内的丝绸之路，中国学者徐苹芳在《考古学上所见中国境内的丝绸之路》一文中提到四条，一是汉唐两京（长安和洛阳）经河西走廊至西域，这是丝绸之路的主道，它因通过新疆的塔克拉玛干沙漠和中亚的若干沙漠地区而被称为丝绸之路的沙漠路线；二是中国北部的草原丝绸之路；三是中国四川、云南和西藏的西南丝绸之路；四是中国东南沿海的海上丝绸之路。

从欧亚大陆上的东西文化交流通道来说，现在较为公认的丝绸之路有三大路线：沙漠绿洲丝绸之路、海上丝绸之路和草原丝绸之路。真正完整描述三条丝绸之路的学者要数著名中外交流史专家黄时鉴，他于1991年为中国丝绸博物馆展厅绘制了一幅网络式的丝绸之路全图。

西南丝绸之路，从四川进入西藏，过尼泊尔而到达印度，或经大理而入缅甸。但此后它又分为两路，一路可以北上到达中亚，融入沙漠丝绸之路；另一路南下连通海上丝绸之路。

最早的丝绸之路是哪条路线，起源于何时

丝绸之路是在世界文明发展的背景下形成的。从目前来看，丝绸之路的形成与发展可以分成三个大的阶段：以草原丝路为主的青铜时代到早期铁器时代，以沙漠和绿洲丝路为主的战国汉唐时期及以海上丝路为主的宋元明时期。

早在五千年前，世界上的古代文明格局已经初步形成，古埃及、古巴比伦、古印度和中国四大文明古国分布在世界各地，在欧洲则是米诺斯－迈锡尼文明。但人们对这一时期的草原几乎一无所知。当整个世界进入青铜时代后，这些文明的区域都相对集中，在中间则是文明的过渡地带，而文明的交往选择了最为方便的草原途径依赖游牧民族来进行。

于是，人们对辽阔无垠的草原民族开始有所了解。他们的活动地域，就在欧亚草原之上，从东到西，都有他们活动的身影。

虽然草原丝绸之路的很多贸易细节已不清晰，但其结果却十分明显，我们可以在希腊文献中读到大量关于丝绸的记载。

维吉尔在《田园诗》中写道："赛里斯人从他们那里的树叶上采集下了非常纤细的羊毛。"老普林尼在其《自然史》一书中生动地描述了赛里斯人和他们向树木喷水冲刷下树叶上的白色绒毛，并用此完成纺线和织造这两道工序。直到包撒尼雅斯（2世纪）开始，人们才知道丝绸来自一种叫蚕的昆虫，但他在《希腊志》中对蚕的描述却近似于蜘蛛。

沙漠绿洲丝绸之路何以在汉朝兴盛、到唐朝衰落

两千多年前，东西方分别发生了两件重大的事，对丝绸之路沙漠线的形成造成了巨大的影响。在西方是亚历山大东征和罗马帝国的兴起，在东方则是汉武帝时期的张骞通西域。

公元前336年，亚历山大征服并统治了整个希腊。然后，他又开始了对东方的征战，歼灭了强大的波斯帝国军队，占领了印度大部。但亚历山大去世后，曾经被他占领的土地就被他的部将分裂成了若干国家。

从汉武帝开始，位于东方的汉朝国力逐渐强盛，一方面他们与匈奴正面作战，另一方面也联合其他部落围攻匈奴。公元前139年，汉武帝派张骞出使西域，但张骞一出西域就被匈奴人所囚禁，若干年后才逃回长安。公元前119年，张骞再次前往西域。这次，张骞偕同副使、将士等三百余人，携带牛羊万头、金币帛数千万从长安出发，在到达乌孙（今之新疆）后派副使、副手去大宛、康居、大月氏、大夏等国（大宛相当于费尔干纳，康居相当于撒马尔罕，大月氏也在中亚地区，大夏位

于阿富汗和巴基斯坦一带）。这样，一条在沙漠戈壁里行走、通过一个个绿洲连起来的丝绸之路就基本形成了。

一旦通道形成，大家都开始利用这一通道。丝绸之路沿途的国家或部落之间均有使者、商人、僧人等开始行走在这条通道上。由国家主导的军事力量也开始管理和维护丝绸之路的畅通。如汉代在西北地区的军事屯田，修筑的长城一直到敦煌一带。而唐代的疆土更为辽阔，四大都护府的建立，各处边关的运作，都在极力保护和经营着丝绸之路。这种情况一直到阿拉伯兴起，特别是在高仙芝一战之后，唐代放弃了对丝路的经营，中亚落入伊斯兰的手中，沙漠绿洲丝绸之路逐渐衰落。

大量的南海沉船中为什么载的是瓷器而不是丝绸

从中唐开始，中国西部逐渐分裂成若干势力范围，中原朝廷无力控制丝绸之路。与此同时，中国经济重心南移，沿海港口趋于成熟，东南地区的出海贸易变得十分活跃。唐朝于昂庆六年（661年）在广州设置市舶司，广州成为中国海上贸易的重要港口。由于广州港外商云集，所以又在广州设蕃坊，专供外商居留。世界各地的商人们通过海路，前来购买中国的丝绸，同时也带来世界各地的商品，从晚唐到宋元，海上丝绸之路十分兴盛。

唐宋之际海上丝绸之路的兴盛可以从大量的南海沉船看出。1998年，属于唐晚期到五代初的黑石号沉船在印尼勿里洞岛海域附近出水，其中中国瓷器就有六万七千多件。2003年，印尼爪哇附近海域又发现时属五代的井里汶沉船，其中更有数万件浙江越窑瓷器。此外，中国海域中也发现大量南宋沉船，如著名的南海1号属于南宋初年，华光礁1号属于南宋中期。这些沉船上的发现虽然没有丝绸，但并不说明当时不存在丝绸。因为海上通道在隋唐时运送的主要大宗货物是丝绸，而到了宋元时期，瓷器的出口渐渐成为主要货物，因此，人们也把它叫作"海上陶瓷之路"。

中国丝绸在北欧维京时期的瑞典遗址中发现

无可否认，丝绸在沙漠丝绸之路上占据着绝对的主导地位。目前发现的最早的丝绸实物是战国时期的织锦和刺绣，出土在阿勒泰山北侧的巴泽雷克和乌鲁木齐附近的阿拉沟一带，说明了早期沙漠和草原之路的连接。

汉唐之间的丝绸大多出自甘肃和新疆。特别是在敦煌，无论是汉代的烽燧遗址还是莫高窟藏经洞的唐代宝藏，都是丝绸之路的重要见证。在叙利亚的帕尔米拉也发现了中国丝绸，这是一个罗马时期的遗址，其风格与中国境内发现的汉锦完全一样。到唐代前后的中国丝绸甚至还在北欧维京时期的瑞典遗址中被发现，这些丝绸无疑是被人们转运到那里的。

丝绸在海上的发现虽然没有实物，但佐证材料很多。印度尼西亚的世界文化遗产婆罗浮屠是9世纪东南亚的最大佛教造像群，其中也有着模拟织锦的图案，显然是唐代的联珠团窠织锦纹样。在12至13世纪的印尼佛像中，也有大量球路纹样与宋代前后流行的球路纹锦相同。

大量西洋布通过海上丝绸之路传入中国

棉的起源地无疑是在南亚次大陆，在印度河流域的摩享朱达罗遗址中，已经发现了棉织物。在汉晋时期，棉布从北印度一带通过沙漠绿洲丝绸之路向中国西北地区传播。新疆一带的汉晋时期墓地中基本都有棉布出土，最为有名的一件是尼雅遗址的蜡染棉布，其上有提喀女神、赫拉克利斯等希腊化艺术造型。到唐代，棉花在新疆已得到栽培，并在敦煌一带用于纺织。

对于棉布来说，更为重要的道路是海路。宋赵汝适《诸蕃志》经常提到海上丝绸之路上棉布的贸易，不过，当时东南亚一带不仅有棉布贸易，而且棉纺织生产也已十分发达。元代黄道婆在海南黎族学到棉纺织技术、再传播到松江一带的故事就说明了东南亚棉纺织生产的发达。明朝黄省曾在《西洋朝贡典录》中也提到了东南亚各国对中国的贡物中有很多纺织品，其中大部分都是棉布，如芜蔓番纱、红印花布、油红棉布、圆壁花布、番花手巾、番花手帕、兜罗棉被、芯布、西洋布、缠头布等，种类十分丰富。

丝绸不仅是一种商品，还是一种货币

丝绸之路，自然是一条经济贸易的通道，所有东西方的商品都可以通过这条通道进行交换。这种交换，使得丝路沿途的人们生活上得到极大的丰富。

其实，丝绸在丝绸之路上扮演的角色不仅是一种商品，而且是一种货币。很多大宗贸易就是用丝绸作为货币进行交易的，特别是牲口和奴婢，当时敦煌和吐鲁番一带的马价一般在十五匹练左右，较次的在十匹练左右，而奴婢的买卖价格有时可达四十匹练。

用丝绸作为货币的另一个好处是丝绸不会贬值。丝绸之路沿途，特别是在中国的西北地区流通着波斯银币、铜币和丝织品三种货币。据我们对吐鲁番文书的研究，唐武周时期（690年前后）和天宝时期（745年前后）的五十五年间，银币与丝织品之间的兑换率一直是一匹练换十文银，而铜钱则从一文银换三十二文铜贬值到一文银换四十六文铜，贬值约三分之一。很显然，相对来说，绢练对于中西诸方来说具有公认的价值，具有较高的信誉，因此，它在丝路沿途可以作为硬通货来使用。

丝绸之路为何又被称为玉石之路、陶瓷之路、香料之路

丝绸之路是一条经济贸易的通道，所有东西方的商品都可以在此进行交换。在草原丝路时期，主要是青铜、玻璃、羊毛、小麦以及玉石的传播；到沙漠之路时，则是大量的丝绸、黄金、银器、玻璃、美酒；到海上丝路时，各种布匹、香料、瓷器、染料等都在这里得到交换。

所以，有一些学者提出了不同称呼，如玉石之路、陶瓷之路、香料之路等，但都不全面。

带去的是丝绸和物品，带来的则是民族的融合

在早期的丝绸之路上，和亲和使者是部落间的常见联络方式，无论是昭君出塞，还是文成公主入藏，抑或是张骞出塞，带去的是丝绸和物品，带来的则是血缘上的融合。一个著名的

▲《大唐西域记》是一部关于西域的历史地理著作。图为《大唐西域记》书影。

例子就是传丝公主。据《大唐西域记》载："昔者此国，未知桑蚕，闻东国有之，命使以求。时东国君秘而不赐，严敕关防，无令桑蚕种出也。瞿萨旦那王乃卑词下礼，求婚东国……命使迎妇而诫曰：我国素无丝绵桑蚕之种，可以持来，自为裳服。女闻其言，密求其种，以桑蚕之子，置帽絮中。"蚕种就这样传入了瞿萨旦那（今新疆和田一带）。

同样是因为丝绸贸易，大批商人和商队的来往也带来了民族的融合。如丝路上最大的经商部落粟特人，长期住在丝绸之路沿途，在碎叶、喀什、和田、敦煌、长安、太原、大同等地形成了巨大的聚落。近年来在太原、西安等地发现的虞弘墓、安迦墓等都说明了粟特人在各地的散布。由于长期在外，他们与外族通婚或交往，甚至信仰不同的宗教，因此也带来了民族融合。

由海路而来的阿拉伯商人也是如此。他们居住在中国东南沿海的港口，特别是广州和泉州。广州一地，在唐末已有几十万外商居留，而泉州一地，在宋元时达到极盛。13至14世纪的叙利亚人阿伯尔肥达、威尼斯旅行家马可·波罗和摩洛哥旅行家伊本·巴都他等，都在他们的游记中描绘了"刺桐港"（泉州港古称）的繁荣景象，誉称它是世界最大的商港之一，甚至出现了"回半城"的状况。这些居民有着不同的宗教信仰，促使不同的宗教得以传播，如摩尼教、拜火教、佛教、基督教等。随着宗教的传播，民族的融合也变得更为方便。

养蚕技术从中国传到欧洲，用了四个世纪

丝绸之路是文化交流之路，这其中包括科技、艺术、生活等各个方面。在科技交流方面，自然有地理学、天文学、数学、物理、化学、农业、医药、交通等的交流，也有如造纸、印刷、指南针、火药四大发明的著名技术，丝绸之路的艺术也无处不在，如音乐、舞蹈、壁画、金银器、陶瓷、绘画等。

纺织材料的交流主要体现在毛、丝、棉的传播上。养羊、羊毛利用和加工的技术传播很早，可能在青铜时代已经基本完成。但养蚕技术的西传则主要在2至6世纪。2至3世纪，养蚕技术传入西北地区，所以在新疆有了蚕茧的发现和传丝公主的故事，而养蚕技术传入中亚，应该是在4至5世纪，导致了粟特锦和波斯锦的兴盛。养蚕技术传入小亚细亚，应该是在6世纪初。据泰奥法纳介绍：在查士丁尼统治期间，一位波斯人曾在拜占庭介绍过有关蚕虫的起源问题，这是中国养蚕技术传入欧洲的最早记载。棉纺织生产技术则至迟在唐朝已传入中国西北，到元代则传遍中原大地。

本文发表于2013年12月16日《北京日报·理论周刊》文史版，
原题为《丝绸之路：鲜为人知的历史细节》，
作者时任中国丝绸博物馆馆长

古代丝绸之路的辐射力

王开玺

纵观中国古代丝绸之路的历史，大致可以将其划分为两大历史阶段。从西汉时期的张骞通西域始，至明代的郑和下西洋止，为第一个阶段。

在这一阶段，最初是陆路的丝绸之路，基本上是以长安（今西安）或是洛阳为起点，向西经过西域各国，进入中亚地区各国，最为著名的是西汉时期的张骞通西域和东汉时期的班超出使西域。明代的陈诚，曾于1370年、1375年、1377年、1383年四次出访西域各国；侯显曾五次出使西域。也就是说，陆路的丝绸之路从未停止和中断，一直延续到明代。

后来，海上丝绸之路开始发展起来，最为著名的是明代郑和七次下西洋。明王朝还曾派遣张谦、谭胜、尹庆、杨信、周航等人率舰队多次下西洋。其实早在唐代德宗时，有一位名叫杨良瑶的人，曾经奉命作为外交使节航海下西洋，抵达远在中东地区的黑衣大食，也就是今天的伊拉克等国家和地区，比郑和早了六百二十年。

在明代以前，中国始终是当时世界上政治制度先进、社会经济发达、思想文化博大精深的先进国家。虽然也有一些域外国家或地区的物产，如西域的葡萄、核桃、石榴、苜蓿等植物，以及胡琴等乐器传入中原地区，甚至还有一些如印度的佛教思想和教义等也传入中国。但是，就中国古代的整体进程和全时段而言，中国始终是以先进物质文明和精神文明输出国的姿态而出现或存在的，呈现出明显的中华文明向周边国家及地区辐射和扩散的色彩。

这种辐射和扩散是一种进步文明向不太进步地区的自然辐射，是一种高势能文化向低势能文化渗透与浸润的自然过程，在一定程度上促进了这些地区的进步与发展，基本上是各国间的和平、和谐发展。例如，明洪武二十七年（1394年），琉球国中山王遣使来华，要求"给赐冠带"，即要求借鉴学习中国的服饰样式。明朝皇帝"命礼部图冠带之制示之"，即将中国的服饰绘成图样，交给他们仿效、仿制。琉球国人民"居本国皆赤足，惟入贡始靴也"。另外，琉球国还仿照中国之制设立学校，"改粗鄙之俗为儒雅之风"，全国上下，"渐染华风，祀先圣，兴学校，家购儒书，人崇问学"，使得琉球国国内移风易俗，逐渐变化为"衣冠礼义之乡"。琉球国的社会开始从野蛮进化为文明。

第二个阶段，大致自清朝初年至其覆亡止。此一时期，虽然清王朝实行了闭关锁国政策，但中外之间的联系并未完全中断。除了西方国家的商人不断来华以外，诸如荷兰、西班牙、葡萄牙、英国、法国等国家都曾派遣使节来华，力图与中国建起商贸，甚至是国家间的关系。

自明末清初开始，世界格局发生了极其重大的变化。西方的一些国家不但建立起较中国更为先进的资本主义政治、经济制度，社会生产力得到了长足的发展，其思想文化也同样处于当时世界先进地位。清代的中期和后期，西方资本主义国家为了攫取廉价的生产原料，开辟广阔的商品市场，开始大规模地向东方扩张。他们来华的路线，基本上是沿着中国古代的陆路或海上丝绸之路而来的。

中国与俄国，乃至欧洲各国的往来通道，是从北京出发后先折向东北，经过热河（喀喇河屯）、齐齐哈尔、额尔古纳村、涅尔琴斯克，辗转西行至莫斯科，然后再转向西欧各国。另外，还有一条路线通道，是从北京或中原地区，经过内、外蒙古至俄国，再到欧洲各国。清代俄国使团数次来华，中国使团两次出使俄国，基本上是通过这两条路而完成的。

到了中国近代，中外之间的往来虽然并未中断，但这种往来是不平等的。我们之所以说它是不平等的，首先是因为西方列强在政治上、外交上对中国实行的是强迫和讹诈政策，经常进行武力威胁，甚至多次发动血腥的侵略战争。不和平、不和谐成为这一阶段各国交往过程中的主基调或基本特征。其次是中外之间的往来，在最初的阶段不是双向的、互惠的，而是中国被迫接受西方国家的单向而来。到了清代的中后期，中国也开始向西方各国派遣公使，虽然被迫与屈辱的色彩仍然十分明显，但也在一定程度上打开了国人的眼界。

1866年，清廷派遣斌椿等人随赫德赴欧洲各国观光考察，斌椿曾对英国君主表示，自己"得见伦敦屋宇器具制造精巧，甚于中国。至一切政事，好处颇多"。斌椿在此仅仅是讲出了一个历史事实而已，但这对于一向自诩为天朝上国、礼仪上邦的清廷官员而言，能够认识到并敢于承认西方国家的许多事物，"甚于中国"，其他的一切政治事务，也是"好处颇多"，实属不易，也是一种历史的进步。

19世纪70年代以后，出使英、法、德、美等国家的外交公使，亲身接触到西方国家的先进政治与物质文明，全面了解了西方国家政治、经济、思想、文化、风俗等社会生活的各个方面，其思想上的触动之深，可以想见。所有这些，不但进一步促进了清廷洋务运动的发展，以及后来发展商业、奖励实业等经济体制的改革，从而打破了封建政治制度的坚冰，而且开始了中国社会政治、经济等各方面的全面改革，为中国社会的进步提供了各种思想的准备和契机。

本文发表于2017年3月13日《北京日报·理论周刊》文史版，
原题为《古代丝绸之路的辐射力》，
作者时任北京师范大学历史学院教授

历史上的第四条丝绸之路

崔明德

丝绸之路是古代从中国通往欧洲的重要商道。学术界传统的看法是，丝绸之路主要有三条：一是陆上丝绸之路，二是草原丝绸之路，三是海上丝绸之路。然而，除了这三条丝绸之路外，在中国古代历史上，还有另外一条丝绸之路——"青藏高原丝绸之路"。

这条丝绸之路自长安经吐谷浑到吐蕃，然后经尼泊尔到达印度，由此通往欧洲。这条丝绸之路的全线贯通与中国历史上的和亲密切相关。

隋朝国都大兴（今陕西西安）是当时世界上最大的国际化大都市，也是古丝绸之路的起点。在古丝绸之路鼎盛时期，国内的丝绸、瓷器和茶叶等，通过西安经丝绸之路源源不断地转运到沿线各国，沿线各国的农产品、工艺品等也经丝绸之路汇集到长安后，扩散至国内其他城市。

吐谷浑亦作吐浑，是鲜卑慕容部的一支，其先祖居于徒河之青山（今辽宁义县境内），西晋末年其首领吐谷浑率领所部迁徙到今青海地带，再传至孙叶延，始以吐谷浑为姓氏，到5世纪中叶已成为西陲的一个势力较强的古国。

隋朝刚建立时，吐谷浑曾出兵袭击隋的西部边境，但到开皇九年（589年）隋军攻下南朝陈都建康，吐谷浑王夸吕不敢再向隋挑衅。

开皇十一年（591年），夸吕死，其子世伏继任吐谷浑首领后，主动派其侄子无素与隋朝沟通，希望将女儿嫁给隋文帝杨坚。隋文帝因看出世伏"此非至诚，但急计耳"，便找借口予以回绝。他对无素说："朕知浑主欲令女事朕，若依来请，他国闻之，便当相学。一许一塞，是谓不平。若并许之，又非好法。朕情存安养，欲令遂性，岂可聚敛子女以实后宫乎？"尽管隋文帝并不同意娶世伏的女儿，但希望与吐谷浑建立友好关系。不久，隋文帝就与吐谷浑和亲。

开皇十六年（596年），隋文帝将光化公主嫁给世伏。世伏在吐谷浑内乱中被杀，其弟伏允被拥立为吐谷浑首领。经隋文帝同意，伏允又和光化公主结为夫妻。从此，吐谷浑向隋"朝贡岁至"，隋也回赐不断。唐与吐谷浑至少有七次和亲，在双方和亲期间，吐谷浑向唐"献马牛羊万"，并决定对唐"比年入朝"。

后来的事实证明，吐谷浑也确实做到了这一点。通过这几次和亲，东起长安向西经天水、兰州到达吐谷浑的通道被开辟了出来。

本文发表于2019年2月25日《北京日报·理论周刊》文史版，原题为《历史上还有另一条丝绸之路》，作者时任政协山东省委员会文化文史和学习委员会副主任

秦商：行走丝路的"商帮之首"

陈忠海

行走丝路：一直到唐朝之前，活跃在丝绸之路上的商人多以秦商为主

秦人善经商，根据《周易》的记述，在神农氏时期，即"日中为市，致天下之民，聚天下之货，交易而退，各得其所"，那时出现了最早的集市，主要集中在以今陕西岐山为中心的关陇一带。

西周建立后，正式确定位于今西安附近的丰镐为国都，《周礼》有"左祖右社，面朝后市"的记载，"市"成为城市建设中十分重要的部分。当时的丰镐集市已经较为繁荣，有"一日三市"的制度："大市，日昃而市，百族为主；朝市，朝时而市，商贾为主；夕市，夕时而市，贩夫贩妇为主。"

在秦朝"重农抑商"政策推出前，整个春秋战国时期都是商业比较发达的阶段，秦国的商业活动在列国中是较为突出的。《史记》记载："孝文、德、缪居雍，隙陇蜀之货物而多贾，献公徙栎邑，栎邑北却戎翟，东通三晋，亦多大贾。""雍"是现在的陕西凤翔，"栎邑"是现在的陕西临潼，在那里都居住着许多大商人。

秦朝虽然抑制商业的发展，但汉朝迅速取代了秦朝，之后着力发展关中地区的社会经济，从汉高祖到汉武帝，曾多次将其他地区的六国贵族后裔及"强豪富户"迁往关中，动辄"十余万口"。《史记》记载，这时的关中地区"五方杂厝，风俗不纯，其世家则好礼文，富人则商贾为利"，秦商的规模迅速壮大。

秦汉时期，关中是全国经济最发达的地区，秦商的商业活动也最为兴盛，丝绸之路又在这时开辟，极大地拓展了秦商的发展空间。这一时期，欧洲地中海贸易开始兴起，欧洲人对中国商品产生了规模化需求，尤其对丝绸的需求量最大，迫切需要一条能连接中国与欧洲的商路。公元前139年，汉武帝派张骞通西域，之后设置了河西四郡，又先后建立起四大"西域都护府"，将通往西方的交通、贸易都纳入国家管理之下，丝绸之路随之诞生。

一直到唐朝之前，由于得地理之便，活跃在丝绸之路上的商人多以秦商为主，对于他们从事商业活动的细节，史书中记载较少，但《史记》等书中仍记载了这些秦商的名字，比如长安的"诸田"，包括田啬、田兰等，还有韦家的栗氏、安陵的杜氏，他们个个身家"巨万"，茂陵商人袁广"家童八九百人"，杜陵商人张安世"家童七百人"，扶风商人士孙奋生意做大后到长安发展，家财多达一亿七千万钱。

到了唐代，丝绸之路继续得到发展，往来中国的外国商人增多，秦商与他们展开生意上的合作，共同促进了丝绸之路的繁荣。长安大唐西市的商人窦乂经营麻布鞋起家，后主营丝绸等出口货物，与胡商米亮等人结成生意伙伴，把丝绸生意做到了罗马，号称"窦家店"。长安的另一位丝绸商人邹凤炽，"其家巨富，曾见唐高宗请买终南山中树，愿每株树给绢一匹，自称树尽而绢不竭，从此富名遍传天下"。

商帮之首：从明朝初年到清朝晚期，整个南北布匹交易几乎被秦商垄断

得益于丝绸之路的开拓，秦商在汉唐时期掀起了第一次发展的高峰。宋元以后，海上丝绸之路兴起，秦商的优势有所丧失，但他们及时抓住朝廷对西北边地实行的一些特殊政策，掀起了新的发展高潮。

明朝建立后，将西北边患视为王朝最大威胁，为巩固边防，明朝在沿边各地设立了九座边镇，其中陕西布政司管辖四座，即榆林、宁夏、固原、甘肃四镇，下辖二十四个卫所，有"马步军一十四万四千九百九十一人，马八千三百七十一匹"，这些兵马一年消耗的粮食"数千百计"，消耗布匹"一百万余匹"。

为解决粮食、布匹供应难题，明朝洪武年间开始实行"开中法"，允许商人运粮到边镇，用粮食换取盐引。中国古代的食盐一般由国家垄断经营，盐引是取得食盐的凭证，因而具有价值的稳定性和稀缺性，有人将其视为古代的一种"特殊货币"。商人换到盐引后，可以凭此到两淮都转运盐使司所属的各盐场领取食盐，再到指定地区贩卖。根据运粮路程远近不同，换取同量盐引所需的粮食也不一样，按洪武年间的标准，一至

五石粮食可换取一小引，合二百斤食盐。

"开中法"于明朝初年确立，之后一直施行并不断完善，除粮食外，还规定可用布匹、马匹等换取盐引。秦商抓住这项政策，发挥自身道路方便、运费更省的地域优势，迅速介入，带动了粮食、布匹、食盐等物资的贸易。有了一定积累后，秦商的经营范围进一步扩大，主营物资又增加了茶叶等项，地域扩大到新疆、川藏等地区，在商业上形成了明显的区位优势，明人张瀚在《松窗梦语》中说，"西北贾多秦人"。

除了独特的地域优势，这一时期的秦商也有一定的创新精神。比如在布匹经营方面，过去的做法是，到江南产布中心通过当地的布商收买布匹，收齐后看布估价，之后交易拉走，秦商和织户都要受到当地布商的盘剥。为此，一部分秦商探索出了"驻中间、拴两头"的经营模式，把总号设在布匹产销两地的中间，一头拴着产地，在那里设立"座庄"，负责组织生产；一头拴着销售地，在那里设立"分庄"，负责销售。这种模式最大限度地降低了经营成本，又有效地防范了产销两个环节的风险，因而使秦商在布匹经营中独占鳌头，从明朝初年到清朝晚期，整个南北布匹交易几乎被秦商垄断。

秦商多由农业生产起家，大部分秦商经营规模较为有限，而长途贸易又是资本投入大、回报周期长的经营项目，为克服资本的不足，秦商也进行了积极探索，"合伙股份制"就是其中的一种模式。过去一般由财东出资金，称"东方"，掌柜只负责经营，称"西方"，创新后，掌柜可以作为人力投资从而占有一定股份，称"领东掌柜"，这种模式密切了所有权与经营权的关系，更加巩固了经营的基础。

明朝以后，各地商帮纷纷崛起，出现了所谓的"十大商帮"，其中以秦商、晋商、徽商实力最雄厚，并称为"三大商帮"。秦商一度是"三大商帮"之首，学者李刚在《解密秦商》一书中总结了秦商在中国商业史上创造出的多个"第一"：是中国历史上产生最早的商帮；开创了中国历史上第一条茶马古道——陕甘茶马古道；创造了中国历史上最早的以"日分"为主要形式的契约股份制；创造了中国最早的"歇家""锅桩"等民族贸易中介形式；创建了古代第一个商人会馆——社旗山陕会馆。

一直到清朝晚期，秦商仍活跃在南北商贸的旅途中，秦商培育出泾阳茯茶、兰州水烟、孟布、颍布、西口皮货、西口药材等，都具有广泛的知名度和美誉度。

近代衰落：秦商受客观条件的制约和自身的局限未能完成转型

对活跃在各地的秦商，不知何时人们给了他们一个"陕棒槌"的名号，意思是他们直来直去，在经商时不坑蒙拐骗，以诚信待人。

吃苦耐劳、重信守诺、重义轻利是秦人乃至秦商的优点，也是秦商从事经营活动的优势，但在秦商的身上也存在着一定的局限性。虽然他们善于把握商机并具有一定的探索精神，但在判断未来形势方面往往过于保守，眼界还不够宽阔。

在许多秦商身上还固守着"力农致富，以末致财，用本守之"的传统思想，他们理想的生活模式是"财东乡居"，所以经商致富后最喜欢做的是在家乡广置土地，有的还将财富换成金银后大量窖藏起来。陕西渭南的富商常家置办有八千亩土地，每年可收租一万多石，除此之外，家中还存有现银一百二十余万两。渭南的另一位富商赵家主要在四川做生意，赚了钱都兑成银两运回家乡，往往要人挑马驮、结队成行，"镖银的前半部分已经到家了，后半部分仍在渭河岸上"。陕西大荔的富商温家藏银竟多达千万两，堪比大清国户部银库。

与此同时，发家后的秦商往往会不惜巨资修建宅院，关中地区至今仍保存有旬邑唐家大院、大荔朝邑大院、韩城党家大院、长安郭家大院、泾阳县安吴大院、三原县孟店大院等明清私人宅院，由于宣传等方面的原因，它们的知名度还比不上山西乔家大院、王家大院，但规模、气势一点儿都不输给后者。

耿直是秦人的脾性，但又容易产生固执的一面，体现在商业经营上就是对传统方式的固守和对新事物反应的不敏感。在近代工业化变革中，许多秦商对机器化大生产持反对态度，据撰写于民国年间的《泾献文存》记载，泾阳商人吴蔚文就曾说过"谨守先业更广大之，然大要仍尊祖规"，他认为"所谓竞争，进者争以德，不争以力；争以才艺，不争于机械；凡以机械争者，皆足以退化，而非进化之道"，这些保守思想，无疑在当时的秦商中具有广泛代表性。

秦商的活动范围主要集中在西北、西南地区以及北方部分省市，这一点从对建在各地的"山陕会馆"的统计情况就可以看出。据统计，全国各地"山陕会馆"约二百九十二所，除北京、陕西外，四川、甘肃、新疆、河南等都是较多的地区，均有数十所，而广东只有两所，福建、浙江均只有一所，秦商在西部地区共建立会馆一百二十多所，几乎占到该地区会馆总数的一半。西部地区在近代经济一直较为落后，收入水平较低，这就决定了秦商始终只能以中低端生活日用品作为主要经营对象。

近代以来，商业模式发生了翻天覆地的变化，传统的商业集散中心模式逐渐让位于新兴的工业基地。晚清以后，秦商逐渐淡出了人们的视野，往昔的"商帮之首"已辉煌不再。

关于其衰落的原因，有人认为爆发于清朝后期的陕甘回民起义是关键，这场起义遍及西北各省，其中陕西是受影响最大的地区之一，起义前后持续了十多年，战乱中许多秦商几世积累的巨大财富毁于一旦，商业发展确实受到了一次重击。但在近代中国，战乱何止这一次？列强入侵，坚船利炮频频进逼，外扰不断、内忧频起，哪里都不是平静的乐土，秦商面临的外部困境是普遍性的。秦商的衰落还应该从内在找原因，时代巨变之下需要因势转型，秦商受客观条件的制约和自身的局限未能完成这场转型，这才是导致其逐渐衰落的主因。

本文发表于2017年12月18日《北京日报·理论周刊》文史版，
原题为《秦商：行走丝路的"商帮之首"留下的启示》，
作者为文史学者

粟特人：丝路上的贸易担当

荣新江

粟特是中国古书中记载的西域古国之一，亦为民族名称，活动范围在今中亚阿姆河与锡尔河之间的泽拉夫尚河流域。在两河流域，分布着大大小小若干绿洲，其中撒马尔罕和布哈拉最大，粟特人建立了康、安等一系列小国。一说他们的先民原居祁连山下昭武城（今甘肃张掖），后为匈奴人所破，被迫西迁至中亚，故称"昭武九姓"。

粟特人基本上活跃于中古汉唐时期，也是丝绸之路最发达的时期。

粟特人是丝绸之路上的贸易担当者，他们从小就跟着父母做生意，只要有利，再远的地方都要跑去做生意。中亚的阿姆河和锡尔河正是丝绸之路上东西南北的通道，是文明的十字路口，或者商业的十字路口。向南是印度，向北是游牧的匈奴、柔然、突厥这些王国，往东到中国，向西就是波斯、罗马。所以粟特何国有一个门楼，东面画中华皇帝，北面画突厥可汗，南面画印度国王，西面画拂菻（东罗马）王。他们的民族性也是这样，四海为家，是一个世界民族。比如安禄山、史思明这些人到了中国就变成中国人，粟特人到了突厥便是突厥人，到了北方的契丹便是契丹人，到了印度可能就是印度人。

有意思的是，一直在粟特地区做考古的法国中亚考古学家葛乐耐教授，多年来在粟特本土没有见过一张商人像。因为粟特人不把自己表现为商人，玄奘说，粟特人本来是商人，很有钱，但是平常穿得很一般。玄奘西行一路上就是搭着粟特商队走的，特别是他回程的时候，还被粟特商人选为商团的萨保，就是大商主（商队首领）。

在中国发现的粟特首领墓葬里，几乎都有商队的场面。北周凉州萨保史君墓石椁上有一幅线描图，最典型的有两个画面，上面是他们打猎，因为他们在路上必须要打猎来补给，另外弄一些商品；下面是一个商队，因为画面很小，不可能画那么多，便用三四个人来表现商队的构成。其实商队一般都要两三百人一起走的，我们在佛经里面知道五百商人遇盗图，虽然五百个商人也是多数，但是必须成群结队。近代那些探险队往外运古物的时候，仍然是结成很大的队伍过帕米尔高原的那些山口，否则就会被强盗干掉。

在敦煌壁画里就有《胡商遇盗图》，在《观世音经》里说遇到各种灾难要念观世音名号，其中有一个就是胡商在山林里遇到强盗怎么办。那就念观世音，中间就是抄自《观世音经》的榜题。几个胡商样子的人，前面那个年岁大的人就是萨保。佛经是印度的故事，但从龟兹一直到敦煌，所有的画家在墙壁上画的商人没有一个印度模样的人，因为他们没见过印度的商人。印度跟中国的贸易都是粟特人承担的，所以画出来的样子都是粟特人。

▲图为敦煌莫高窟第四十五窟《胡商遇盗图》（局部）。

　　粟特人作为丝绸之路上贸易交往的担当者，导致唐朝辉煌文化中有相当大的因素是来自粟特的背景。比如音乐、舞蹈，如果没有粟特人，我们现在的舞蹈就会像兵马俑一样呆板。粟特人到了中国之后，舞蹈全部转变了，九部乐主体上都变成了西方的音乐，变成了康国乐、安国乐、印度乐。粟特人将西方音乐舞蹈带来中国，所以安伽、史君这些人的墓葬图像里，看到大量的都是音乐舞蹈的画面。这些墓葬出土之后，中国的音乐史、乐器史、舞蹈史恐怕都要重写。

本文发表于2017年4月24日《北京日报·理论周刊》文史版，
原题为《粟特人：丝绸之路上贸易担当者》，
作者时任北京大学中国古代史研究中心教授

赵匡胤如何将海上丝绸之路推向鼎盛

吕文利

　　著名史学家陈寅恪曾说："华夏民族之文化，历数千载之演进，造极于赵宋之世。"在当时的世界范围内，随着指南针的发明、航海术的发展，宋朝的海上丝绸之路也进入了空前繁荣的时期，海上贸易量居世界前列，是当时最重要的海洋国家之一。要造就这样一个经济强国，除了要有马背上一统天下的魄力，更要具备除旧布新的精神。而宋太祖赵匡胤，就是这两种能力最好的诠释者。

　　大宋初建时，领土大概只有今天的河南、山东全部，陕西、江苏、湖北大部，山西、甘肃各一小部。经过赵匡胤南征北战，到976年，宋朝已将南方大体平定，为日后东南沿海的发展、海上丝绸之路的繁荣创造了稳定的环境。

　　除了平定南方、一统中原，赵匡胤在发展经济、促进海外贸易上也颇有建树。据说他刚登基不久，就有三佛齐国来朝贡。三佛齐国是东南亚的一个岛国，位于现在苏门

▲宋太祖（927—976年），即赵匡胤，宋朝的建立者，960—976年在位。图为清代拓本《历代君臣图鉴》所载宋太祖像。

答腊岛一带，唐代时就通过海路遣使向中原朝贡。来宋朝的三佛齐国使者所呈的贡物里有通天犀，是一种珍贵的犀牛角，上面有类似龙形的图案，"龙形腾上而尾少白"，左边一个字形，定睛一看是"宋"字。而当时三佛齐国并不知道新王朝国号为"宋"，赵匡胤认为这是天意，遂大喜，就将这个犀牛角做成了玉带，每逢郊庙之祭必系之。此后，宋朝与海外各国和地区的交流日益加深。

971年，宋军攻灭南汉后，赵匡胤就在广州设市舶司，这是宋朝设置的第一个市舶司，相当于现在的海关。市舶司主要负责收税，包括船舶往来、贸易交流之事，是宋王朝拓展海上丝绸之路和海洋贸易的重要窗口。

当时在市舶司贸易的商品，中国方面主要是丝绸和瓷器，外国商品主要有象牙、犀牛角、香料等，其中香料以乳香为最大宗。乳香是乳香树分泌的树脂，可用来制造香，寺庙和百姓需求最大，也可入中药，治疗耳聋、中风以及"妇人血气"等，主要产于大食（现中东一带）、印度、波斯等地。这些地区的土人用斧头砍伤树皮，使树脂流出，凝结成块，之后用大象运送至海边，再由大食商人装船运送到三佛齐国进行贸易，最后由三佛齐国等东南亚商人运送至宋王朝的沿海口岸。这条线路也是当时最具代表性的海上丝绸之路支线。

宋代皇帝一直注重海上丝绸之路的开发。在宋朝，与中国通商的国家和地区有五十多个，根据现代考古发现，在南亚、东南亚、欧洲和非洲都有宋代瓷器的出现。因此，人们又把当时的海上贸易线路称为"海上陶瓷之路"。

要想打造海洋大国，光开设"海关"是远远不够的。赵匡胤还非常重视科学技术的发展。他大力推行偃武修文政策，使知识分子的地位迅速提升；同时，他鼓励科技发明和创造，亲力亲为给天下做榜样。史书记载他非常关心造船事务，还亲自到造船的地方观看，查看炮车，观看水战，表明他很重视科技事务。

正是因为有皇帝对科学技术的高度重视，才使宋朝诞生了像把指南针应用于航海这样伟大的技术革新，这对当时的航海技术而言是一种飞跃式的进步。指南针应用于航海的技术发明不久就在丝绸之路上传播开来，造福于往来商旅，尤其是对海上丝绸之路上的水手们帮助极大。也正是在航海上的广泛应用，使指南针得到一次次改进，并促进了西方新航路的开辟，进而成为西方地理大发现的条件之一。

宋朝在中国历史上是一个四面环敌的朝代。在赵匡胤统治时期，北方有辽等强大政权，通过陆路去往中亚的丝绸之路被阻隔，因此他着力发展海上丝绸之路，重视文化科教，使航海术和造船术迅速发展，使国家经济达到了前所未有的高度。正因如此，宋代虽然始终危机四伏，却书写出了中国古代历史上灿烂的一页。

本文发表于2017年4月24日《北京日报·理论周刊》文史版，
原题为《赵匡胤与海上丝绸之路》，
作者时任中国社会科学院中国边疆研究所副研究员

郑和七下西洋与海上丝绸之路

万　明

百年来，在中西交通史、中外关系史研究中，形成了诸多专门研究领域，诸如"陆上丝绸之路""草原丝绸之路""海上丝绸之路""南方丝绸之路"（也称"西南丝绸之路"）等。实际上，丝绸之路早已超出了字面含义，成为后世对中国与西方所有来往通道的统称。不是一两条交通道路，而是四通八达、辐射广远的中国与世界各国之间的交通网络；不仅是丝绸西传，西物东来，而且沉淀了东西方文明相互交往几千年的历史轨迹；不仅是一个地理概念，而且已扩展为一种历史文化的象征符号，构建的是一个多元共生互动的中外文明开放系统，凸显了古代诸文明之交流对人类的巨大贡献。明代郑和七下印度洋，贯通了陆海丝绸之路，就是一个典型范例。

郑和七下印度洋对于海上丝绸之路上的文化共生具有重大意涵

15世纪初郑和七下西洋，中国人以史无前例的规模走向海洋，在亲历下西洋的马欢笔下，当时明朝人所认识的西洋具体指"那没黎洋"，即今天的印度洋。郑和七下印度洋，打造了古代陆海丝绸之路全面贯通的新局面，联通了亚非欧，为区域史走向全球化做了重要铺垫，对于海上丝绸之路上的文化共生具有重大意涵。

明朝永乐三年（1405年）至宣德八年（1433年）的二十八年间，郑和七下西洋，访问了当时印度洋周边三十多个国家和地区，对促进当时中国与印度洋周边各国的经济文化交流起了重大作用。六百多年来，中国与印度洋各国关系的佳话，流传不衰。

跟随郑和亲历下西洋的马欢，在《瀛涯胜览》中记述的是他亲自抵达诸国的宗教信仰情况。他身为通事，了解是比较全面的。

郑和《布施锡兰山佛寺碑》呈现的文化共生特性

通过古代海上丝绸之路，印度洋周边族群密切交往与迁徙移居，这一地区诸国呈现了多元文明的交汇和融合现象。郑和下西洋所到之处的人文环境，主要可分为两大类：一类是伊斯兰文明，另一类是印度文明。郑和七下印度洋，中华文明与印度文明、伊斯兰文明在海上丝绸之路上开始了历史上前所未有的大规模对话和交流。最好的历史见证，就是郑和在锡兰国（今斯里兰卡）所立迄今传世的有汉文、波斯文和泰米尔文三种文字的石碑，它反映了对多元文化的价值认同，使文化共生精神跃然其上。立碑时为永乐七年（1409年），是郑和第二次下西洋期间。最早记述郑和《布施锡兰山佛寺碑》的是曾随郑和两次下西洋的费信，费信在所著《星槎胜览》前集《锡兰山国》中，记述他于永乐八年（1410年）到锡兰山时见到此碑，记曰："永乐七年，皇上命正使太监郑和等赍捧诏敕、金银供器、彩妆、织金宝幡，布施于寺，及建石碑。"碑文印证了文化的多元共生是海上丝绸之路的特性之一。

宗教文化是印度洋文化的重要组成部分。宗教的影响上至国家政治生活，下至人们的意识形态、行为规范、日常生活，在其中都打下了深深的烙印。《布施锡兰山佛寺碑》目前存放在科伦坡的国家博物馆中。此碑是郑和代表明朝永乐皇帝对佛教、印度教、伊斯兰教三大航海保护神的尊崇和奉献。从航海文明背景来看，共同的航海保护神，是在

▲《星槎胜览》的作者费信曾随郑和下西洋，书中记载了郑和下西洋及出使海外诸国之事。

同一海洋背景和文化氛围中产生的文化共生现象。文化共生是古老的海上丝绸之路精神的产物。

此碑的三种碑文，所体现的内容大同小异，正是海上丝绸之路的文化共生实态；随此碑展现的，是明朝君臣对印度洋上所有神明恭敬有加的多元并蓄文化观。永乐皇帝与郑和的布施寺院与立碑，是真心诚意认同印度洋上这三位神明作为航海保护神，诚挚地敬奉，表明了明朝中国对印度洋文明的开放与包容心态，具有认同印度洋多元文明的广阔胸襟，并不是唯我独尊，只以中华文明为尊，而是一种平等开放的文化思想。与此

同时，也表达了明朝皇帝与使臣对信奉这些宗教神明的各民族的尊重和友好，绝不是今人揣测的所谓"外交智慧"。

海上丝绸之路上的文明相互兼容并蓄，摒除冲突，形成了新的文化共生合力

通过碑文，我们可以了解到海上丝绸之路上的文化交流态势。锡兰处于中国至印度、阿拉伯，乃至印度洋海上丝绸之路的必经之地，在这里汇聚了佛教和伊斯兰教，还有印度教。可以看到印度洋上各种文明的融合与共生，形成了海上丝绸之路特点鲜明的多元文化共生格局。

郑和七下印度洋，拓展了中外文明对话与发展的新空间，体现了海上丝绸之路上文化共生的特性，也充分表现出明朝对外关系的特质是包容和开放的；由此我们也可以了解到，15世纪在印度洋上，海上丝绸之路被极大地扩展，文化交流日益频繁，各种文明在印度洋相互交融、相互激荡，海上丝绸之路上各种文明的相遇、共生为各种文化相互汲取营养成分和信息交换提供了前提，也为航海发展提供了契机，文化共生的价值取向体现了各种文化的和谐发展，海上丝绸之路上的文明相互兼容并蓄，摒除冲突，形成了新的文化共生合力。

特别重要的是，印度、中国、伊斯兰文化圈交错重叠。文化共生——印度洋共同的航海保护神为中国航海船队护航，中华文明融入了海上丝绸之路多元文化共生格局之中，郑和下西洋，推动印度洋文明进入一个前所未有的繁荣时期，形成了中

华文明、印度文明、伊斯兰文明共同影响作用的多元复合文化，形成了一个命运共同体。更重要的是，中国航海文明吸收多元海洋文明的合理元素，经过交流、吸纳和融合、会通，成为自身航海文明的一部分。郑和《布施锡兰山佛寺碑》就是最好的证明之一。

总之，15世纪初印度洋海上丝绸之路上，呈现出多元、包容、和谐的文化氛围，具有鲜明的文化共生特性，这是西方东来之前印度洋海上丝绸之路发展的真实图景。

在全球化的今天，全球文明交流的广度、强度和速度都达到了前所未有的程度，重温15世纪初中国与锡兰以及印度洋周边国家之间的文化交流，特别是文化共生的历史，对于21世纪海上丝绸之路建设具有启示与借鉴意义。在中国"一带一路"的倡议下，印度洋多元文化共生格局的演进将有新的发展态势，在广度与深度上也都将进一步得到增强。

本文发表于2019年5月27日《北京日报·理论周刊》文史版，原题为《文化共生：海上丝绸之路的真实图景》，作者时任中国社会科学院历史研究所研究员

历经二百年的中俄茶叶贸易之路

刘再起

许多人都知道，中国和中亚、欧洲之间有一条古丝绸之路，它曾经是中西经济与文化交流的通道；却很少有人知道，从18世纪中叶到20世纪初，在我国的北方草原曾有一条纵深通向蒙古高原和西伯利亚腹地并且能直抵欧洲的驼道。那是一条已经被历史尘封湮没，几乎被世人遗忘的中俄茶叶贸易之路。这条"茶叶之路"繁荣了近二百年，是当时重要的国际商道。

因为茶叶贸易，昔日的边境小沙丘恰克图逐渐演变成"沙漠威尼斯"

中国是茶叶的原产国，早在16世纪，已有茶叶出口的历史。1654年，俄国公使巴伊科夫在北京住了半年多，清政府每天提供一定的普洱贡茶给俄国使团，巴伊科夫在同清政府北京贸易谈判中，购买了茶叶带回国。1674年，莫斯科已经有了中国茶在售卖。

1689年，中俄《尼布楚条约》签订，不但确认了两国东段的边界及其走向，也正式开启了两国间的商贸往来。1716年，俄国来华商队开始成交茶叶，此后，茶叶逐步成为俄国商队采购的重要商品。

1727 年，清政府与沙俄帝国签订《恰克图条约》，确定了两国在这一地区的边界线，更丰富了清王朝与俄国的贸易形式。从此，两国贸易局面一步步打开，从单纯的商队贸易逐步过渡到商队与边境互市贸易并存。

恰克图这个昔日的边境小沙丘，也由于贸易的发展，逐渐演变成大漠以北的商业"都会"，繁荣一时，被俄罗斯和欧洲的商人称为"西伯利亚汉堡"和"沙漠威尼斯"。造成这种繁荣的根本原因就是茶叶贸易。当时，茶叶是两个大国主要的进出口商品。中国茶叶输入俄国后，开始还只是俄国王公贵族、富商和文化名流的时尚饮品，到了 18 世纪末，茶叶就成了俄国西伯利亚人民的生活必需品，而且在俄土战争和俄法战争中，俄国军队还配备了中国茶叶。

从 19 世纪开始，清政府同俄国的茶叶贸易进入了辉煌时期，茶叶出口量逐渐超过棉布、丝织品而跃居第一位。1811 年，茶叶出口俄国达八万普特，1820 年超过十万普特，茶叶已占当时两国贸易额的 88%。1857 年，马克思在《俄国对华贸易》中说："在恰克图，中国方面提供的主要商品是茶叶。俄国人方面提供的是棉织品和皮毛。以前，在恰克图卖给俄国人的茶叶，平均每年不超过一百万箱，但在 1852 年却达到了一百七十五万箱，买卖货物的总价值达到一千五百万美元之巨……由于这种贸易的增长，位于俄国境内的恰克图就由一个普通的集市发展成为一个相当大的城市了。"输出到俄国的中国茶以砖茶为主，开始是云南的普洱茶砖。普洱茶砖是为适应茶马古道的马帮长途运输而生产的，主要销往俄国鞑靼地区和西伯利亚。俄国人将它与奶油、盐以及香料一起煮着吃。中国其他地方的茶叶，也是先制成茶砖，然后出口到俄国。

当时的茶叶经营者——晋商

砖茶均来自中国南方，而当时的茶叶经营者却是非产茶之省的晋商。这与山西的地理环境有关。山西地处中原农业地区与北方游牧民族地区的中间地带，据清咸丰《汾阳县志》载："晋省天寒地瘠，生物鲜少，人稠地狭，岁岁年入，不过秋麦谷豆。此外一切家常需要之物，皆从远省贩运而至。"在这种艰苦环境下，晋商以南北物资交流为主业，"贩运绸缎于杭州，贩茶糖于汉口，贩葛布于四川，贩棉布于直隶"，转而再将这些货物"售于新疆，内外蒙及俄罗斯等地"。他们历年长途贩运茶叶，与俄国商人合作，开拓出一条专门输送茶叶到俄国的国际商道。它南起闽赣鄂，经汉水晋中，北达蒙古、西伯利亚、莫斯科和圣彼得堡，以输出茶叶为主，故称中俄茶叶之路。

清咸丰年间，受太平天国战火影响，茶路一度中断数年。精明的晋商改为采运两湖茶，就地加工成茶砖，由陆水湖运至汉口集中，溯汉水（襄河）至樊城，然后舍舟登陆，改用畜驮车运，经河南唐河、社旗，从洛阳渡黄河，过晋城、长治、太原、大同至张家口，或从晋北的右玉杀虎口入内蒙古的归化（今呼和浩特），再由旅蒙晋商换作驼队，在荒原沙漠中跋涉一千多公里，至中俄边境口岸恰克图交易。俄商们再贩运至伊尔库茨克、乌拉尔、秋明，一直通向遥远的莫斯科和圣彼得堡。

中俄茶叶贸易，汉口被誉为"茶叶港"

汉口，在清代是江南大宗茶叶外贸的加工与集散地。中俄茶叶之路以汉口为起点，经恰克图到俄国和欧洲腹地。有"沙漠威尼斯"之称的恰克图与中国江南水乡的汉口，位置上一北一南，因为茶叶贸易的联系，它们成了一对姊妹城市。

由中国销往英国和俄国的茶叶，大量由汉口起运。1861年由汉口港出口的茶叶为八万担，1862年约为二十二万担，以后逐年增加。1871至1890年，每年出口达二百万担以上。这期间中国出口的茶叶，垄断了世界茶叶市场的86%，而由汉口输出的茶叶占国内茶叶出口的60%。穿梭往来的运茶船队不断进入汉口港，停泊茶船的码头超过十五公里。汉口因此被欧洲人誉为"茶叶港"。

1863至1873年，俄商在羊楼洞开设了顺丰、新泰、阜昌三个茶厂。为了与英商争夺茶源，俄商不仅以高出英国人几个百分点的价格收购茶叶，就地加工，再运至汉口的俄商洋行转口出售，甚至在1874年将三座茶厂搬迁到汉口，把顺丰茶厂设在英租界下首江滩边，新泰茶厂设在兰陵路口，阜昌茶厂设在南京路口。1893年，俄商又在上海路口设柏昌茶厂。顺丰茶厂还在江边辟有顺丰茶楼码头，这是武汉三镇第一座工厂专用码头。

在汉口英俄茶叶商战中，英商终于败北，撤离汉口茶市，转到印度和斯里兰卡去开辟印度红茶市场，俄国人垄断了汉口茶市。1905年，横贯西伯利亚的大铁路全线通车，羊楼洞及汉口的茶叶，绝大部分由火车输往俄国，往昔繁忙的由汉口至恰克图的茶叶商道衰落，成为历史的陈迹。1917年，俄国十月革命后，输俄茶叶贸易日趋衰落，在汉口的几家俄商茶厂相继关闭，长达两个世纪的中俄茶叶之路终于淡出历史舞台。

中俄茶叶之路的繁荣，是俄国经济的需要

中俄茶叶之路的繁荣，首先是经济的需要，尤其是俄国经济的需要。到17世纪，中国的砖茶在欧洲和俄国已经培养起一个稳定而庞大的消费群体。1764年，俄国人米勒在他所写的关于赴华使团的意见中说："茶在对华贸易中是必不可少的商品，因为我们已习惯了喝中国茶，很难戒掉。"在蒙古大草原和俄罗斯西伯利亚一带，那些以肉、奶为主食的游牧民族，由于长期食用中国普洱茶，以至于"宁可一日无食，不可一日无茶"。

俄国作家托尔斯泰的小说《战争与和平》，写到了俄国人喝中国普洱茶的情状。由于喝茶，"在俄国人这儿，早已形成一种单独的、不可或缺的需求"，而且恰克图的茶叶贸易主要是供应俄罗斯市场。一旦该地区贸易中断，中国不再提供茶叶，那些"居住在从恰克图到芬兰湾这广袤的土地上的大量需求茶

▲ 19世纪八九十年代恰克图交易市场鼎盛时期接收的堆积如山的茶叶等货物。

叶的（俄罗斯）居民"，便只能购买从西欧或北欧运来的茶叶，比如从英国运来的。西北欧诸国不产茶叶而只进行茶叶加工，价格非常昂贵。如果中断中俄的茶叶贸易，俄罗斯人会怨声载道。

不仅如此，恰克图贸易一旦关闭，一大批原来以这种贸易为生的商户、驼户、猎户和脚夫等社会各个阶层的人会纷纷陷入破产，给沙俄的社会稳定带来麻烦。恰克图贸易的中断，还会给俄方带来巨大的财政损失。据俄罗斯政府有关部门的估计，"由于取消了这种贸易，使俄罗斯国库每年损失了六十万卢布的税收收入。而当时在西伯利亚辖区内，私人资本流通额总计才不过三百万卢布"。所以，俄罗斯政府希望保持与清政府的正常贸易秩序，因为与中国的茶叶和其他商品贸易是"俄国获利最大的贸易，大概俄国人所从事的任何一种贸易都无法与之相比"。

政治需要促使两国恢复以中俄茶叶之路为主线的恰克图边境贸易

从清王朝这一方面讲，由于广大的西伯利亚、外兴安岭和阿拉斯加等地区被沙俄占领，减少了清王朝珍贵动物皮毛的收获，清王朝客观上也需要进口一些产于寒冷地带的珍贵毛皮。即便如此，清王朝对外贸易的积极性仍然不高。政治需要促使两国恢复以中俄茶叶之道为主线的恰克图边境贸易。当时，英、法、美等欧美列强千方百计地向中国市场进行渗透，从列强争夺中国市场的角度来看，俄国希望恢复传统的恰克图边境贸易，以重新控制中国的北方市场。特别是19世纪，沙俄出于同英国的竞争和对远东的争夺，不但积极加强同中国在北部边疆的贸易，而且积极修建大西伯利亚铁路，改善运输条件。

从中方来说，清王朝实行闭关锁国政策，无论是东南沿海，还是北部边疆，清王朝都严格限制对外贸易。16世纪以后，随着俄罗斯统一民族国家的形成和巩固，沙俄帝国不断加快对外扩张的步伐，在极不情愿的情况下，清王朝不得不与北方强大的邻国打交道。19世纪中叶以后，欧洲列强和日本加大了对中国的侵略力度，清王朝尽管一千个不愿意，但还是得恢复和保持中俄自中国中原腹地到恰克图的茶叶和其他商品贸易，以奉行"以夷制夷"的政策，企图依借沙俄来抵制英国、日本等帝国主义的入侵。而第二次鸦片战争后，清王朝被迫开放汉口等长江流域的口岸，客观上也促进了汉口—恰克图这条中俄古茶贸之道的发展。此外，晋商集团对发展中俄茶贸之道也发挥了积极作用。

中俄茶叶贸易之道，在历史的风风雨雨中持续了近二百年，为推动中俄经济贸易关系以及对我国内地的种茶业、茶叶加工业和运输业的发展做出了积极的贡献，它有力地促进了我国中原地区和俄国西伯利亚地区社会经济的发展，加深了中华文明与俄罗斯文明的交流。这条曾繁荣一时的文化与商贸之道，虽然已在20世纪初淡出历史舞台，但它是我国中原文明与欧洲文明的一条重要的交通线和融汇点。

本文发表于2016年3月14日《北京日报·理论周刊》文史版，
原题为《中俄茶叶之路：繁荣了200年的国际商道》，
作者时任武汉大学俄罗斯乌克兰研究所所长

林则徐流放路上的丝路日记

王晓秋

古代西北陆上丝绸之路，自西汉张骞出使西域，开辟了中国通往中亚、西亚的交通路线之后，逐渐成为中国与西方通商贸易和交往的主干道。至明清时期，由于航海与造船技术的进步，特别是东西方新航路的开辟，海运更为便捷安全，东西方交通贸易逐渐转变为以海路为主。因此有清一代，西北陆上丝绸之路已经丧失中西交通主干道地位，加上受自然条件变迁、战乱频繁以及中国政治商贸中心东移的影响和政府管理不善、基础建设落后等原因而日趋衰败没落。但是，它毕竟仍是内地与西北陕甘、新疆地区交通的必经之路。那么，清代西北丝绸之路的真实面貌究竟如何呢？当时人对此鲜有记载，更少有人专门去实地考察，然而道光二十二年（1842年），林则徐在流放新疆途中所写的日记，却正好为后人留下了翔实、具体、生动的记录。

清代中叶，西北丝绸之路旧道，是京师经陕甘到新疆的官道。清政府在官道上设置军台、驿站，并配备一定数量的驻守官兵、马匹、车辆和食宿等必需物资，主要供递送军情命令、奏报，接应往来官员、差役，以及押送军流人犯、遣送获罪官员所用。

　　林则徐在鸦片战争前期，领导广东军民进行反对英国鸦片贸易和武装侵略的英勇斗争，为维护国家主权和民族尊严立下了卓越功勋。可是却遭到投降派的诬蔑陷害，道光帝竟斥责林则徐禁烟抗英"办理不善""别生事端"，以至"糜饷劳师"，而将其撤职查办。1841年6月28日更下旨将他"从重治罪"，流放新疆伊犁。道光二十二年七月初六（1842年8月11日），林则徐从西安出发，踏上前往新疆伊犁的漫长戍途，同时也开始了对西北丝绸之路长达四个月的实地体验与考察。

　　根据《大清会典》等资料，自京师至新疆伊犁的官道，计程有五千多公里，途经一百五十五个驿站。而林则徐从西安出发，经陕甘河西走廊和新疆天山南北路，至1842年12月10日抵达流放地伊犁，约有四千公里路程，途经一百余个驿站。这期间总共在西北丝绸之路旧道上跋涉了四个多月即一百二十五天之久。林则徐每天都写日记（称《壬寅日记》或《荷戈纪程》），详细记录了每日行程和路线以及路况、路途环境与见闻。

　　当时西北官道上使用的交通工具仍是以马、牛、骆驼等畜力运输为主。林则徐从西安出发时，由三子聪彝与四子拱枢陪同，雇用了七辆马车，随

▲林则徐的《荷戈纪程》，亦称《壬寅日记》。

带行李除日用品外，还有许多书籍和写字用的宣纸等物。他中途换过两次车，到甘肃凉州换雇七辆大车直至乌鲁木齐。但由于路况不好颠簸厉害，在肃州把车轮换了长辀，"左右车轮离车箱一尺"，才减轻了颠簸。到乌鲁木齐后，又另雇赴伊犁车辆，"共大车五辆，飞车即太平车一辆，轿车二辆"。

当时的路况、气候、环境和食宿条件不佳，旅途艰苦。刚出西安不久到乾州就遇到"大雨如注""旅馆积水成渠，滚入床下""墙屋多圮，不能成寐"。在赴泾州途中"忽起西北大风，余轿中玻璃破一片，凉甚"。出平凉城后，"一路涧水汹涌"，车夫、纤夫叫苦连天。过永昌、山丹一带，小石满路，风雨大作，"须臾雨变为雪，寒冷异常""毫无可避风雪之处"。出甘州城"涉河十余道"，水深有至马腹者。经高台盐池驿，道路"多深沙，又系上坡，马力几竭"，当地人称为戈壁。出了嘉峪关，"一望皆沙漠，无水草树木"。进入新疆，过星星峡，"向为宿站，而无旅馆，仅大小两店，皆甚肮脏，借隔邻上屋吃饭，夜在车宿"。日记中常有不得不"夜宿车中"的记载。出哈密，"皆碎沙石路，车甚颠波"。路上积雪，辙迹不辨，高低不平，"峡路蜿蜒欲迷者屡矣"。过奇台后，"是日天暖，雪融成泥，路滑多水"。至阜康后，路更难走，融雪泥泞，"已费马力，且路多坎窝，车每陷入"。只要一辆车陷入，后面的车也只得停行，而且车辆常发生折轴脱辐事故，各种艰难，"不一而足，殊累人也"。快到伊犁时，经历了途中最惊险的一幕。林则徐一行驱车过塔尔奇山，"约二里许至其巅，而狂风大作，几欲吹飞人马，雪又缤纷，扑入车内。欲停车则山巅非驻足之所，欲下岭则陡坡有覆辙之虞"。面对如此险境，林则徐只得舍车而徒步，牵着儿子之手"连袂而下"，直到步行二里多，坡不太陡时才又上车。

尽管路途历尽艰辛，仍有不少乐观风趣的文字。如写当时的兰州黄河浮桥，"计二十四舟，系以铁索，后有集古草巨缍联之，车马通行，此天下黄河之所无也"。经平番县十里苦水驿，"沿途皆极荒陋，将至驿则山树皆绿，始有生趣"。"自入高台境内，田土腴润，涧泉流处皆有土木小桥，树林葱蔚，颇似南中野景。其地向产大米，兼多种秋，顷已刈获，颇为丰稔"，好似河西走廊上的塞外江南。经过安西马连井，林则徐尚有雅兴下车捡石头，"见东南一带山石多白色，旷野乱石亦往往白如明矾，检数拳，颇可玩"。甚至还带儿子去看淘金，"晚饭后与两儿同往作坊观之，乃知精金固由千磨百炼尽力淘汰而后成也"。到新疆哈密，他除了考证其历史，还赞美"今其地土润泉甘，田多树密，可谓乐土"。在塔西河，他记载清代在新疆移民遣犯屯田之事。"此地民居甚盛，闽中漳泉人在此耕种者有数百家，皆遣犯子嗣，近来闽粤发遣之人亦多分配于此。"至精河军台又见"此地安插遣犯约二百余名，皆令种地及各营中服役，闽粤人尤居其半"。经过离伊犁不远的塔尔奇山下果子沟时，林则徐对该处景色赞不绝口，他写道，"今值冬令，浓碧嫣红，不可得见，而沿山松树，重叠千层，不可计数。雪后山白松苍，天然画景，且山径幽折，泉流清冷，二十余里中步步引人入胜，若夏秋过此，诚不仅作山阴道上观也"，反映了林则徐宽阔豁达的心态和对祖国大好河山的热爱。更可贵的是他虽然人在戍途，身处逆境，历尽艰难困苦，仍不忘国家安危和民生冷暖，表现了一位民族英雄不计个人祸福荣辱、爱国爱民的高尚情操。

本文发表于2018年6月25日《北京日报·理论周刊》文史版，

原题为《〈壬寅日记〉清代西北丝绸之路实录》，

作者时任北京大学历史学系教授

丝绸之路的三大动力源

冯天瑜

丝绸之路是人类经济文化交流史上规模空前宏伟、持续时间最久远的大动脉。它反映出中华先民虽眷恋故土，但一旦获得推动力量，便激发出域外探险的志向和英勇无畏的远行精神。中华先民探幽致远的力量，包括军事外交的"凿空西域"、商业诉求、传道弘法。

消弭军事威胁，谋求和平

自西汉开始，中原人便把玉门关（今甘肃敦煌西）、阳关（今敦煌西南）以西的地带统称"西域"。凿空西域，即打破中国西北方向的障壁，开通到达西域的孔道。逾越长达万里的艰险绝域，须有强大的社会力量驱动。反观悠悠古史，由中原到中亚、西亚陆路的凿通，得力于军事外交的驱动。

祈望四海一家，化被天下，是中国人早在先秦时即已形成的一种诉求。而秦汉大一统帝国的建立，形成"御胡"与"拓疆"战略，至汉武帝时，"勤远略"得以大规模实施，汉民族的活动空间从黄河—长江流域扩展到中亚广袤的草原、沙漠和雪山之间。

鉴于汉朝前期匈奴屡屡入犯塞内，对黄河中游农耕区造成破坏，甚至出现势逼长安的危局，汉武帝即位便用王恢计，诱匈奴入马邑，欲一举歼灭，却功败垂成。以后，武帝任大将军卫青、骠骑将军霍去病多次出塞，大破胡骑，奠定了对匈奴的军事优势。宣帝时又"大发十五万骑，五将军分道出"，与乌孙夹击匈奴于天山之北。此后，匈奴统治集团内部攻杀、分裂，南匈奴臣属汉朝。东汉时，汉匈战端再起，车骑将军窦宪率汉军大破北匈奴，追至燕然山，匈奴西迁，长达三百年的汉匈战争告终，中原农耕文明得到一段安宁。汉朝的文明光辉，与西方的罗马文明相映照，使东亚文明与中亚、西亚、欧洲文明出现陆路交会的可能，这不仅在中华开放史，而且在世界文化交流史上都具有空前的意义。

促进贸易交流，繁荣经济

然若深论之，这条中西通道的开辟，商业之力更在军事外交的先头。

早在张骞西行之前千百年，沿河西走廊、天山南北路的贸易通道早已存在，中原丝织品西传甚早，先秦典籍《穆天子传》载，周穆王赠西王母"锦组百纯"，"锦组"即带花纹的丝织品，此为丝绸西传的最早记述。公元前4世纪的印度著作中就有关于中国丝绸的记载；公元前3世纪，希腊、罗马称中国西部为"赛里斯国"，即"丝国"，可见其时中国丝绸已沿着中亚、西亚陆路运至印度、欧洲。不过，西汉以前从中原到西域一线，只有断续、零星的民间商贸活动，自西汉开始则进为持续、成规模的官民并行的物资人员交流。

隋唐之际，西北商道进一步繁荣。唐代经营西域，规模超过汉代，在伊州、西州、庭州设立州县；在碎叶、龟兹、疏勒、于阗设立四镇，丝绸之路更形畅达，中原人西行者愈多。唐代西行最远者，不是朝廷使节，而是对大食（阿拉伯）作战被俘的杜环。杜环是史学大家、《通典》作者杜佑的族人。杜环于唐天宝十年（751年）随西安节度使高仙芝与大食战于怛逻斯（今哈萨克斯坦江布尔），军败，被俘往亚俱罗（今伊拉克巴格达南库法），行迹达波斯、苫国（叙利亚），于宝应元年（762年）附商船回广州，作《经行记》，书佚，杜佑《通典》卷一九三《边防典》摘引数段，其关于西亚各国社会生活、伊斯兰教信仰的记述真实可信，如言及大食，"女子出门，必拥蔽其面，无问贵贱。一日五时礼天。食肉作斋，以杀生为功德……又有礼堂容数万人。每七日，王出礼拜，登高坐为众说法"。文中还录下唐朝被俘流落大食的金银匠、画匠、绫绢织工、造纸匠的姓名，是中国工艺西传的直接记载，尤其难能可贵。

融通中外文化，传道弘法

宗教作为人们对"终极关怀"不倦追求的产物，往往使信徒产生一种排除万难的精神力量，勇于孤行独往、百折不回地求经、传道，从而成为艰险而悲壮的丝绸之路上的一支异军。如东晋僧人法显"慨律藏残缺""至天竺寻求戒律"，其行迹的遥远连"汉之张骞、甘英皆不至"。略言之，有以下几类宗教信徒往还于丝路。

一是外域佛徒沿丝路来华传教。原籍天竺（印度）、生于龟兹国（今新疆库车）的佛教高僧鸠摩罗什，沿丝绸之路长途跋涉至长安传经，与真谛、玄奘并称中国佛教三大翻译家。南天竺人菩提达摩从南印度沿海上丝绸之路，航行至广州，北上洛阳，后住嵩山少林寺，创立禅宗。鸠摩罗什和菩提达摩是外域佛徒沿丝路来华传法的两位著名代表。二是中土佛徒西天取经。中国佛教徒不满足于域外带来的佛学经典，而亲往印度求经的不在少数，卓越者前有东晋法显，后有唐代玄奘。三是中土佛徒异域传道。如果说法显和玄奘的主要功绩是"西方求法"，那么鉴真则是"异域传道"的卓越典范。这些高僧凭着顽强意志和超常毅力，历尽艰难险阻，方完成文化传入或文化传出的伟业，确乎是人类交流史上的奇葩，令人景仰。

丝绸之路不仅是历史的遗迹，它从苍茫的古史走来，正延展为活生生的现代交通大动脉，联系着亚欧大陆东西两端诸文明。

本文发表于2017年4月24日《北京日报·理论周刊》文史版，原题为《壮哉，穿越苍茫古史的丝绸之路——"丝绸之路"的三大动力源》，作者时任武汉大学历史学院教授

第四章

远播

西域·西洋·西方

欧阳哲生

"西方"在中国历史地理学上是一个含混不确定的名称，它与历史上的中西交通密切相连，这一名称经历了一个漫长的变迁、演变过程。要理解中国人的"西方"观念，先要从中国历史上的两个地域名称说起，即汉唐时期的"西域"和宋元明时期的"西洋"。探讨历史上从"西域""西洋"到"西方"的名称转换过程，可以看出中国人的"西方"观念之变迁。

"西域"初义是汉人对西部的指称

中原通西域始自汉武帝建元二年（公元前139年）张骞出使西域。司马迁所作《史记·大宛列传》详记张骞出使事迹，文中出现了"西域"一词："是岁汉遣骠骑破匈奴西域数万人，至祁连山。"在《史记·卫将军骠骑列传》中有"匈奴西域王"之称，也使用了该词。可见，"西域"之名在汉武帝时期已使用，其所指并不明确，将"匈奴西域"并联在一起，说明西域为匈奴之地或匈奴统辖之区域。

对"西域"一名的范围明确做出界定的是《汉书·西域传》。从语义上说，"西域"初义应指西部化外之城，这应是汉人对西部的指称，《汉书·西域传》实际所涉范围要较此更大。

现今论者一般认为，"西域"有广狭二义：广义的"西域"，泛指玉门关、阳关以西的广大地区；狭义的"西域"主要指塔里木盆地及其周围地区。《汉书·西域传》实际介绍的是广义的"西域"。

随着中西交通范围的拓展，东汉的"西域"范围也随之增大，由于东罗马帝国与东汉通使，欧洲开始进入中国的文献记载。《后汉书·西

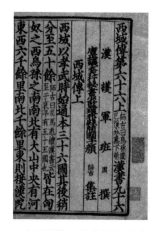

▲对"西域"一名的范围明确做出界定的是《汉书·西域传》。图为《汉书·西域传》书影。

域传》称："西域内属诸国，东西六千余里，南北千余里，东极玉门、阳关，西至葱岭。其东、北与匈奴、乌孙相接。南北有大山，中央有河。其南山东出金城，与汉南山属焉。"所载范围包括大秦（东罗马帝国）、天竺（印度）、安息（波斯）等国，可见当时"西域"范围之广。具体而言，将意大利半岛和地中海东岸、北岸也包括在内了。这是两汉魏晋南北朝正史《西域传》所描述的"西域"中范围最大的，以后各史《西域传》实际描述的范围再也没有越出此传。当时中原与西域交通的情形与西汉相比似无大改，这些路线实际上就是当时的丝绸之路，故西域也是与丝绸之路紧密相连的一个历史地理概念。

有关魏晋南北朝正史著作，如《魏书》《南史》《北史》《新唐书》均设《西域传》，多取西域之广义。而《魏略》《晋书》《梁书》及后来的《旧唐书》则改设《西戎传》，其所述范

围涵盖此前的西域，唐朝与西域的交通较此前更为发达，中原与西域的关系自然更为密切。随着与中亚、西亚、欧洲的交通日益增多，中国对这一带地区诸国情形的了解越来越清晰。

《宋史》未再列《西域传》，而在卷四百九十列传第二百四十九《外国六》之下列"天竺""于阗""高昌""回鹘""大食"等诸条。可见，宋朝失去了对西域的控制。《元史》亦未再设《西域传》或者《外国传》。《明史》中《西域传》所涉范围大致只是狭义上的"西域"。而在《西域传》之前设有《外国传》，显示出明朝与西域微妙而复杂的关系，既不同于"外国"，又与内地有别，但"西域"作为中西交通的特殊区域或必经之地已失去原有的意义和价值。

"西洋"的名称是伴随中西海路交通兴起的产物

"西洋"这一名称的出现相对较晚。如果说，"西域"一词与中西陆路交通紧密相连，那么，"西洋"的名称则是伴随中西海路交通兴起的产物。从"西域"到"西洋"，体现了中西交通由陆路转向海路的飞跃。"西洋"的名称可能最早见于五代。将西洋作为一个区域来整体看待，并将这种称谓固定下来，被人们广泛地接受、采纳和统一应用，经历了一个历史过程。这一过程的开端在元代，而它的完成在明初下西洋的时代。

不过，明代虽使用"西洋"之名，其所指范围并非限定于欧洲，甚至不含欧洲，而是指东南亚、西亚、东非或印度洋周围国家。郑和下西洋中的"西洋"即是指其所经这些地区。"西洋"由原来的泛指东南亚、西亚、东非一带，逐渐转向专指欧洲，这也许最能反映明末以后中西交通的实际。"西海"则常见于来华西人撰译的各种书籍署名中，这里的"西海"即为大西洋，当时，人们对"洋"与"海"之区别并不甚在意或了解，故"西洋"与"西海"混用是常见的事。

"西方"在晚清以后与"西方中心主义"有某种关联

晚清以降，"西方"的地理范围由欧洲扩展到美洲、澳洲，"西方"成为基督教文化圈的代名词，并被赋予地理以外其他方面的内涵。"二战"后，世界出现所谓东西方冷战，这里的"西方"则是指以美国为首的资本主义阵营，它是一个意识形态共同体的指称，以苏联为首的东欧社会主义国家被排除在"西方"以外。

从历史上看，古代西方文明主要是指古代希腊、古代罗马所涵盖的区域，它与东方文明国家相对应，主要是一个地理概念。在近现代，随着西方国家意识形态色彩的加重，西方学者认为："西方文明首先可以近似定义为法治国家、民主、精神自由、理性批判、科学和以私有制为基础的自由经济。"它显然带有排斥非"西方"文化或文明的意味。在这种背景下，当西方学者使用"西方"这一名称时，就不仅是一个地理指称，可能还带有某种程度的文化优越感，它与"西方中心主义"有着某种关联。

中西交通伸向哪里，"西方"的意涵就指向哪里

梳理中国人的西方观念，从汉唐时期的"西域"到宋元明时期的"西洋"，再到明末清初以后的"西方""泰西"，可以看出中国人的"西方"观念之演变是与中西交通密切相连的，中西交通伸向哪里，"西方"的意涵就指向哪里，"西方"可以说是一个流动不居的历史地理概念。

"西方"这一名称往往表现的是一种异域，即为华夏文明之外的化外之域或非我族类的文化。从文明程度来看，"西方"文明经历了一个从异域文明到强势文明的演变过程，在这一演进过程中，它既受到了中国文化的排拒，又常常通过交流、融会，为华夏文明所吸收。近代欧美的崛起，亦即"西方"的崛起，与华夏文明形成新的对峙，也是中国最重要的参照系。

在西方文明的强大冲击下，中国传统的价值体系和社会——文明结构逐渐解体，中华民族以其顽强的生命力和深厚的文化底蕴，谋求建设一种适合自我生存的新文明，中国在与西方的冲突、交流、融合中开始艰难的社会转型和步入现代化的历程。

本文发表于2018年9月10日《北京日报·理论周刊》文史版，
原题为《"西方"：一个逐渐清晰的观念》，
作者时任北京大学历史学系教授、博士生导师

西方文化视野中的北京形象

吕　超

　　古都北京以其宏大的气魄和多元的文化格局而著称于世，是外国文献中出现频率最高的中国城市之一，在某种程度上代表了外国人眼中的异域中国形象。历史上来京的旅行家、传教士、商人、外交官、军人、记者、作家等，从各个角度介绍了中华帝京的历史文化和风土人情。外国人观察北京的角度和方法与国人有异，"他者"的文化定位和思维习惯塑造出了古都北京的独特形象。

"帝王之城"：尘世可以想见的最繁华地方

　　西方游记最早提及北京的是意大利人马可·波罗。1275年马可·波罗到上都（开平府），而后在中国游历达十七年之久。在其口述、鲁斯梯谦笔录的《游记》（约1299年）中，"东方帝都"第一次以"汗八里"（意为帝王之城）的名称出现在欧洲游记中。

　　旅行家马可·波罗赞叹新建成的北京："街道甚直，此端可见彼端，盖其布置，使此门可由街道远望彼门也……全城中划地为方形，划线整齐。全城地面规划犹如棋盘。其美善之极，未可言宣。"这点明了汗八里设计规划的一大特色，它与欧洲城市街道多以河流走向而弯曲，以教堂、皇宫为中心向外形成放射状大相径庭。

此外，马可·波罗还叙述了汗八里经济的繁盛，称其为"尘世可以想见的最繁华地方"。作为中国最大的"国际都会"："有各地来往之外国人，或来入贡方物，或来售货宫中。所以城内外皆有华屋巨屋，而数众之显贵邸舍，尚未计焉。"汗八里作为"商业繁盛之城"，"外国巨价异物，百物之输入此城者，世界诸城无能与比"。

从马可·波罗开始，汗八里作为繁华的"世界都市之都"，给西方人留下了很深的印象。他们不仅羡慕"大汗"这位王者之王，称他为天下最强大的君主，更向往其梦幻般的帝苑奢华，把这个遥远、缥缈的帝都想象成一座"黄金城"。

《马可·波罗游记》问世后虽广为流传，但当时的西人并不完全相信书中对"东方帝都"的描述，这也为后世的游记作家提供了更多发挥的空间。

1322年，意大利方济会修士鄂多立克来华。他在北京居留三年，回国后口述了《东游记》（1330年），此书证实并补充了马可·波罗的叙述。因其从南亚进入中国，鄂多立克称北京为大都，是一座"高贵的城市"。鄂多立克称大汗的宫殿"悉全世界之最美者……其内有二十四根金柱；墙上均悬挂着红色皮革，据称系世上最佳者"。从游记叙述中，我们不难体会其浓重的世俗情怀，这和理应恪守方济会托钵僧艰苦生活的修士风格明显相悖。这在一定程度上体现着帝都文化对西人强大的影响和同化作用。

对帝都的梦幻般想象：布满黄金珍石，香飘四溢

中世纪晚期西方视野中的汗八里，是一个不可思议的城市。一些旅行者带回的真实信息，受到读者的怀疑，而一些符合基督教传统与英雄传奇的虚构故事，却被当作事实广为流传。《鄂多立克东游记》和《曼德维尔游记》（约1350年）便是鲜明的对比。我们今天可以看到的手抄本《马可·波罗游记》有一百四十余种，《鄂多立克东游记》有七十余种，而《曼德维尔游记》却达三百余种。

《曼德维尔游记》的作者没有到过中国，书中关于帝都的描写，多从鄂多立克的游记中脱胎出来，只是更加离奇，赞叹之情也更为强烈：世界上最强大的君主，以及他那布满黄金珍石、香飘四溢的雄伟宫殿。因其虚构，这部浸润基督教教义和骑士精神的散文小说，才能更真切地反映西人集体无意识中的帝都想象。

曼德维尔有着一种将素材梦幻化的本领，他成功地将西方关于东方帝都的零碎传说整合成型。如鄂多立克告诉人们：大汉宫廷的变戏法者如何让金杯盛满酒在空中飞行，并使之自行到达赴宴者嘴边，曼德维尔认为这尚不足以激动人心，转而引入了能够把白昼变成黑夜、把黑夜变成白昼的巫师，他们还能创造出娇媚的少女翩翩起舞、英武的骑士厮杀比武。在描写帝都内的宫殿和园林时，曼德维尔大量使用兽皮、黄金、钻石、

珍珠、美酒、水晶、玛瑙等物品来装饰渲染，几乎要穷尽一切华丽辞藻来刻画帝苑奢华。或许正是这童话般的幻想强烈地刺激着西人的神经，撩起了他们的浪漫幻想，满足了他们心理上对权势、财富、珍宝的贪恋与艳羡。因此，尽管曼德维尔的游记经不起推敲，但时人仍视之为奇文，为之洛阳纸贵，其深层的人性欲望是不言自明的。因此，在充满奇迹的故事中，东方帝都的真实形象并不重要，重要的是它如何演变为神话与传说，如何作为"他者"体现中世纪晚期欧洲文化中的世俗欲望。

"天城"镜像：物品充沛，人口繁多

随着元帝国的崩溃，中亚帖木儿帝国对中西交通的阻隔，西人对中国的了解停顿了近两个世纪。新航路开辟后，葡萄牙和西班牙的探险者和传教士最先来到中国。通过海路来到中国的欧洲人在消化和丰富中世纪传统的同时，逐渐塑造出一个地理意义上的"天城"镜像。

据笔者资料所及，第一个向欧洲人传播"东方帝都"新消息的是葡萄牙人托梅·皮雷斯。1517年，他以葡萄牙第一位赴华使节的身份出使中国，先至广州。1520年，进京朝觐明武宗。皮雷斯编著的《东方诸国记》（1515年）是地理大发现之后，欧洲人第一本详尽描述东方（包括中国）的著作。因《东方诸国记》成书在出使北京之前，所以皮雷斯有关东方帝都的叙述依然属于传说范畴："城中居民、贵族众多，骏马触目皆是，不可胜数。"当描写紫禁城内的皇帝时，他更是没有脱离中世纪的

幻想模式:"使臣们觐见皇帝时,只能隔着一道帷幕窥视皇帝那模糊不清的身影……如果使臣们献给皇帝的礼物值一千,那么皇帝就会加倍地赐还。"皮雷斯笔下的皇帝不仅保存着"大汗"的威严,更浸染着神秘的"禁城"色彩。

除使团成员外,当时来华的西人只能在广州沿海居住和贸易。因此,在他们的游记中,经常表现出对"天城"的向往之情,希冀一睹传说中的帝都风采,毕竟过去梦幻般的叙述深深影响着他们。在这一时期,葡萄牙人费尔南·门德斯·平托曾到北京游历。他的《游记》在当时的影响堪比塞万提斯的《堂吉诃德》,迄今译本已达一百七十多种,人们更多地把它看成是一部融真实与想象于一体的小说。平托认为"无论从规模、文明程度、富裕水平和财富来看,还是从其他值得提及的各个方面来讲,北京城都堪称世界都市之都"。在结尾,他总结道:"我们不能把北京想象成是罗马、威尼斯、巴黎、伦敦、塞维利亚、里斯本,或是欧洲众多名城中的任何一个……然而我敢断言,所有这些城市都无法与大北京最细微的东西相比,更难与北京各方面的宏大规模与气势相提并论,诸如雄伟壮观的建筑,用之不竭的财富,极其充沛的各种必需品,难以计数的人口、交易、船只、司法情况,国家的治理,宫廷的平稳等。"众所周知,乌托邦最大的特点之一是健全而人性化的司法制度。平托虽是作为因犯从南京押解到北京的,但他依然赞美北京完美的社会保障制度和严明的司法制度,这证明"天城"在其心目中的乌托邦色彩是何等浓重。

耶稣会士眼中的"希望之城"：老城和新城的街道都挤满了人

尽管北京严格管制西方人的活动，但作为东方大国的首都，它始终吸引着大批传教士的进入。从17世纪初到18世纪，欧洲人所知北京的情况，主要来自意大利、比利时、德国、法国的耶稣会士报告。许多学者型的耶稣会士不仅通晓汉语，也熟悉中国传统习俗，并赢得了中国皇帝和官员的信任。由于国家在修历、造炮、外交和为皇室服务方面的需要，作为中华帝国政治、文化中心和最高统治者皇帝居住地的北京，成为西方传教士施展其各方面才华的最佳场所。入紫禁城心脏的耶稣会士向欧洲发回了大量书信和报告，这些书信不仅作为耶稣会的内部通讯，还要对其他修会以及广大世俗社会公布。它逐渐揭开了罩在"东方帝都"上的神秘面纱。此时，历史文化精神和道德秩序逐渐渗入帝都形象，作为圣哲文化与贤明统治的重要代表，它开始扮演西方精英文化中的城市理想，很多人甚至认为中华帝国京都的管理可以作为欧洲城市管理的范型。

意大利人利玛窦是第一位到达北京的耶稣会士。虽然他传播给欧洲的并不全是对帝都的赞誉，譬如他认为："北京城的规模、城中房屋的规划、公共建筑的结构及城防沟垒，都远逊于南京。"但这并不影响后来耶稣会士给予北京愈来愈多的赞誉之词。

在耶稣会士的笔下，西方人终于得以看到北京较清晰的面貌。其中，描写最为详细的当数1668年葡萄牙传教士安文思出版的《中国新史》。安文思于1648年入京，一住二十九年。该书用五个章节介绍"北京之宏伟"。北京的内城被称作"满人城"，外城被称作"汉人城"，在内城之内还有皇城和紫禁城。紫禁城内是皇宫，其体量之大俨然是一座城市，红墙黄顶，气度非凡，置身其中便自觉渺小。"老城和新城的街道都挤满了人，大街小巷、边远角落和中心地方都一样。到处都是人群，除欧洲的市集和游行外简直没有可以与之相比的。"

西方使团的另一种贬抑之辞：北京根本无法媲美巴黎、罗马、里斯本

在整个18世纪，一直回响着对中国批判的少数派声音，主要针对中国的专制、奴役、封闭与停滞。作为首都的北京，自然也出现了不少贬抑之辞。

最早的荷兰使团就曾对北京的某些方面留下了不良印象。1655年，荷兰东印度公司派特使约翰·纽霍夫前往北京谒见清朝顺治皇帝，试图叩开中华帝国的贸易大门，然而这次历时两年的旅途最终却功亏一篑。1665年，纽霍夫在阿姆斯特丹出版了一本附有一百多幅插图的游记——《从荷兰东印度公司派往鞑靼国谒见中国皇帝的外交使团》，此书在当时流传广泛，影响极大。插图中的北京城壮丽宛如仙境。在盛赞之后，他也毫不留情地批判北京糟糕的饮食：在礼部的招待宴会上，肉看起来又黑又脏，让人忍不住怀疑到底是什么东西。有些官员压根儿没有餐具或盘子，而是直接就着他们面前的菜盘吃。更有甚

者，一位高级官员还问荷兰使节是否想将剩菜打包带回，当得到否定的答复后，翻译立刻将使节桌上的残羹冷炙包卷一空带回家，"在此过程中散发出一股令人闻之欲呕的可怕气味"。整体而言，北京根本无法媲美巴黎、罗马、里斯本，气候更是令人难以忍受，特别是遇到坏天气，而北京的风沙更是个历史问题。

18世纪英国作家丹尼尔·笛福对北京进行了肆无忌惮的攻击，在《鲁宾孙漂流续记》里，鲁宾孙来到了中国。作者花很少的笔墨来描写主人公在北京的行踪，只用简单的几句话就打发了："我不知道这地方有任何事情会叫我高兴或难过，一点也不会""这个城市与欧洲开明城市比较而言，搞得很糟"。过去的西方旅行家来到北京，无不赞叹"北京的城墙远比欧洲城市的城墙雄伟"，可在鲁宾孙眼中，这种建筑没有任何用处，就连长城也只不过是一座大而无当的建筑：用两个连的坑道兵就能在十天内弄垮这城墙；或者彻底把它炸飞，连痕迹也不留。笛福之所以将北京甚至中国贬抑至此，原因是多方面的：他作为一个信奉英国国教者，肯定不愿意相信天主教耶稣会士对中国的赞美，故反其道而行之；同时，笛福及其笔下的鲁宾孙代表了资产阶级上升时期那种旺盛而自信的精神，这决定了其不屑欣赏古远而与英国资产阶级眼下利益无关的东西。这一变化也预示着一个世纪以后，欧洲文化中心论的日益泛滥。

"东方巴比伦"：远没有未到之前想象的那么美好

从19世纪开始，北京在西方成了贬值的东方偶像，鄙夷与批评之声纷至沓来。造成这种变化的，主要不是北京的现实，而是西方文化精神与中西贸易、政治、军事关系方面的变故。耶稣会士因"礼仪之争"在北京遭受迫害，他们不再一味颂扬那片"宁静和谐、公正有序的王道乐土"，责难之声不绝于耳，北京从此失去了它在欧洲最有力的赞美者；在中国做买卖不顺利的欧洲商人充满怨恨的报告，也逐渐改变了北京的形象；北京的衰落对比欧洲城市文明的进步，他们有着一种前所未有的优越感。促成重大反差的导火索便是马戛尔尼使团访华。这支由四百多人组成的庞大使团，整整耗费两年时间（1792—1794年）却无功而返。作为大英帝国的子民，他们虽然承认"整个北京约比现在扩建的伦敦大三分之一"，但"假如一个中国人观光了英国的首都之后做一个公正的判断，他将会认为，无论从商店、桥梁、广场和公共建筑的规模还是国家财富的象征来比较，大不列颠的首都伦敦都是超过北京的""除了皇宫以外，远没有未到之前想象的那么美好"。由此可见，北京在西方人心目中的地位已经开始滑坡，大不如以前了。

清政府"天朝上国"的自大心态，引发了包括跪见礼仪在内的一系列冲突，英国使团最后被冷眼相待，甚至到了被驱逐的边缘。在北京居留期间，马戛尔尼一行人深受冬季寒冷的折磨。"北京到了严冬季节，日间温度永远在零度以下，夜间一般是零下二十几度。"几个使团成员因不适应气候而病倒。再加上外交上的失败，他们自嘲道："我们如同乞丐一般地进入北京，如同囚犯一般地居住在那里，如同贼寇一般地离开那里。"

鸦片战争以后，描写北京的作品大量涌现。西方对北京的态度由喜好到厌恶，由崇敬到诋毁，由好奇到蔑视。较为公允的批判性评价可以通过《泰晤士报》驻京二十多年（1897—1918年）的记者莫理循的报道中读到："北京是座'充满神奇而又破烂肮脏的城市'。城墙拱卫着的城池内是红墙黄瓦的皇城。皇城里又有红墙围着的紫禁城。紫禁城里亭台楼阁错落有致，美不胜收，其中最重要的是中南海。任何人未经批准擅自通过紫禁城的任何一道门，要受鞭刑一百下；误闯任何一座宫殿，都要被处绞刑。北京城的城墙有雉堞状的胸墙，是欧洲人散步的好场所，因为你可以远离狭窄街道的尘土。北京城里除使馆区外，到处都没有卫生设施。街道都没铺路面，走起路来尘土飞扬，烂泥没到踝部。"莫理循曾居住在王府井大街路西一所四合院里，由于他的名气，这条著名的商业街曾一度被称作"莫理循大街"。他对北京的评价是比较中肯的。

"天堂之城"：北京的房屋精致得无以形容

20世纪前半期的北京似乎成了外国人的"天堂之城"，一大批西方人带着怀旧和猎奇心态对这段时期的北京大写特写。有趣的是，此时的帝都形象与中国的政治时局异常疏离。在风雨飘摇的清末，以及后来走马灯似的军阀混战中，西方文化中的北京形象却体现着"世外隐士"的韵味。

作为1928年以前中国政府的"首善之地"，北京成了一个典型的公使馆游乐场。西方使节生活在与整个北京城"格格不入"的"外交官的山中城堡"（使馆区）中，过着与外界隔绝的生活。此时的西方作家异常留恋北京这座美丽的古都。其中一些人，已经培养出对北京历史文化某些方面的兴趣，后来还成为优秀的中国学家。此时来北京的还有收藏家、漫游作家、新闻工作者等，他们中大多数人对军阀接二连三的移进迁出漠不关心，其思绪激荡在历史古迹（庙宇、城墙、宫殿等）和艺术品中。在北京的西人以不同的方式享受着北京生活中特有的东方魅力。

此时对北京的盛赞是主流趋势，如美国作家C.P.菲茨杰拉尔德的长篇小说《中国的涨潮》中，一位住在北京的法国老侨民认为"世界上只有两个城市：巴黎和北京"。关于北京的城市环境，两位著名的英国作家有着亲身体验。英国作家迪金森曾于1913年来访北京。6月8日，留居北京的迪金森给E.M.福斯特写信说：北京虽然比较脏，"到处是泥塘水泊，即使乘人力车也是不可能的"，但"北京的房屋精致得无以形容""环游北京，真仿佛置身于意大利一般"。1919年，英国作家毛姆来中国游历了四个月，途经北京等地，陆续发表一系列涉及中国的作品，如戏剧《苏伊士之东》、散文集《在中国屏风上》等。毛姆来中国最想寻觅的是帝都昔日的荣光，而全然不顾当时中国军阀割据、民不聊生的现实。他笔下的北京是神秘的地方，百姓优雅，风度翩翩，一条商店鳞次栉比的狭窄街道："许多木雕铺面都有它们精美的格状结构，金碧辉煌。那些精刻细镂的雕花，呈现出一种特有的衰落的豪华。"

最能体现西方人对北京建筑文化迷恋的著作当数瑞典学者奥斯伍尔德·喜仁龙的《北京的城墙和城门》（1924年）。它将北京的城墙和城门作为历史文本来解读，极力去诠释那些灌注在砖石中的中国文化思想："当你渐渐熟悉这座大城市以后，就会觉得这些城墙是最动人心魄的古迹——幅员广阔，沉稳雄劲，有一种高屋建瓴、睥睨四邻的气派。"

古城北京对西方作家的感召力甚至一直持续到第二次世界大战期间。1944年，瑞士德语作家弗里施发表小说《彬或北京之旅》，表现了希望来北京生活的主题，其中"抽象的我留在了欧洲，具体的我则到了北京"。北京在此处"成了战时人们向往和平安宁的象征"。作品中对蓝色的渲染，如"蓝色的幸福""蓝色的水手""浅蓝色的清凉"等，更增加了北京浪漫而又略带忧伤的神秘色彩。这种神秘早在20世纪初西方作家对帝都的描摹中便已开始出现，半个世纪后，北京仍然是欧洲人心中那个美好、神秘、未被西方文明侵蚀过的原始天堂，在那里，可以找

▶英国马戛尔尼使团画家威廉·亚历山大所画北京西直门等，包括瓮城和护城河等。从该图可以看出，清代的北京仍然是一个水源比较充沛的城市，护城河上还能看见舟楫往返。

回纯洁和谐的自我。而这也正是作家让"彬"——那个"具体之我"到北京旅行的真正动机。

东方帝都的形象变幻，是西方人内心空间的隐喻

每一座城市都会提供颇具深意的多维度空间，为诸色"读者"提供多角度诠释的机会。总之，在不同时代观念背景下，东方帝都形象是西方文化在世界观念视域下认同或否定自我而构筑的"文化他者"。在马可·波罗时代，汗八里被视为人间的黄金天堂，中世纪晚期的世俗欲望在大汗的财富中得到传奇般映现。新航路的开辟带来了东方帝都的新消息，中华帝国的神话托起了更具神秘色彩的"天城"。此后，一批批基督徒为了把上帝的福音传播到这个"希望之城"，进行了持久而不懈的努力。各种类型的文本在西方塑造出一个贤君圣城的典范。然而当启蒙大潮退去，许多叙述却暗含着猎奇和殖民的讽刺意味，晚清的京师已经沦为西方人眼中的"东方巴比伦"，并逐渐退化成黑暗东方的堕落中心。清朝灭亡后，北京依然保存着梦幻般的古都余韵。因世界大战而迷惘的西方精英人士纷纷来到这里，试图寻求失落的精神家园。与此相呼应，此时文本中的北京则成为西方作家内心空间的隐喻。

本文发表于2014年6月16日《北京日报·理论周刊》文史版，
原题为《西方文化视野中的北京形象》，
作者时任天津师范大学副教授

中华文化是怎样影响日韩的

王晓秋

近些年来，日本和韩国有些人提出了所谓的"去中国影响化"，即要把中国的影响去掉，企图否认中华文化对东亚地区所产生的影响。比如，日本有学者说，日本的文化跟中国没关系，日本是"海洋文化"，中国是"大陆文化"，甚至有学者为了证明日本的历史古老而不惜弄虚作假。韩国也有一些学者提出了"黄河文明的祖先实际上是韩民族"等观点。这种倾向值得我们注意，我们有必要在尊重历史事实的基础上，把历史上中华文化是如何影响日本、韩国等东亚国家这个问题弄清楚。

历史上中华文化向朝鲜半岛、日本列岛传播有四个主要途径

事实上，古代东亚之所以能创造出高度的农业文明，与中华文化的传播和影响是分不开的。从区位上说，中国、日本、韩国等同属"东亚文化圈"，又可以叫作"汉字文化圈"或"儒学文化圈"，有的人更通俗地叫作"筷子文化圈"。那么，中华文化是如何传播、辐射到朝鲜半岛和日本列岛，促进这些国家社会文化的发展，并且共同创造辉煌的东亚文明呢？

从历史上看，中华文化向朝鲜半岛、日本列岛的传播，主

要有四种途径和方式。

第一种途径是移民。在古代，中国和朝鲜半岛交通很方便，到日本列岛可以通过朝鲜半岛渡海或沿着东海过去。所以，中国的移民在很早的时候就到达了朝鲜半岛和日本列岛。传说公元前11世纪，就是周武王的时候，箕子带了很多人到朝鲜去。秦汉的时候，为了躲避战乱，有更多的中国人逃到朝鲜。汉初的时候，卫满率领他的族人到朝鲜自立为王。中国人移民到日本也很早。中国人到了朝鲜以后，通过两条路到日本，一条是通过朝鲜海峡对马岛，另一条是沿着所谓的日本海环流路，到达日本的北陆地区、本州的北部。在2、3世纪的秦汉之际，有一批中国人移民到日本，其中象征性的代表人物就是大家熟悉的徐福。徐福骗了秦始皇，带了三千童男童女和中国的工具、种子等出海东渡。"徐福东渡"是司马迁的《史记》中最早记载的。但司马迁没有明确说徐福到了日本，后来中日两国民间传说都把徐福描述成中国上古向日本移民的代表人物。当时的日本社会从以采集为主的"绳文时代"进化到以农耕为主的"弥生时代"，这个发展跟中国的大批移民带去先进的生产技术有关系，这一点日本学者也承认。此后，中国去日本的移民一直没有断，魏晋南北朝、隋唐、明清都有，比如明末有名的思想家朱舜水和隐元和尚，等等。

第二种途径是遣使。1世纪到7世纪，朝鲜半岛处于三国时代，三个国家一个叫高句丽，一个叫百济，一个叫新罗。这三个国家都跟中国有遣使往来。唐代初年，百济派了二十多次使节到唐朝，新罗派了三十多次，同时唐朝也派了九次使节到新罗。日本遣使也很早，倭奴国早在1世纪的时候，就向当时的东汉王朝派遣使节，后来倭五王时代也向中国遣使进贡。特别是到了日本的奈良平安时代，开始派遣大型的使节团即遣隋使、遣唐使到当时中国的隋朝和唐朝，全面学习中国的经济、文化、制度、艺术等，推动了日本社会的进步。日本历史上的第一次改革"大化改新"，就是在这种学习的基础上进行的。明朝的时候，日本还派过遣明使，朝鲜在李朝时代的初年也向明朝派遣使节，据统计有三百多次，到了清朝，李朝派遣的使节有五百多次，大量吸收中华文化。

第三种途径是留学。早在隋唐时期，就有不少日本、朝鲜留学生来中国。还有一种是留学僧，即留学的和尚，比较有名的留学生有阿倍仲麻吕。唐朝的时候，国子监里的新罗留学生有二百多人，有些人还考中了中国的进士，在唐朝做官。宋代、元代、明代来中国更多的是日本的僧人，他们被称为入宋僧、入元僧和入明僧。

第四种途径是贸易。朝鲜对中国主要是朝贡贸易。日本对中国，在宋、元时期主要是民间贸易，明代是勘合贸易，到了清代是信牌贸易。

中华文化中对日本、韩国影响最大、最深远的是文字和儒学

中华文化向东亚地区传播的内容是丰富多彩的，比如生产

技术、生产工具、文字、制度、法律、经济、思想、宗教、文学、艺术，一直到社会习俗等，有些影响直到今天都还存在。其中影响最大、最深远的是文字和儒学。

大约1世纪时，汉字传到了朝鲜半岛。4、5世纪时成为朝鲜的书面文字，直到19世纪末。朝鲜李朝的档案叫《李朝实录》，完全是用汉字写的。"二战"以后，朝鲜首先于1949年停用汉字，韩国于1970年也停止用汉字。但是，现在很多韩国学者又提出要恢复汉字，他们认为停用汉字是一个很不明智的做法，影响了文化的发展。

汉字大概是在3、4世纪传到日本的。根据日本史书的记载，最初是一个叫王仁的博士，到朝鲜当五经博士，讲授儒学，在朝鲜又应日本官方的邀请，到日本去传授儒学。他为日本带去了《论语》《千字文》等书籍。日本东京的上野公园还专门立了一块碑，叫作"王仁博士碑"，上面介绍了他怎样把《论语》等书籍带到日本。此后，汉字也成为日本官方的书面文字。甚至到了8、9世纪日本发明假名后，公文中大部分还是汉字，是假名和汉字混用。直到现在，日本的文字中还是既有假名又有汉字，还有很多西方的外来语。现在日文里面还有一千九百四十五个常用汉字，他们的中小学生必须要学会，否则就看不了日文。古代东亚三国共同使用汉字，为三国之间在外交、贸易，以及文化交流、人际交往、感情沟通等方面创造了一个极为有利的条件。

中国的儒家思想早在1世纪就传入了朝鲜半岛，当时有些朝鲜人已经能够背诵《诗经》。到3、4世纪的时候，朝鲜半岛的高句丽已经建立了儒学的最高学府——太学。百济设立了五经博士，专门讲儒学。7世纪时，新罗国也开设了国学，学习儒学。到了12世纪，高丽王朝还设立了经筵制度，专门讲授儒学。到了李氏朝鲜，也专门设立一个机构——成均馆，讲授儒学。后来成均馆变成一所大学，叫成均馆大学。这所学校是世界上唯一有儒学院的大学，该儒学院不但教授儒学经典，还教授儒家的礼仪，包括祭祀的仪式、舞蹈等。

日本是在3、4世纪的时候，由王仁博士带去儒家的经典《论语》。后来派往中国的遣隋使、遣唐使、留学生更是带回了大量的儒家经典。到了17世纪，日本的江户时代，中国儒家的朱子学，就是朱熹的理学，已经成为日本的官学，日本民间盛行的是阳明学。儒家思想也深刻影响到朝鲜和日本的政治、经济、文化、社会、宗教以及伦理道德、价值观念、行为准则等各个方面，所以它成为"东亚文化圈"的一个重要特征。

朝鲜、日本在吸收和借鉴中华文化的过程中也有改造和创新

历史上，朝鲜和日本在吸收和借鉴中华文化的过程中，也有改造、创新和发展，我们不能认为它们完全是模仿、照搬中国的文化。比如日本，吸收了唐朝的大量文化，当时称为"唐风文化"。但是后来经过他们的融合、改造，逐渐形成了"国风文化"，就是具有日本本国民族特色的文化。朝鲜古代虽然

使用汉字，但是后来为了使一般的民众、官员能够按朝鲜语来阅读，所以在7世纪的时候，新罗的薛聪就仿照汉字的结构，创造了一种韩文，叫作"谚文"。15世纪，朝鲜李朝的世宗大王，命令官员用汉字的笔画创造了一种表音文字，当时称为"正音字"，就是今天的韩文。

8、9世纪，日本在汉字的基础上创造了假名，作为日本的字母来拼写日语。日语里的假名有两种：一种假名是简化了汉字楷书的偏旁、部首制造的，叫片假名，现在大部分用来记载外来语；更常用的是简化了汉字的草书而形成的，叫平假名，平假名是现在日语里最常用的文字。所以，现在的日语就是由假名、汉字，再加上西方的外来语混合而成的一种文字。日本人在吸收了汉字的很多词汇以后，又创造了很多有新含义的汉字。例如，"干部""主义""哲学""社会"等新名词，这些词是明治维新以后日本人在向西方学习的过程中创造的，中国的留日学生又把这些汉字吸收到中国来，成为汉语中的新名词，所以应该说中日的文化是互相交流的。

日本历史上在学习中国的制度、礼俗时，有两样东西没有学：一个是宦官制度，另一个是缠足的礼俗。因为这两样是陋习，所以他们没有学这些，这是明智的。日本还对学习到的东西加以改造，推陈出新，有些方面甚至青出于蓝而胜于蓝。中国的儒学传到日本后，逐渐被日本化了，他们把儒学与日本固有的神道结合起来，神儒调和，还把儒学跟佛教结合起来，儒佛调和。朝鲜也有很多儒家的学者对儒学进行了发展，比如朝鲜学者李退溪对儒学的研究很深，被称为朝鲜的"朱子"。

再如，中国的饮茶、书法、插花、武术等传到日本后，被改造成一种独特的"道"的文化和艺能，日本人称为"道文化"，如喝茶变成"茶道"，书法成为"书道"，插花变成"花道"，剑术变成"剑道"，射箭变成"弓道"，武术变成"柔道"，这是日本人的一种发展。还有中国的一些工艺，比如中国的扇子、刀箭、漆器、陶器、瓷器等传到日本和朝鲜以后，也得到推陈出新。例如，中国的扇子原来主要是圆的团扇，后来日本和朝鲜把它改造成折扇，可以折叠起来，而且扇面上可以有各种画，这种扇子后来又传回中国。所以，我们可以看到"东亚文化圈"的共性，使得中、日、韩三国人民更容易沟通、交流。这也是东亚各国应该发扬和利用的一种传统文化遗产。

本文发表于2010年11月15日《北京日报·理论周刊》文史版，
原题为《中华文化是怎样影响日本、韩国的》，
作者时任北京大学历史学系教授

徐福东渡：是历史还是传说

汪高鑫

"徐福东渡"是一个反映古代中日交往的古老传说，其中夹杂着历史真实与合乎逻辑的推理。这里，笔者以中日有关文献为依据，对此做些考辨。

古代历史文献中关于徐福东渡的记载

关于徐福东渡的最初记载，便是司马迁的《史记》。《史记》的《秦始皇本纪》记载了秦始皇二十八年（公元前219年）徐福上书，请求入海求仙之事，从中我们可以得到这样几个信息：徐福是秦始皇时期齐地人，他曾经得到秦始皇的允许，率领数千童男童女到海中三神山去求仙人。类似的记载还有多处。《史记》被历代史家奉为信史，司马迁三番五次地提到徐福入海之事，我们有足够的理由相信此事的真实性。

关于徐福东渡，从古代历史文献中可以归纳出以下几种说法。

徐福滞留亶洲说。三国时期的吴国，因为濒海的缘故，与此前以内陆地区为中心的政权相比，更加重视开拓海上交通。根据史书记载，吴国的船队已经远抵夷洲、亶洲（一作澶洲）一带。《三国志·吴书·孙权传》在黄龙二年（230年）的记事中，不但记载了吴国派遣将军卫温、诸葛直率领甲士万人，浮海求夷洲及亶洲的情况，还延续了徐福入海的故事传说——徐福率领童男童女数千人入海，至亶洲不还。《三国志》关于徐福入海传说的记载，第一次提到了徐福滞留不归的地方是亶洲。亶洲在何处？根据《三国志》的这一记载，当与夷洲属同一方向，都在中国东南外海中，并且相距也不会太

▲《三国志》关于徐福入海传说的记载，第一次提到了徐福滞留不归的地方是亶洲。图为陈寿所著《三国志》书影。

远。夷洲，即是台湾，而亶洲，有人认为就是今天的日本，与倭国是一地两名。

值得注意的是，《后汉书》在其《倭传》中还增补了一些情况——徐福滞留亶洲后，"世世相承，有数万家"；亶洲与会稽、东冶有往来，亶洲徐福的后代时常到浙江会稽来，会稽、东冶的人也时常有入海遭风流移到亶洲去的。

徐福滞留日本说。《释氏六帖》为中国五代后周时济州开元寺缁徒义楚所撰，故又名《义楚六帖》。该书在卷二十一"国城州市部"中有一段话，明确指出徐福入海，滞留的地点就是日本国，也叫倭国，并说倭国"人物一如长安"，东北有一座山，名叫富士山，徐福称它为蓬莱山。后代至今还自称是秦人。这是迄今为止明确指出徐福入海滞留地是日本的最早的中国文献。

不过，《释氏六帖》关于徐福滞留日本的说法，其中虽有

义楚本人对历代关于徐福传说的理解，主要还是来自他的好友、日本醍醐时代僧人宽辅的说法。

徐福赍书东渡日本说。随着中日两国交往的日益频繁，以及徐福传说的不断流传，到了宋代，关于徐福入海到日本的说法已经很普遍，开始成为文人们诗词文章的内容。与此同时，关于徐福入海的传说，也被赋予了更多的情节，徐福赍书东渡日本说便是一个具体事例。此事记载于宋代文豪欧阳修的《日本刀歌》中："传闻其国居大岛，土壤肥沃风俗好。其先徐福诈秦民，采药淹留丱童老。百工五种与之居，至今玩器皆精巧。前朝贡献屡往来，士人往往工辞藻。徐福行时书未焚，逸书百篇今尚存。令严不许传中国，举世无人识古文。"

欧阳修在《日本刀歌》中，不但再次明确肯定了徐福东渡的滞留地是日本，而且还第一次将徐福东渡的传说与秦始皇焚书事件联系起来，认为正是徐福在秦始皇焚书之前赍书东渡，才使日本保存了中国失佚的《尚书》百篇。

欧阳修的"赍书说"，也许是当时已经流行的一种传说，也许是欧阳修的一种主观想象，现在我们对此都不得而知。不过这个说法，后来在日本却产生了很大影响。如1339年日本南朝重臣北畠亲房所著的《神皇正统记》，就将《日本刀歌》所记"徐福赍书东渡日本说"当作信史加以记载，并且认为由于秦始皇的焚书坑儒，"孔子全经惟存日本矣"。近年来，有位名叫铃木贞一的学者，通过潜心研究《宫下文书》（据说是中国先秦典籍），甚至统计出徐福当年携带到日本的书籍共有儒家经书一千八百五十卷、其他典籍一千八百卷，认为这大致囊括了当时中国所有的重要典籍。

总之，从中国古文献的记载来看，徐福东渡大致经历了从《史记》的"入海说"，到《三国志》与《后汉书》的"滞留亶洲说"，再到义楚《释氏六帖》的"滞留日本说"，最后衍生出宋欧阳修的"赍书说"。于是，一个系统的徐福传说就这样形成了。

日本关于徐福传说的记载更为具体

日本文献对徐福传说的记载比较晚。8世纪成书的日本史书《古事记》和《日本书纪》，记载了早期秦民东渡日本和移民的一些情况，却没有记载徐福的传说。也许是8世纪以前的中国文献还没有明确提出徐福"渡日说"，虽然《三国志》和《后汉书》都指出亶洲和倭国的方位都在"会稽、东冶之东"，但毕竟没有明确说亶洲就是倭国。一般认为，日本最早记载徐福传说的文献，就是上文提到的著于1339年的北畠亲房的《神皇正统记》。从这以后，关于徐福渡日的传说便在日本流传起来，收录徐福传说的书籍也逐渐多了起来。

在日本的徐福传说中，人们给予徐福高度评价。在他们看来，徐福率领童男童女来到日本，还有随行的百工，并且带来了五谷种子和先进的生产农具、生产技术以及医术药物，对日本社会的发展做出了重要贡献。正因此，日本人民尊称徐福为"司农耕神""司药神"。

与中国关于徐福的传说有一个重要不同，那就是日本人确信徐福是从日本的纪州熊野的新宫（今和歌山县新宫市）登陆的。至今新宫市还有徐福墓和徐福祠（现称徐福神社），那么徐福墓和徐福祠究竟是什么时候建的呢？有学者认为最晚当在14世纪70年代以前，因为在1368年日本僧人绝海中津来到明朝，后来他觐见明太祖朱元璋时，曾赋诗说："熊野峰前徐福祠"，说明此前日本熊野已有徐福祠了，有祠自然也该有墓。

解读徐福传说离不开秦民东渡的大背景

徐福东渡是一个历经两千年之久的历史传说，至今仍然有其生命力。一个具有如此漫长历史和生命力的传说，可信度自然较高，是不能被简单否定的。

第一，徐福入海，为有信史美誉的《史记》最早记载，后来的《三国志》和《后汉书》也同样将此事当作信史加以记录，只是更加明确地提出了徐福的滞留地就是会稽、东冶海外的亶洲。以上三书与《汉书》合称为中国古代正史的"前四史"，代表了中国古代纪传体史书的最高成就，因此，我们没有理由对徐福入海之事产生怀疑。

第二，关于徐福入海最终到达与滞留的地方究竟是否为日本，《史记》的记载只是说"在渤海中"，似乎离陆地不远，却又"莫能至"，确实没有透露与日本相关的信息。但是，结合《三国志》的《吴书·孙权传》《魏书·倭人传》和《后汉书·东夷列传》来看，它们所提到的"徐福滞留亶洲说"，以及亶洲的方位与倭国的方位都是在中国会稽、东冶以东海外。从逻辑上推论，亶洲当属倭国或倭国的一部分。

第三，徐福东渡日本，以当时的条件是否具有可能性？我认为，徐福东渡是一次想法成熟、准备精心的行动，他对于寻求到蓬莱的可能性究竟有多大、渡海的成功系数又有多少等问题一定是有考虑的。如果此事危险太大，成功渺茫，他只是为了躲避秦朝苛政，尽可以想想别的办法，不必冒着可能是九死一生的危险。首先，徐福为秦琅琊郡人氏，相传为今江苏赣榆县金乡徐福村人，靠近沿海地区，熟悉海事。其次，徐福入海是得到秦始皇许可和支持的，他的一切行事，尽可以假天子之令，这为他入海之事提供了很大的方便。再次，春秋战国时期先民们的渡海行为，多少也会为秦民东渡提供一些经验教训。最后，也是最为重要的，那就是两千多年前的古代东海与黄海，由于大陆漂移的缘故，并没有今天这样宽阔。尽管当时的造船技术还很落后，但渡过并不十分宽阔的东海或黄海，还是有相当可能性的。

第四，我们还应该将徐福东渡日本的传说，放置在秦民东渡这样一个大背景中去考察，这有助于我们增加对这个传说蕴含的真实性的认识。日本学者神田秀夫的《日本的中国文化》一书，已经注意到了中国古代难民东渡问题。据他考察，早在中国春秋末年和战国时期，随着越王勾践灭吴和楚威王灭越事件的发生，就有大量难民乘船东渡。虽然当时的航海技术和造船技术都很落后，但在这些难民中，已经有一部分人到达了日本的九州。由于秦朝的苛政和秦末战乱，从而掀起了一次大规模的移民浪潮，即所谓的"秦民走海东""秦民东渡"。史载，秦末大起义时，从秦、燕、齐地避难朝鲜的秦民竟多达数万人。由此我们完全有理由相信，当时秦民入海到日本避难的，也一定为数不少。日本典籍如《古事记》《日本书纪》《新撰姓氏录》和《古语拾遗》等，都对当时的秦民东渡以及一些移民情况作了记载。从这个角度来讲，徐福东渡日本，只是这股难民东渡潮中的一个典型事例罢了。

本文发表于2012年6月11日《北京日报·理论周刊》文史版，
原题为《"徐福东渡"考辨》，
作者当时任职于北京师范大学历史学院史学研究所

《职贡图》：古人眼中的世界

葛兆光

"职贡图"用大白话讲，就是"看外国人"

所谓"职贡图"，指的是我国处于封建社会时，外国及中国境内的少数民族上层向中国皇帝进贡的纪实图画。这个"职贡图"用大白话讲，就是"看外国人"。在世界还没有沟通得那样顺畅的情况下，"看外国人"是一件很有趣的事儿。一般民众当然是好奇、紧张；知识分子是为了掌握知识、了解世界，所以，后来会发展出人种学、民族志这样的东西。最喜欢看外国人的还有统治者，古代中国非常古老的书里就说，"击石拊石，百兽率舞"，各国诸侯来朝拜，天子看有这么多匍匐在脚下、为我所笼罩的异邦，心里会很快活。传说中，大禹在会稽聚会诸侯，其中有一个部落酋长防风氏来晚了，就得被杀掉。天子借此立威。所以，这是一个很重要的传统。

不过，汉武帝时代并没有关于这种朝贡的图像，只是在文字里看到一点。如《汉书》里记载，汉元帝建昭三年（公元前36年），打败了郅支单于后，曾经画过他们的图。"甘泉写阏氏之形，后宫玩单于之图。"汉代王延寿写的《鲁灵光殿赋》里也说，"胡人遥集于上楹"，也就是鲁灵光殿里画有胡人的形象，但是这些都没留下来。

《职贡图》告诉我们一个怎样的"世界观"

秦汉以后中国对于四夷的知识越来越多。在这个时代，古代中国人对外国人已经有了很多明确的认识。不过，真正开始对异国异邦做绘画记录、保留下来的最早的，就是梁元帝萧绎所作的《职贡图》。这些文字和图像，能给我们一些什么样的知识呢？能告诉我们一个怎样的"世界观"呢？

▲图为南朝梁代萧绎所绘《职贡图》摹本（局部）。

首先，要说明的是，这幅《职贡图》里的三十五个国家，大体上符合南朝梁代也就是6世纪的外交情况。这些国家很多不见于《宋书》和《南齐书》，但是和《梁书·诸夷传》吻合。这说明画这幅《职贡图》的梁元帝萧绎——他当时还是荆州的地方长官——是有实际的观察和资料的。

其次，这幅《职贡图》还呈现了南朝梁代与外界的实际交往情况。它第一个记载的是滑国，为什么是滑国呢？滑国在现在新疆一带，刚好那时特别强盛，西边到了天山南麓。它往西边迁徙时，征服了焉耆、龟兹、疏勒、于阗，甚至打到了波斯。所以，它确实是南朝梁代所知道的西边最重要的一个国家。还有，为什么把百济放在第二位？有学者指出，在南朝梁代以前，东北这些国家里，对中国来说最重要的就是高句丽。但到了这时，百济越过北方的北魏，能直接通过海上和南朝梁代沟通，而且也成为中国和日本之间沟通的桥梁，地位越来越重要，所以，百济就放在前面了。这说明这幅《职贡图》的记载是可靠的，它记录了南朝梁代对于周边国家的认知。

最后，在这里还要特别强调一点，就是在现在保留下来的十八段文字和十二幅图像里，我们要注意一些特殊点。比如，其中有个五溪蛮，又叫五溪攀，在今天的四川和陕西之间，在新发现的一段文字里这么写道，它（五溪蛮）的言语与中国略同，婚姻备六礼（儒家仪礼里讲婚姻的六礼），而且它知诗书，懂得中国的经典。如果我们从现在来看，它当然不是外国，可是在当时，它是被当作诸夷来看待的。同样情况的还有在今天湖南湖北一带的天门蛮、临江蛮、建平蛮，以及属羌族的邓至、宕昌。我们可以看到的一个现象就是，中国在当时，不像现在那么大，这些地方在当时还是朝贡的"外国"。所以，这里有一个道理我们要明白，中国的"内"和"外"是不固定的，不能拿现在中国的版图倒推历史上的中国。

中古史里，一个很重要的事就是地理上中国的不断扩大，包括江南的开发，使得南方大片土地被纳入帝国疆域，当时所谓的山民蛮族逐渐被纳入中国的文化圈，由于中原和周边民族发生交往和冲突，"中国"开始越来越向四周发展，于是"外"有时就变成了"内"。

《职贡图》承担了建构帝国、描述天下的功能

在这里，《职贡图》承担了建构帝国、描述天下的功能。一方面它记录了自己周边来朝贡的不同民族和国家，另一方面它也记录了中国当时的自我和周边疆域是什么样子。后来，"职贡图"逐渐成为一个绘画史上重要的主题和传统。比如，宋代有李公麟的《职贡图》，记载了占城、浡泥、朝鲜、女真、三佛齐、罕东、西域、吐蕃等。元代、明代都有画家画"职贡图"，一直到清代还有苏六朋的《诸夷职贡图》。可是，这些"职贡图"有一半是写实，也有一半带偏见。所谓"写实"，就是刚才我们讲的，梁元帝萧绎作记录时，确实有很多资料、很多观察。但为什么又有"偏见"呢？因为古代中国长期以来的那种自命天朝、自认为是文明中心的这样一个观念，使得它对四夷都有一种鄙夷，因此，也会采取图像描述这些民族的丑陋、野蛮和怪异。所以，大家看宋代刘克庄给李公麟《职贡图》写跋时就说，一方面尽管有的外邦离开万里，李公麟所画"非虚幻恍惚意为之者"——不是随意地虚构想象的，至少关于日本、越南、波斯这些画得还是很准确的；但是尽管如此，另一方面，他还是把异国人想象成野蛮人，把他们的王画成这样："其王或蓬首席地，或戎服踞坐，或剪发露骭，或髻丫跣行，或与群下接膝而饮（没有君臣之分，大家坐在一起喝酒），或瞑目酣醉，曲尽鄙野乞索之态（好像是很野蛮的样子）。"特别是有人讽刺说，明明四夷都和你分庭抗礼了，你还是吹牛，说得好像仍然"万邦协和，四夷来朝"似的。

到了清代，官方的"职贡图"把西洋人也画进去了，说明那时候，中国人的外部接触和世界知识已经越来越多。刚才说，中国人对外国人的想象，有时候是把他们想成"非我族类"，也就是说不像人类的样子，这个传统是从《山海经》开始的。可是到了清代，这个传统略有改变，因为清代对世界的认知比以前扩大，也比以前清晰了。清代官方所修的《四库全书》已经把《山海经》《神异经》从地理类移到小说类里了；《职贡图》里的英、法、荷、意这些人，画得也比较写实了。当然，主要的传统还没有变，清代仍然在想象自己是天下中央、四夷来朝，所以，"职贡图"最后也最有名的作品，就是乾隆年间的《万国来朝图》。

本文发表于2015年11月30日《北京日报·理论周刊》文史版，
原题为《古人的"世界观"》，
作者时任复旦大学文史研究院院长、教授

刻在汉唐文物上的中西文化交流

齐东方

没有外来文化的参照，我们很难看清楚自身。了解不同文化之间的差异与共性，不同文化之间的借鉴乃至融合，古人为我们提供了经验、教训和方向。

公元前2世纪发生的"张骞通西域"事件，动摇了"普天之下，莫非王土，率土之滨，莫非王臣"这一传统观念。张骞历经千辛万苦的西方之行，直接原因是要联合大月氏攻打匈奴，然而却成为一次放眼看世界的突破，意外的收获是使中国开始逐渐勾画沟通欧亚的蓝图。此后不断派出的庞大使团常常带着牛羊、金帛等礼品，不再完全以政治、军事为目的，改变了过去把异态文明看作自身敌人、采用一些极端的方式加以对付的做法。许多国家的使者也纷纷来到中国。

▲ "张骞通西域"开创了与西域诸国间的往来，从而促进了东西方文明的交流，促使社会的物质文化不断推陈出新，精神资源也不断丰富发展。图为清代《无双谱》所载张骞像。

"张骞通西域"开创的与西域诸国政府间的往来，使对异态文明满腹狐疑的防范心理逐渐增添了试图了解和求知的渴望，一代代肩负重任的使者，穿梭于异常艰难的戈壁沙漠通道，寻找着东西方文明对峙中的调解办法，从而促进了东西方文明的交流，促使社会的物质文化不断推陈出新，精神资源也不断丰富发展，给人类社会进步带来巨大影响。

对外交流不断深入的历史，可从文献记录与考古发现中得到印证，但二者有所不同，文字记录通常是一些事件和特例，而考古发现的多是日常生活器物。从交流的性质来看，汉代丝绸之路的商贸常常在政府的直接控制之下，更多地附属于军事、政治目的；南北朝时比较单纯的商业交往增多；隋唐时期又在物资交换的基础上更注重文化方面的交流。

在对外交流不断深入的历史进程中，文献记录与考古发现出现了不同，文字记录主要是对卫青、霍去病、王方翼、苏定方等将士们的歌颂。考古发现却以大量的外来艺术品或商贾和驼队的形象来默默地缅怀昔日丝绸之路的盛况。文字记录通常是一些事件和特例，而考古发现的多是日常生活的器物，更反映了具有普遍意义的社会风貌。

汉代以后，西域各国、各民族前来中原王朝的次数剧增。路途上主要是用骆驼来运送物资，因此胡人牵引的满载货物的骆驼成为那个时代具有特色的文物形象。在这个发展过程中，值得一提的是隋炀帝，他亲自西巡，率众历时半年到达张掖，会见了西域二十七国的君主或使臣，场面十分隆重。后来诸番酋长又会集洛阳进行交易，"相率来朝贡者三十余国"。隋炀帝命整饬店肆，陈设帷帐，陈列珍货，大设鱼龙曼筵之乐，会见西方宾客。盛会昼夜不歇，灯火辉煌，终月而罢。这是中国史无前例的创举，犹如一次"万国博览会"，对中外交流是一次大促进。

唐代是中国政治史上更为成功的王朝，它的前半段是一个稳固的专制帝国，通过强化控制防止了内部的冲突，对外则积极主动地进行外交。与"张骞通西域"相比，统治的观念变化更进一步。唐初在一次宴会上，太上皇李渊令突厥、南蛮首领共同歌舞，高兴地说道"胡越一家，自古未有也"。击败了劲敌突厥人后，唐太宗曾兴奋地对来自中亚安国的人说："西突厥已降，商旅可行矣！""诸胡大悦。"

胡人与骆驼的大量出现，反映了丝路贸易、对外开拓的精神成为当时社会普遍的追求。

东西方之间的中亚地理环境恶劣、气候变化莫测，当时只有骆驼才能穿越那些令人生畏的沙漠戈壁。汉唐文物中骆驼被特别加以表现，塑像、绘画等艺术作品大量出现，应该反映的是人们的钦佩、崇敬之情，和对丝绸之路勇敢的开拓精神的歌颂。而且骆驼与商胡常常是一种固定的组合。展现了杜甫诗中的"东来橐驼满旧都""胡儿制骆驼"的具体形象。商胡几乎都是深目高鼻，满脸浓密的络腮胡，或秃头顶，或卷发，身穿翻领长袍，足蹬高靴，戴各种胡帽。高超的艺术家们对各国来的客人有深刻了解，塑造出各种各样生动的容颜，这些见多识广的胡人也是中西文化的传播者。

汉唐骆驼形象变化的轨迹，表现出中外交往的不断深入。汉代关于骆驼的艺术形象较少，而且显得有些稚拙，骆驼蹄子与马蹄无异，形象塑造与真实的骆驼存在差距，似乎对骆驼并不十分了解。北朝时期关于骆驼的艺术形象多以驮载物品为特征，点明了骆驼的运输用途。唐代胡人牵引载货骆驼如同是天经地义的造型选择，把它和对外交往、交通贸易紧密地联系在一起。除了时代变化，还有一个有趣的现象，中国西北出产骆驼的地区，骆驼的形象塑造并不精致，反而越靠东方不出产骆驼的地区，骆驼形象塑造越多、制作越生动，显然是在向往、猎奇后的创作，是把骆驼作为一种符号，象征当时丝绸之路的兴盛。有些塑像抓住了骆驼习性中精彩的瞬间，充满动感，极为传神，刻意表现骆驼与自然抗争、勤劳顽强的特点，勾画出"无数铃声遥过碛，应驮白练到安西"的美妙图景。

胡人与骆驼的大量出现，反映了对丝路贸易的重视已不是政府和统治阶层独有的崇尚，丝路贸易、对外开拓的精神成为社会普遍的追求。到了唐代，出现了"九天阊阖开宫殿，万国衣冠拜冕旒"的盛况，首都长安已如同世界的大商场，举行着永不谢幕的国际博览会，改变了人与人的关系和不同文化之间的关系。

所以，如果说汉代开通丝绸之路主要是开拓了人们的视野，到唐代则变成了包容开放的一种精神，也变成了国家的一种治国方略。而且，人们在不断交往中解决了传统文化和外来文化之间的矛盾，并在这种交流中寻找自己的前进方向。

本文发表于2017年3月20日《北京日报·理论周刊》文史版，
原题为《"无数铃声遥过碛，应驮白练到安西"——
从文物特征看汉唐中西文化交流》，
作者时任北京大学考古文博学院教授

"不征"：明代中国的和平外交理念

万　明

　　明代中国是东亚大国，明初从农耕大国向海洋大国的走势和郑和七下印度洋形成的国际秩序，理应成为史学界高度关注的问题。

明代以"不征"为基本国策，导向一种和平的国际秩序

　　明代外交所显示的特征，最为突出的是"不征"，以之为基本国策，导向了不依靠武力建立的一种和平的国际秩序，表明明朝人对于天下国家的认识与此前有了很大不同，换言之，明代外交的特征首先是建立在观念变化的基础上。

　　从明太祖的外交诏令中我们可以看到，"共享太平之福"的和平外交理念体现得非常普遍。一般来说，征服和扩张是帝国的特质，发展到明代初年，以明太祖的"不征"国策为标志，中国的对外关系发生了重大转折。

　　洪武四年（1371年）九月，明太祖朱元璋曾经在奉天门召集臣僚，郑重地阐述过他的外交和国际秩序理念。他首先举出海外国家有为患于中国的，中国不可以不征讨；但不为患中国的，中国则不可轻易兴兵，引用古人的话说："地广非久安之计，民劳乃易乱之源。"接着他列举了隋炀帝征讨的例子，说

出了他的对外关系理念："得其地不足以供给，得其民不足以使令，徒慕虚名，自弊中土。"他评价隋炀帝妄自兴师征伐失败的结果，是"载诸史册，为后世讥"。这是明太祖首次全面论述王朝的对外政策，充分反映出其个人的现实主义思想，实际上否定了帝国对外扩张倾向，在总结前朝历史经验教训的基础上，把基点明确放在保境安民上。

洪武六年（1373年），明太祖修《祖训录》。后来陆续修订，洪武二十八年（1395年）颁布了《皇明祖训》。其《首章》将上述对外关系理念的阐述定为明朝世代子孙必须遵行的基本国策之一：

> 四方诸夷皆限山隔海，僻在一隅，得其地不足以供给，得其民不足以使令。若其自不揣量，来扰我边，则彼为不祥；彼即不为中国患，而我兴兵轻伐，亦不祥也。吾恐后世子孙倚中国富强，贪一时战功，无故兴兵，致伤人命，切记不可。但胡戎与西北边境互相密迩，累世战争，必选将练兵，时谨备之。

为了让子孙后代明白世代都不要与外国交战之意，他还把当时明周边的"不征之国"，按地理方位一一罗列出来：东北是朝鲜，正东偏北是日本，正南偏东是大琉球、小琉球，西南是安南、真腊、暹罗、占城、苏门答剌、西洋、爪哇、湓亨、白花、三佛齐、渤泥，一共十五个国家。这些国家基本上都在明朝人认为的东洋范围，即今天的东北亚和东南亚地区的国家

（除了西洋国在今天的南亚）。明太祖当时把这些国家都作为要与之交往，但是不可出兵征伐的"不征之国"。由此奠定了和平外交的基调。

关于"不征"的理念，明太祖也曾在诏书中明确宣布："今朕统天下，惟愿民安而已，无强凌弱、众暴寡之为，安南新王自当高枕，无虑加兵也。"

从实践上看，确实终明太祖一朝三十年，从未发兵征伐外国，说明明太祖时奠定的明朝与周边国家以及海外国家的和平外交基调，无论在理念还是在现实上，都是能够成立的。即使是与日本的不和谐，明朝也绝没有主动征伐之举。在明太祖之后，除了永乐年间曾征安南是个例外，在其他时期明朝都与上述国家维持着和平关系。

进一步说，明初"不征"外交模式的出现，成为古代中外关系的一个引人注目的拐点。重要的是，表明了蒙元王朝崩溃后明朝人致力于一种新的国际秩序，是建立在明初外交"不征"的基础之上的国与国之间的和平互动关系与秩序。

"锐意通四夷"，明代实际上起了一种区域整合作用，把东北亚、东南亚乃至东非、欧洲等地连成了一个文明互动的共同体。

明初自洪武年间全方位建立外交关系之后，永乐、宣德年间，国际交往在空间上有一个极大的拓展，这就是郑和七下印度洋。经过明初几十年的休养生息，王朝日益强盛，永乐帝积极推行一种"锐意通四夷"的外交政策，宣称"今四海一家，正当广示无外，诸国有输诚来贡者听"。

永乐三年（1405年）颁发诏书，永乐帝派遣郑和下西洋，中国人以前所未有的规模走向海外，成就了史无前例的海上交往壮举。他在位期间，除了派遣郑和六下西洋，还筹划派遣大量使团出使海外，开辟海道，招徕海外各国来华交往，在诏书中的表述与明太祖一脉相承：

> 朕奉天命，君主天下，一体上帝之心，施恩布德。凡覆载之内，日月所照、霜露所濡之处，其人民老少，皆欲使之遂其生业，不至失所。今特遣郑和赍敕，普谕朕意：尔等祗顺天道，恪遵朕言，循礼安分，毋得违越，不可欺寡，不可凌弱，庶几共享太平之福。若有竭诚来朝，咸锡皆赏。故此敕谕，悉使闻知。

"宣德化而柔远人"，郑和远航印度洋使得中外关系得到了极大的扩展，也使得对外交往盛况空前。在跟随郑和下西洋的马欢笔下，所有使团到达之处，无论大小，皆称为"国"，这无疑是明代中国的国家航海外交行为给区域国家带来的积极影响前所未有的彰显。马欢《瀛涯胜览序》云："敕命正使太监郑和等统领宝船，往西洋诸番开读赏赐。"每到一国，郑和使团首先是开读诏书，在与各国政治上邦交关系确定之后，随之而来的是一种正常的政治新秩序的建立和贸易网络的形成，对这个区域的发展具有重要意义，为区域合作奠定了良好基础，更推动了多元文明的交流全面走向繁盛。郑和七下印度洋，包括今天的东北亚、东南亚、中亚、西亚、南亚乃至东非、欧洲等广袤的地方，连成了一个文明互动的共同体。使团不仅起了沟通域外所至之国的重要政治作用，更引发了中外文明交流高潮的到来。永乐二十一年（1423年），出现了西洋古里、柯枝、加异勒、溜山、南浡里、苏门答剌、阿鲁、满剌加等十六国派遣使节一千二百人到北京朝贡的盛况。在和平外交理念的基础上，明初将中华秩序的理想付诸实践，建立起一种国际新秩序："循礼安分，毋得违越，不可欺寡，不可凌弱，庶几共享太平之福。"

从政治上来说，在印度洋国际交往中，明朝具有很大的国际影响力。以满剌加为例，其在15世纪初的建立和发展，得到明王朝的大力支持。满剌加扼守马六甲海峡，位于东西方海上贸易重要的交通路口。在1402年以前，那里只是一个小渔村，明人记载："国无王，止有头目掌管诸事。此地属暹罗所辖，岁输金四十两，否则差人征伐。"永乐帝命人"赍诏敕赐头目双台银印、冠带袍服，建碑封城，遂名满剌加国"。这使其摆脱了暹罗控制，不再给暹罗输贡，成为新兴国家，也成为明朝与新兴国家友好关系的典范。在兴起以后的半个世纪里，这个国家成为整个东南亚最好的港口和最大的国际商业中心。不仅是满剌加，日本、苏门答剌、渤泥等国，在永乐年间都希望得到明朝的支持以满足建立或加强国家政权的需求。得到大国的支持，有利于他们国内政局的稳定。

明朝对外积极交往与协和万邦"共享太平之福"的国际秩

序思想，适应了区域内各国的需要，不仅对南海至印度洋区域国家政权有着促进发展的作用，同时也推动了区域内和平共处为主导的发展趋势，实际上起了一种区域整合作用，在东亚乃至印度洋形成了一个和平与稳定的国际秩序。

明初朝贡本身带有浓厚的贸易性质，形成区域贸易资源合作机制

随着东亚地缘政治重新改组，建立的邦交关系是和通商紧密相连的，由此形成了一个区域国际贸易的网络规模，印度洋新的贸易秩序也由此生成。政治势力崛起，表现在经济方面，这一时期国际贸易的主体是各国政府，贸易特征是以官方贸易为主导、由各国上层垄断对外贸易主要商品。国际关系的这种结构对区域贸易交往关系的拓展也有作用。当时世界大致可划分为三个大的贸易区域：欧洲、阿拉伯—印度、东亚贸易区。在东亚贸易区，国际交往圈的空间拓展产生了繁盛的贸易网络。自古以来，"朝贡"这个词就包含有外交和贸易双重含义，明初适应宋元以来国家管理外贸制度日益强化的趋势，把对外贸易基本上限定在官方形式之下，明朝人王圻曾经有过这样的评论："贡舶者，王法之所许，市舶之所司，乃贸易之公也；海商者，王法之所不许，市舶之所不经，乃贸易之私也。"从而使明初朝贡本身相对于历朝来说带有更为浓厚的贸易性质。

从地域来看，郑和七下印度洋，每次必到的是印度古里（今印度喀拉拉邦卡利卡特，又译科泽科德），将东亚贸易区拓

展到了阿拉伯—印度贸易区。第四次下西洋，郑和船队到达了非洲东部，而从第四次下西洋起直至第七次，都到达了波斯湾的忽鲁谟斯，那里正是与欧洲贸易的交接之处。今天我们知道，印度洋是世界第三大洋，面积约占世界海洋总面积的五分之一。它位于亚洲、非洲、大洋洲三洲接合部，与大西洋、太平洋的水域连成一片。印度洋拥有红海、波斯湾、阿拉伯海、亚丁湾、阿曼湾、孟加拉湾、安达曼海等重要边缘海和海湾，紧紧地把南亚次大陆、东部非洲、南部非洲以及大洋洲、东南亚、中东、南极洲的一部分连接在一起。阿拉伯海和孟加拉湾是亚洲的重要海湾，红海和波斯湾直接联系了北非、中东乃至欧洲，阿曼湾锁住了阿拉伯海和波斯湾，亚丁湾是红海的咽喉。印度洋是贯通亚洲、非洲、大洋洲的交通要道。15世纪初，虽然大洋洲还没有彰显，好望角航线和苏伊士运河都还没有出现，但是明朝给满剌加国王海船"归国守土"，开通马六甲海峡航线和在红海、阿拉伯海、亚丁湾、波斯湾、阿曼湾、孟加拉湾等处与各国进行了频繁交往。从这些历史事实来看，每一次郑和使团都是以国家名义出现在国际贸易中心，在这种国际交往频繁、空间拓展的背景下，推动南洋至印度洋诸国之间的国际贸易发展到了极盛。

从人员来看，在明朝以前，中外贸易的主角是商人，并且以阿拉伯商人来华为主。泉州著名的蒲氏在宋元时期一直掌管对外贸易，就是一个例证。到明朝初年，在和平外交的基调之上，以强盛的国力为后盾，作为国家航海外交行为，郑和船队规模庞大，每次出洋人数达到两万多人，推动了中国与亚、非国家间关系进入全面发展和交往空前的新阶段，也极大地扩展了国际经济贸易交流，使印度洋周边各国间的贸易规模达到了前所未有的程度。

明初外交是全方位的，与周边和海外国家的交往极为活跃，对外贸易也极其繁盛，最重要的是，以举国之人力、物力、财力，在区域整合为一种政治合作机制的同时，也形成了区域资源整合的局面。通过国际交流这个平台，国家权力介入区域合作的历史进程，为各国间官方贸易奠定了有力的基础，同时，中外物质文明的交融也达到了一个历史的新高度。明代中国以一个负责任的海洋大国形象促使印度洋地区国家权力整体上扬的同时，在与各国"共享太平之福"的理念指导下，维护了海道清宁，人民安居乐业，与各国公平交易、互惠互利，推动了区域国际贸易活跃发展，促成了一个资源共享合作机制的形成，这是印度洋国际新秩序的重要内容之一。

明朝在国际上的积极交往促成了多元文化的交融

在明太祖颁发的《礼部尚书诰》诰文中，曾清楚地谈到他对于礼与法的认识："盖为国之治道……所以礼之为用，表也；法之为用，里也。"在明太祖的理念中，不仅有礼，而且是礼法并用，甚至我们也可以理解为他心目中的礼仪就是一种立法。因此，仅将明朝对外关系视为"礼治"是不全面的。

明代初年，中国以一种在国际上的权威性及影响力整合了

▲1407年，明成祖朱棣给因捕海寇有功的日本国王源道义的敕书，现藏于日本京都相国寺。

整个区域，整合的渠道就是14世纪后半叶至15世纪初建立的广泛国际交往网络，它是以外交文书为媒介的。当时东亚国际交往的通用语言是中文和阿拉伯文（马欢所说的"阿拉毕文"），通过大量外交文书传播了中华秩序的理念，这种传统文化道德秩序准则在区域权力的均衡中起了规范作用。同时，明代中国是一个复兴传统文化的朝代，所传承的传统文化不是只有儒家文化所谓的"礼治"，而是在文化政策上采取了包容多元文化的态度——兼容并蓄。这在郑和下西洋遗存的文物与文献中充分表现出来。一般而言，人类文明的发展，可以分为物质文明与精神文明两个层面，从马欢《瀛涯胜览》的记载来看，物质文明方面，海外各国物产琳琅满目，海外物产进入交流的主要有七十种；而精神文明方面，马欢所至二十个国家中明显可见三种类型：一是举国信奉一种宗教，包括国王、国人；二是国王信奉一种宗教，国人信奉另一种宗教；三是一个国家中有多种宗教并存。由此可见，印度洋文明是由多元文化组成的。现存斯里兰卡的"郑和布施锡兰山佛寺碑"，以中文、泰米尔文、波斯文三种文字记载着郑和向佛祖、毗湿奴和真主阿拉贡献布施的史实，就是明朝人对于多元文化兼容并蓄的最好例证。从整体来看，明朝在国际上的积极交往促成了多元文化的交融。通过外交诏令文书和外交行为，中华文化的道德准则在国际交往中大量传播，由此中华文化在区域国家间得到广泛认同的同时，产生了中华文明与海外多元文明的融汇，转换成现代话语就是国际关系的文化理念的融汇。在明代中国皇帝的诏令中，非常突出的理念是：以诚为本，厚德载物；礼之用，和为贵；协和万邦；等等。特别是"共享太平之福"这种国际秩序观，在当时国际关系和秩序的建构中，产生了重要影响和作用。

明代"不征"外交政策为世界从区域化走向全球化做出了重要贡献

追寻明初中外交往的实态，蒙元王朝崩溃后，东亚国际秩序急需重建。明王朝建立之初的外交诏令表明，统治者一方面刻意追寻古贤帝王，成为"天下主"，延续传统的朝贡关系；另一方面，面对国与国之间互动的邦交现实，吸取了蒙元王朝扩张失败的教训，明朝君主在外交观念上从天下向国家回归，以"不征"作为对外关系的基本国策，明确摒弃了自古以来中国天子至高无上的征伐之权，从而形成了明代外交的显著特征，更成为古代对外关系引人注目的拐点。

以"不征"为标志，15世纪初，明朝以大规模远洋航海外交与印度洋地区国家建立了广泛的外交联系，将和平与秩序的我理念付诸实践，在东亚与印度洋地区实现了各国官方认同基础上建立起来的国际秩序，这是一个各国和平共处的国际秩序。明代中国和平的中华秩序理念得到了东亚以及印度洋各国的赞同和响应，各国的利益融合在一起，在某种意义上可视为东亚乃至印度洋区域一体化的开端，为全球化诞生于海上拉开了序幕。

从分散到整体的世界发展过程，即全球化的历史进程出发考察，伴随人类在探索海洋上的步伐加剧，人们的地理知识大大丰富了，人们对世界的认识也空前地开阔了。此前唐代的交往虽然广泛，但没有在东亚形成体系化的条件，当时存在一个强盛的大食；宋代民间对外交往兴盛，但国家力量积弱，不可能形成一种区域整合作用。重新审视明初拓展至印度洋的国家航海外交行为可以看到，中国人以前所未有的规模走向海洋，全面贯通了古代陆海丝绸之路，史无前例地将中华秩序的理想在印度洋付诸实践。作为平衡区域国际政治经济势力的大国角色，作为负责任的海上强国，明代中国维护和保证了东亚乃至印度洋区域的和平与秩序，为世界从海上连成一个整体、从区域化走向全球化做出了重要基础性贡献。这段历史对于今天也有积极的启示意义。

本文发表于2019年4月8日《北京日报·理论周刊》文史版，
原题为《"共享太平之福"——
明代中外文明交融互动的共同体建构》，
作者时任中国社会科学院历史研究所研究员

明永乐朝空前活跃的对外交往

晁中辰

明洪武末年，只有周围少数几个国家来中国"朝贡"，这种冷落现象在建文时期没有什么改变。在明朝永乐年间，由于明成祖放宽了海禁，亚非友好交往得到空前发展。

受郑和下西洋的推动，中外使节往来空前频繁

明永乐年间，最广为人知的重大事件无疑是郑和下西洋。受郑和下西洋的推动，亚非国家来华使节往来不断，其频繁程度为中国数千年封建社会所仅见。郑和第一次下西洋于永乐五年（1407年）回国，"是年，琉球、中山、安南、暹罗、日本、别失八里、阿鲁、撒马尔罕、苏门答剌、满剌加、小葛兰入贡"。其中，除少数几个国家外，大都与郑和出使有关。许多国家的使节就是搭乘郑和的船只来中国的。例如，永乐十七年（1419年）郑和第五次下西洋回国时，就带回了十七个国家和地区的贡使。永乐二十年（1422年）郑和第六次下西洋回国，第二年来中国朝贡的共"十六国，遣使千二百人贡方物至京"。据统计，洪武年间自洪武二年（1369年）二月开始有贡使来华，到朱元璋死时，共有来华使节一百八十三次。在永乐年间，自永乐元年（1403年）二月至朱棣死时，共有来华使节

三百一十八次。洪武时期每年平均六次多一点，永乐年间则平均每年达十五次之多。这种盛况在中外关系史上是空前的。

实际上，除中外使节的频繁往来以外，还有数位外国国王多次来访。这是历代封建王朝所不曾见过的。他们都受到明成祖的盛情款待，其中有三个国王死在了中国，葬在中国，留下了许多友谊的佳话。这从一个侧面反映出，当时与亚非国家的友好交往已发展到多么高的程度。

永乐年间，满剌加祖孙三代国王亲自来中国朝贡

满剌加即马六甲，今属马来西亚，洪武和建文时期一直未通中国。永乐元年（1403年），明成祖遣尹庆出使满剌加，当时其地尚未称国，也没有国王，隶属于暹罗。尹庆赐其酋长拜里迷苏剌织金文绮等，宣示明成祖威德和招徕之意。拜里迷苏剌大喜，遂于永乐三年（1405年）遣使来中国，贡方物。明成祖很高兴，遂封拜里迷苏剌为满剌加国王，并赐予诰印、彩币、袭衣等物。其使者表示，其王愿每年来贡，请求明成祖"封其山为一国之镇"。明成祖答应了他的请求，并亲制碑文勒于山上。从此以后，两国关系甚是密切。永乐七年（1409年），郑和还在满剌加建了一个像小城一样的官仓，一应钱粮都储存在这里，各分支船队都在这里取齐，等风顺时一起回国。

满剌加王对明成祖十分感激，便决定亲自率领一个庞大的使团来中国朝贡。史载：永乐九年七月二十五日，"满剌加国王拜里迷苏剌率其妻子及陪臣五百四十余人入朝。初，上（明

成祖）闻知，念其轻去乡土，跋涉海道以来，即遣官往劳，复命有司供张会同馆。是日，奉表入见，并献方物。上御奉天门宴劳之，别宴王妃及陪臣等。仍命光禄寺日给牲宰上尊，命礼部赐王金绣龙衣二袭，麒麟衣一袭，及金银器皿、帷幔裀褥。赐王妃及其子侄、陪臣、傔从文绮、纱罗、袭衣有差"。满剌加是个小国，其使团竟有五百四十余人，这是很少见的。由此足可看出满剌加王对这次出使的重视。

明成祖给他的礼遇也很高，没到京时就"遣官往劳"；来京朝见的当天就亲自设宴款待，而且赏赐极丰。三天后，明成祖又在会同馆设宴款待满剌加王及王妃。九月一日，明成祖又于午门设宴，款待满剌加王及各国使臣。十五日，拜里迷苏剌辞归，明成祖又于奉天门设宴饯行。

第二年，拜里迷苏剌派他的侄子来中国，向明成祖致谢。从此以后贡使往来不断。

永乐十二年（1414年），拜里迷苏剌死，其子名叫母干撒于的儿沙，亲自来向明成祖告讣。明成祖遂命他承袭满剌加王，并赐予金币。永乐十七年（1419年），新王率妻子、陪臣等人亲自来中国谢恩。永乐二十二年（1424年），新王又死去，其子西里麻哈剌嗣位，又一次率妻子、陪臣来中国谢恩。

自明成祖封满剌加王以后，满剌加王不时亲自来中国。至于一般的贡使，或一年一次，或隔年一次，一直不断。直到明中期葡萄牙人占领满剌加以后，这种朝贡活动才停止。仅在永乐年间，祖孙三代国王都亲自来中国朝贡，使双方的经济文化交流发展到很高的程度。这不能不说是中外关系史上的一件盛事。

明成祖册封苏禄东王、西王和峒王同为苏禄国王

苏禄，指今菲律宾的苏禄群岛。在随郑和出使的人员留下的三本书中，只有《星槎胜览》一书记有"苏禄国"。我们不能肯定郑和是否亲自去过苏禄，但至少他的分支船队到过此地。苏禄王的来访当与郑和的出使有关。当时苏禄有三个王——东王、西王和峒王。永乐十五年（1417年）八月，三人一起率领一个三百四十余人的庞大使团来访。这在《明实录》上有明确记载："权苏禄东国巴都葛叭答剌、权苏禄西国麻哈剌吒葛剌马丁、故权苏禄峒者之妻巴都葛叭剌卜，各率其属及随从头目，凡三百四十余人，奉金缕表来朝贡，且献珍珠、宝石、玳瑁等物。赐予视满剌加国王。"也就是说，对苏禄三王的礼遇和赏赐与满剌加王相同，即同样优厚。

八月八日，明成祖正式册封三王同为苏禄国王，并赐予诰命、印章、冠服等物，对随同人员也都给予了不同的赏赐。

八月二十七日，三王辞归，明成祖又赐予金银、玉带、文绮、绢帛诸物甚丰。九月十三日，东王在回国途中于德州病死。明成祖闻讣后十分悲伤，马上遣官往祭，命地方官为其营建坟墓，葬以王礼，赐谥号为"恭定"。明成祖命其长子回国袭封，留王妃及东王次子和十名随从守墓，待三年丧满后回国，并令德州地方官每人每月支给钱粮一石、布钞若干，另在德州找三

户回民供役使，全免其差役。

明成祖还命为东王立碑勒铭，并亲自撰写了碑文。苏禄东王墓和所立石碑至今尚存，地址在今德州市北门外，已被列为国家重点保护文物。王妃于永乐二十一年（1423年）回国，共守墓六年。其次子和一些随从则长期在中国住了下来，一直都享受很多优待。现在德州北门外的安、温二姓都是其后裔。

永乐十九年（1421年），东王的叔叔来贡，献给明成祖一颗大珍珠，重七两多，得到明成祖的大量赏赐。永乐二十二年（1424年）苏禄又来贡一次，以后一直到明朝灭亡，就再也没有看到苏禄的贡使。这表明，只有在明成祖大力发展中外友好关系的时候，苏禄才和中国有如此密切的交往。这种交往已成为中国和菲律宾友好关系史上的佳话。

渤泥王和古麻剌朗王来访并安葬在中国，成为中外友好的历史见证

渤泥又写作渤泥、佛泥、婆罗等，即今文莱，为加里曼丹岛北端的古国。渤泥在北宋时即已通中国，洪武时曾遣使往谕，渤泥亦遣使来朝贡。明成祖即位后，双方的关系更加密切。永乐五年（1407年），郑和第二次下西洋期间到了渤泥。第二年八月，渤泥王麻那惹加那亲自来朝。他们一行先到了福建，地方官马上报告了朝廷，明成祖遂派中官杜兴前往迎接，并"宴劳之"。奉明成祖之命，凡渤泥王所经各地，地方官都要设宴款待。

　　浡泥王到京后献上方物，对明成祖说了一番颂扬的话："陛下膺天宝命，统一华夷。臣国远在海岛，荷蒙大恩，锡以封爵。自是国中雨旸时顺，岁屡丰稔，民无灾厉；山川之间，珍宝毕露；草木鸟兽，悉皆蕃育；国之老长，咸谓此陛下覆冒大恩所致。臣愿睹天日之光，少输微诚，故不惮险远，恭率家属国人诣阙朝谢。"明成祖十分高兴，对浡泥王嘉劳再三，对王和王妃、随从都给予丰厚的赏赐。当天，明成祖亲自设宴于奉天门，款待浡泥国王，而王妃及随从则另宴于旧三公府。

　　永乐六年（1408年）十月一日，浡泥国王因病死于会同馆。明成祖很悲伤，为此"辍朝三日"，遣官致祭，赐以缯帛。太子和各亲王也都遣人往祭。明成祖特命工部为浡泥王准备棺椁、明器，将浡泥王安葬于南京安德门外的石子岗，立碑勒铭，并于墓旁建祠，谥号"恭顺"。浡泥王有一子，名字叫遐旺，刚四岁。明成祖命遐旺袭王爵，赐予冠服、玉带等物，让他的叔叔尽心辅佐。明成祖还命地方官找了三户人家充当坟户，专事守墓，免除其徭役。

　　古麻刺朗亦称作麻刺，位于今菲律宾的棉兰老岛。永乐年间，古麻刺朗国王也曾来中国访问。永乐十五年（1417年），明成祖曾遣太监张谦出使该国，并赠送国王干刺义亦敦奔绒锦、纻丝、纱罗诸物。永乐十八年（1420年）十月，国王干刺义亦敦奔率妻子、陪臣随张谦来朝，贡方物。明成祖命礼部以礼遇满加刺王的规格来接待。古麻刺朗国王对明成祖说："虽为国中所推，然未受朝命，幸赐之。"明成祖答应了他的请求，便仍用旧王号对他进行了册封，并给予印诰、冠带、金织袭衣等，对王妃和陪臣都给予了丰厚的赏赐。

永乐十九年（1421年）正月间，古麻剌朗国王辞归，明成祖又赐予金银、铜钱、文绮、纱罗等物。他们一行四月间到达福建，国王干剌义亦敦奔竟病死在当地。明成祖闻讣后很悲伤，遣礼部主事杨善前往谕祭，谥号"康靖"，命地方官治坟墓，以王礼安葬于福州。明成祖命其子继承王位，率众回国。

如上所述，仅永乐一朝就有四个国家的国王先后七次来访，并有三个国王死在中国，安葬在中国，其陵墓至今犹存，成为中外友好的历史见证。这种情况是历朝历代都不曾见过的。这从一个侧面表明，永乐年间的海外交往达到了前所未有的高度。这正如明代人严从简在《殊域周咨录》中所说："当时之夷，殁葬于中国者，如浡泥、苏禄、麻剌共三人焉。非我朝德威远被，乌能使海外遐酋，倾心殒身如此哉！"这不仅与明王朝"德威远被"有关，更是永乐年间积极推行睦邻友好政策的结果。

本文发表于2016年6月6日《北京日报·理论周刊》文史版，原题为《明永乐朝空前活跃的对外交往》，作者时任山东大学历史文化学院教授、博士生导师

明代朝贡"厚往薄来"是得不偿失吗

陈支平

　　明代的朝贡体系是最受近现代以来人们诟病的外交政治体系。朝贡体系无疑是明代对外即国与国之间关系的外交基石，人们诟病这一外交体系的主要着眼点大致有两个方面。第一，明代政府以朝贡体系的外交方式，把自身树立为"天朝上国"或"宗主国"的地位，把来往的其他国家作为"附属国"的地位来处理。第二，在明代朝贡体系之下的外交，是一种在经济上得不偿失的活动；外国的来朝贡品，经济价值有限，而明朝赏赐品的经济价值，大大超出贡品的经济价值。

评判明代的朝贡体系，不能仅从纯经济角度出发

　　中国进入近现代时期，由于西方列强的侵略以及自身的迟滞发展，逐步陷入落后挨打的"半封建半殖民地"社会，在许多西方人和日本人的眼里，中国是一个可以随意宰割的无能国度。在这种观念的影响下，一些西方人和日本人探讨中国近现代以前，特别是明代的朝贡外交体系时，就不能不带有某种蔑视的、先入为主的逻辑思考，从而嘲笑明代的朝贡外交体系，是一种自不量力的、自以为是"宗主国"的虚幻政策。与此同时，在20世纪中国学术界普遍热衷向西方学习的

文化氛围中，中国的一部分学者，也就自然而然地接受了这种带有某些蔑视性和嘲笑式的学术观点。因此，近现代以来国内外学者对于明朝朝贡体系的批评，存在着明显的殖民主义语境。与此形成鲜明对照的是，同时期英国的所谓"日不落帝国"及其后的美国"霸权主义"，却很少受到世人的蔑视与取笑。

至于明代朝贡体系之下的外交是一种在经济上得不偿失的论点，在很大程度上是受到20世纪40年代以来关于中国封建社会内部是否已经出现资本主义萌芽问题大讨论的影响。由于受到西方的影响，当时中国的大部分学者希望自己比较落后的祖国，能够像西方的先进国家一样，发展资本主义。而发展资本主义社会的前提是，首先要有商品经济、市场经济以及对外贸易的高度发展。于是在这样的学术背景下，人们发现西方国家在资本原始积累的过程中，对外关系和对外贸易，当然还包括海外掠夺，对于这些国家的资本主义经济发展和社会变革，起到了至关重要的助力作用，反观中国传统的对外朝贡体系下的经济贸易，得不偿失，未能给中国资本主义萌芽的产生和发展提供丝毫的帮助。这样一来，明代的朝贡贸易体系，就不能不成为人们不断指责的对象。然而，这种从纯经济的角度来评判明代朝贡体系的做法，实际上是严重混淆了明朝的国际外交关系与对外贸易的应有界限。

明代对外朝贡体系的确立，是建立在和平共处的核心宗旨之上的

毋庸讳言，明代的朝贡外交体系，是继承了中国两千年来"华夷之别"的传统文化价值观而形成的，这种朝贡外交体系，显然带有某种程度的政治虚幻观念。然而，我们评判一个国家或一个朝代的外交政策及其运作体系，不能仅仅着眼于它的某些虚幻观念和经济上的得不偿失，就武断地给予负面的历史判断。如果我们比较客观和全面地评判明代的国家对外关系，就应该从确立这一体系的核心宗旨及其实施的实际情况出发，并且参照世界上其他国家对外关系的历史事实来进行比较综合性的分析，才能得出切合明代历史真相的结论。

明代对外朝贡体系的确立，是建立在国与国、地区与地区之间和平共处的核心宗旨之上的。这一点我们只要回顾一下明朝开创者朱元璋及其儿子明成祖朱棣关于对外关系的一系列谕旨，就不难看出。朱元璋明确指出："四方诸夷皆限山隔海，僻在一隅，得其地不足以供给，得其民不足以使令。若其自不揣量，来扰我边，则彼为不祥；彼既不为中国患，而我兴兵轻伐，亦不祥也。吾恐后世子孙倚中国富强，贪一时战功，无故兴兵，致伤人命，切记不可。"洪武元年（1368年）朱元璋颁诏于安南，宣称："昔帝王之治天下，凡日月所照，无有远近，一视同仁，故中国尊安，四方得所，非有意于臣服之也。"从这个前提出发，中国对外关系总的方针，就是要"与远迩相安于无事，以共享太平之福"。在与周边各国的具体交往过程中，

朱元璋本着中国自古以来的政策，主张"厚往薄来"。在一次与琐里的交往中他说道："西洋诸国素称远蕃，涉海而来，难计岁月。其朝贡无论疏数，厚往薄来可也。"明初所奉行的这一系列对外政策和措施，充分体现了明朝政府在处理国际关系时所秉持的不使用武力，努力寻求与周边国家和平共处之道的基本宗旨。

在建立国与国之间和平共处的核心宗旨之下，明朝与周边邻近的一些国家，如朝鲜、越南、琉球等，形成了某些宗主国与附属国的关系，这也是不争的事实。而这种宗主国与附属国关系的形成，更多的是继承以往历朝的历史因素。然而我们纵观世界中世纪以来其他地域中的宗主国与附属国的关系时就可了解到，世界各地及不同时期的宗主国与附属国的关系，基本上是通过三种途径形成的：一是通过武力的征服而强迫形成的；二是通过宗教的关系或是大众民意及议会的途径形成的；三是通过历史文化的传承与自然而然的和平共处途径而形成的。显然，在这三种宗主国与附属国关系的形成中，第三种即以和平共处方式形成的宗主国与附属国的关系，是最经得起历史的检验和值得后世肯定的。明代建立起来的以和平共处为核心宗旨的宗主国与周边附属国的关系，正是这样一种经得起历史检验和值得后世肯定的对外关系。

明代的对外朝贡体系"厚往薄来"是得不偿失吗

明代的对外朝贡体系，对于外国的来贡者，优渥款待，赏赐良多。而这些朝贡者所带来的所谓贡品，更多的是作为一种求得明朝中央政府接待的见面礼，可谓是"域外方物"而已。因此，明朝朝贡体系中的外国贡品，是不能与欧洲中世纪以来的宗主国与附属国之间的定期、定额的贡赋混为一谈的。明朝朝贡体系中的所谓贡品，随意性的、猎奇性的成分居多，缺乏实际经济价值。因此，如果单纯地从经济效益的层面进行思考，当然是有些得不偿失。但是这种所谓经济上的"得不偿失"，实际上被我们近现代时期的学者们无端夸大了。明朝政府在接待来贡使者时，固然实行着"厚往薄来"的原则，但无论是"来"或是"往"，其数量都是比较有限的，是有一定规制的，基本上仅限于礼尚往来的层面。迄今为止，我们还看不到明代正常的朝贡往来中的"厚往薄来"对于明朝政府的财政产生过如何不良的影响。即使有，也是相当轻微的。如果把这种"得不偿失"与万历年间援朝抗倭战争的军费相比，那只是九牛之一毛。万历年间在朝鲜的抗倭战争，从根本上说，是为了维护地区的和平与稳定，而不是为了维持朝贡体系。

从更深的层面来思考，我们判断一个国家或一个时期的对外政策是否正确，并不能仅仅以经济效益作为衡量得失的主要标准。国与国之间的外交关系同国与国之间的经济贸易关系，固然有其必然的联系，但是又不能完全等同起来，国际关系与贸易往来是必须有所区分，不能混为一体的。在15、16世纪以前，欧洲国家的所谓"大航海时代"尚未来临的时候，在世界的东方，明朝可以说是这一广大区域中最大的国家。作为这一广阔区域中的大国，对于维护这一区域的和平稳定是具有国际责任的。假如这样的一个核心国家，凭借着自身的经济、军事优势，四处滥用武力，使用强权征服其他国家，那么这样的大国是不负责任的大国，区域的和平与稳定也是不可能长久存在的。从这样的国际关系理念出发，明朝历代政府所奉行的安抚周边国家、"厚往薄来"、以和平共处为核心宗旨的对外朝贡体系，正是体现了明朝作为东亚广阔区域核心大国的一种责任担当。事实上，纵观世界历史上所有曾经或现在依然作为区域核心大国的国家，他们在与周边弱小国家的和平相处过程中，由于肩负着维护国际关系与地域局势稳定的义务和责任，在经济上必须承担比其他周边弱小国家更多的负担，几乎是一种必然的现象。换句话说，核心大国所应承担的政治经济责任，同样是另外一种"得不偿失"。但是这种"得不偿失"，是作为一个区域大国在承担区域和平稳定责任时所必备的重要前提。如果我们时至今日依然目光短浅地纠缠于所谓朝贡体系贸易中"得不偿失"的偏颇命题，那么显然大大低估了明朝历代政府所奉行的和平共处的国际关系准则。这种国际关系准则，虽然带有某些"核心"与"周边"的"华夷之别"的虚幻成分，但是这种国际关系准则在中国的历史延续性，以及其久远的历史意义，至今依然值得我们欣赏和思考。

明代是中国封建社会晚期发展的重要转折时期，也是世界历史发生突变的重要时期。15至17世纪是西方所谓的"大航海时代"，把世界的东方和西方更为直接地碰撞联系在一起，从而形成了真正意义上的"世界史"国际性格局。而在中国，传统的大一统中央集权体制进一步得到延续和强化；与此同时，社会经济的进步更多地体现在商品经济和市场经济的发展层面上。面对西方商人与殖民主义者的东来，古老的中国政治体制与民间社会，被迫衍生出相应的对应之道。这些对应之道，构成了明代海上丝绸之路的主要发展模式。我们今天重新思索明代海上丝绸之路主要发展模式的历程，对于"一带一路"建设具有一定的借鉴意义。

本文发表于2019年4月15日《北京日报·理论周刊》文史版，
原题为《怎样看待明代的朝贡体系》，
作者时任厦门大学国学研究院教授

明儒笔下的西方文化

万　明

尽管中国向西方的寻求早在西汉或更早已经开始，但是中国与欧洲的直接交往，与西方文化的直接交流和互动影响，还要等到16世纪海上交通打开的时候。16至17世纪，葡萄牙人、西班牙人、荷兰人、英国人相继航海东来。与之俱来的，是西方文化。

明代西方文化的传入和明儒的使命

16世纪，是世界历史，也是中国历史发生重大转折的时间段，晚明中国与两个划时代意义的开端（中国从传统社会向近代社会转型的开端和全球化的开端）相联系。由此，中国开始了与海外在经济、文化、政治领域的直接交往，出现了新的外交关系、经贸联系和第三次中外文化交流高潮，而这形成了中国从传统社会向近代社会转型的重要历史背景和条件。

晚明社会由明初相对单一的农业社会向多元社会转型，即传统社会向近代社会转型，并由于社会内部巨大的白银需求，拉动了外银的大量流入，开始与世界市场接轨，与世界联结起来。晚明原有社会秩序被打破，等级身份被消解，人际关系由人的依附关系向物的依附关系转变。与农民、农业、农村紧密联系，发生了市场化、商业化、城市化的过程。整个社会处于急剧变化之中，儒学的危机相伴而生。晚明儒家理论与实践的危机，主要表现为程朱理学趋向僵化衰败，阳明心学流于空疏任情，社会道德每况愈下。时人以为："学者以任情为率性，以媚世为与物同体，以破戒为不好名，以不事检束为孔颜乐地，以虚见为超悟，以无所用耻为不动心，以放其心而不求为，未尝致纤毫之力者多矣。"当此之时，一些明儒选择推崇西学，也不失为匡时救世、摆脱晚明社会与儒学危机的一种选择。

明儒对西方哲学、科学的吸纳和会通

晚明西方文化的传入，以传教士为主体，传教士大多具有很高的西方神学和科学修养。了解基督教义和西方科学技术的明儒，是首批进行中西文化对话的中国儒者。可以说自西方文化传入之日起，一些中国儒者即开始认同、吸纳和会通西方文化。

现在我们所能看到的晚明记载西方文化最早的第一手资料，是明儒在与西方传教士直接交往后产生的文字记录和译介的原始文本。他们最早为我们描绘了一个西方文化的系统形象。那么，在当时的明儒心目中，西方文化是什么样的？处于中西初识时期，西方文化通过西方传教士的口授身教和以徐光启、李之藻为代表的一些明儒的笔端流露出来、流传下来。他们写下了大量的著述与译作，不仅数目繁多、内容广泛，也最引人

注目，反映了16至17世纪中国人对西方文化的真实认识。

利玛窦开创了在中国文化宣教的策略，他认为，"在中国有许多传教士不能去的地方，书籍却能走进去，并且依赖简捷有力的笔墨，信德的真理，可以明明白白地由字里行间透入读者的内心，较比用语言传达更为有效"。于是，以他为首的西方传教士与明儒合作撰写书籍，将西方文化直接传入中国。

了解明儒笔下的西方文化，李之藻所编《天学初函》这部丛书具有典型意义。万历四十一年（1613年），李之藻上奏"西洋天文学论十四事"，请开馆局翻译西法。崇祯二年（1629年），李之藻将近五十年间所译西书选汇为一函，名曰《天学初函》。李之藻试图借此对明末西学的引进作一个小结。作为中国的第一部西学著译丛书，可谓晚明中国以中文形式记录西方文化之集大成。该书是明儒与西方传教士合作的产物，是中西文化交流初始时期重要的历史文献。通过《天学初函》，可以清晰地看到晚明近五十年间，西方文化已形成体系引入中国。

▲ 1629年，李之藻将近五十年间所译西书选汇为一函，名曰《天学初函》。图为《天学初函》书影。

《天学初函》分为理、器二编，说明明儒对于西方文化的分类，是以形而上和形而下来划分的。这种分类实际上秉承了中国文化传统。《易经·系辞》曰："形而上者谓之道，形而下者谓之器。"

在形而上的《理编》中，明儒重点译介了基督教神学和西方哲学。最早将西方学科分类系统介绍到中国的是艾儒略的《西学凡》，因此《天学初函》将《西学凡》置于理编之首。《西学凡》首次简略但却系统地把西方学科的分类介绍给中国读者，分为六科：文科、理科、医科、法科、教科、道科，展现了西方文化的系统性。

在形而下的《器编》中，主要是具体的知识技能，是徐光启、李之藻等人与利玛窦等传教士合作翻译的西方几何、数学、水利、天文等科技著作。徐光启初识利玛窦不久，就请求翻译有"裨益民用"之书，徐光启与利玛窦合作翻译的第一本书即《几何原本》。"几何"一词，当时是首创，在中西文化交流史上具有重要意义。

《天学初函》是明末第一部西学著译丛书，但没有将明末传教士传授和明儒笔受译介的有关西方文化书籍全部收入，如李之藻晚年翻译的两部书：亚里士多德的《寰有铨》，是西方重要的哲学著作；《名理探》是西方逻辑学在中国的最初译本，就没有收入。还有王徵与邓玉函合作翻译的《远西奇器图说》，最早向中国人介绍了西方的机械力学；王徵协助金尼阁撰写的《西儒耳目资》，是汉语拼音方案的早期尝试与实践；汤若望授焦勖译的《火攻挈要》，详述了各种火器的制法；等等，都没有收入。通过明儒，西方文化传入中国，包罗广泛，有天文学、地理学、数学、力学、光学、实验仪器、水利、测量、机械、武器、动植物等等，基本上形成了西方文化首次系统传入中国的局面。

明儒对西方文化的态度

徐光启、李之藻、杨廷筠等人皆由科举入仕，心存匡时救世的抱负，寻求切合国计民生实务的学问，成为中西文化交流的先驱，也成为力图更新儒家学说、匡时救世的一批明儒的代表。徐光启曾撰《辨学章疏》，为西方文化作辩："佛教东来千八百年，世道人心未能改易，则其言似是而非也……必欲使人心为善，则诸陪臣所传事天之学，真可以补益王化，左右儒术，救正佛法者也。"他以西方三十余国奉行此教千数百年，达到长治久安，因此认为天主教补充儒家的欠缺，提出以天主教"补儒易佛"。对西方文化，徐光启的总体认识是"欲求超胜，必先会通。会通之前，必先翻译"。第一步是翻译，即先了解西方文化；第二步是会通西方文化；第三步则是超越西方文化。他是这样认识的，也是这样实践的。此外，徐光启还主持了历法的修订和《崇祯历书》的编译。《崇祯历书》奠定了我国现行农历的基础。李之藻提出："西贤之道"，与释老大异，而与"尧舜周孔之训则略同"，"六经中言天言上帝者不少，一一参合，何处可置疑矣"。(《刻圣水纪言序》)杨廷筠说："取西来天学，与吾儒相辅而行。"(《代疑续编·跖实》)很明显，他们认为天学与儒学可以相结合，也就是说天学可以补充儒学，这是他们认同天学的理论基础。西方文化就是这样出现于明儒笔端的。

从晚明留存于世的一些明儒对传教士著作的译介和撰写的序跋中，我们可以了解到，在明儒笔下，对西方文化，包括西方宗教、哲学和科学均给予了高度评价。处在危机中的明末儒者，认同接受西方文化作为补救儒学的良方，不仅写下了他们所认识的西方文化，而且也留下了他们当时的文化心态，他们虚心学习异文化，进行平等的中外文化交流，同时又具有一种文化自信，这正是他们的难能可贵之处。在他们笔下，西方文化入华近半个世纪以后，已经被纳入了中国本土的文化语境，中西文化交融已结出了果实。就此意义而言，也可以说这些明儒实际上在试图开创一种新儒学的境界。

本文发表于2012年12月3日《北京日报·理论周刊》文史版，
原题为《明儒笔下的西方文化》，
作者时任中国社会科学院明史研究室主任

《天工开物》：令欧美着迷的百科全书

潘吉星

在中国科技史中，明代科学家兼思想家宋应星是重要代表人物之一，其《天工开物》蜚声中外，是世界古典科学名著。书名"天工开物"意思是将自然力与人力互补，通过技术开发万物，换言之，即以天工补人工、开万物，宋应星以此表述其技术哲学思想，也用以命名其著作。全书十八章，包括谷物种植及加工、制盐、染料种植及染色、金属及合金冶炼、酒曲和药曲、珠宝及玉器，几乎涵盖整个国民经济生产领域从原料到成品的全部制造过程，从中可一览中国数千年来在这些领域内取得的技术成就和发明创造，堪称内容丰富的技术百科全书，在当时世界实属罕见，因而在近代东西方各国广为传播并产生了良好影响。

1771年大阪出版和刻本，是《天工开物》第一个外国刊本

《天工开物》首先在17至18世纪传到日本和朝鲜这两个同属汉字文化圈的东亚邻国，从1687年起便陆续由中国商船运到日本口岸长崎，其中新颖而先进的科技知识吸引江户时代日本各界学者注意，纷纷引用。为满足读者需要，1771年大阪出版和刻本，这是《天工开物》第一个外国刊本。其中所载各种

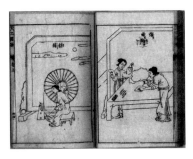

▲图为令欧美着迷的百科全书——《天工开物》书影。

中国技术成果随即引入日本，如沉铅结银法、铜合金制法、大型海船设计、提花机和炼锌技术等。实学派学者佐藤信渊依据宋应星的天工开物思想提出富国济民的"开物之学"："夫开物者乃经营国土，开发物产，富饶宇内，养育万民之业者也。""主国土者宜勤究经济之学，修明开物之法，探察山谷。若不知领内所生品物，轻蔑天地之大恩……则徒具虚名，旷费天工耳。"可见他将宋应星的技术哲学思想转化成政治经济学说，是对宋氏思想的一大发展。昔日日本读书人都能阅读《天工开物》汉文本，所以日文译注本直到1953年才由京都大学薮内清等学者推出并出版。这是此书第一个外文全译本，1969年起又发行袖珍本，至今已重印二十多次，成为畅销书。著名科学史家三枝博音认为：《天工开物》不只是中国，而且是整个东亚的一部代表性的技术书，其包罗技术门类之广是欧洲技术书无法比拟的。

　　《天工开物》18世纪传到朝鲜国后，受到李朝后期知识界尤其是实学派学者的重视，朴趾源的《热河日记》首先向半岛读者推荐此书，以改善本朝农业和农具的落后局面。进士出身的内阁重臣徐有榘，晚年执笔的一百一十三卷本巨著《林园经济十六志》和李圭景（号五洲）的《五洲书种博物考辨》（1834年）、《五洲衍文长笺散稿》（约1857年）等重要科技作品中都多次引用《天工开物》，受惠于宋应星的力作。李朝学者多精通汉文或以汉文著述，因此没有出现译本。直到1997年韩国汉城外国语大学崔炷的译注本由传统文化社出版，附汉文原文。

1830年法兰西学院中国学家儒莲将《丹青》章论银朱部分译成法文，是《天工开物》译成西文之始

18至20世纪《天工开物》又在一些欧美国家传播，在法、英、德、意、俄等欧洲国家和美国大图书馆都藏有此书不同时期的中文本。其中巴黎皇家文库（今国家图书馆前身）早在18世纪即入藏明版《天工开物》。1830年法兰西学院中国学家儒莲将《丹青》章论银朱部分译成法文，是此书译成西文之始。儒莲将此书称为"技术百科全书"，将"天工开物"理解为"对自然界奇妙作用和人的技艺的阐明"。1832年转译成英文，刊于印度《孟加拉亚洲学会学报》。从此儒莲成为《天工开物》西译的主要推动者，1833年，他将此书制墨及铜合金部分译文发表于法国权威刊物《化学年鉴》及《科学院院报》，旋又译成英文和德文。宋应星的作品之所以受重视，是因其中所载产品性能优良，欧洲人想仿制以减少从中国进口，但不得制法要领及配方，正好《天工开物》提供了欧洲人想知道的技术信息。

1837年，儒莲受工部和农商部大臣之命，将《天工开物》养蚕部分及《授时通考·蚕桑门》（1742年）译成法文，由巴黎皇家印刷厂出版官刊本，法文译本取汉名为《桑蚕辑要》。从1837年起不到十年之间此法文译本便转译成意大利文、德

文、英文、俄文、希腊文和阿拉伯文等七种文字刊于欧、美、非三大洲，内有四种是国家元首或内阁大臣下令翻译和出版的官刊本，打破了汉籍西译史上的纪录。翻译、出版中国有关养蚕古农书的初衷是，帮助欧洲各国蚕农吸取中国技术经验，促进桑蚕业发展，扭转18世纪后半叶出现的萎缩趋势，收效显著。其次，欧洲从12世纪学会造纸，但一直以破布为原料单一生产麻纸，18世纪以后耗纸量激增，但破布供应却有限，于是造纸业出现原料危机，各国在探试以何种其他原料代替破布造纸。1840年，儒莲将《天工开物》造纸章译成法文刊于《科学院院报》。其中提到以野生树皮纤维、竹类及草类纤维代替破布造纸，还可用各种原料混合制浆。这些信息很快得到反馈，法、英、德人以其他原料成功造纸，终使原料危机获得缓解。

《天工开物》在国外受到高度评价，对欧美产生广泛影响

1869年，儒莲扩大对《天工开物》译述范围，与科学家尚皮翁合作发表《中华帝国工业之今昔》，收入《天工开物》各工业章译注，与农业章《桑蚕辑要》成为姊妹篇，在欧美产生广泛影响。20世纪以来，《天工开物》有更多章甚至全书被译出，除欧洲人外，中国人也加入译者队伍。1964年，柏林洪堡大学研究生蒂洛将该书有关农业各章译注成德文并作专题研究，获哲学博士学位。1966年，美国匹兹堡城宾夕法尼亚州立大学华裔学者任以都推出第一个英文全译本。1981年，李乔苹等人第二个英译本由台北的中国文化学院出版。在18至19世

纪，《天工开物》所载许多技术与东西方有关国家相比，仍然是新颖而先进的，如种稻养蚕、耕田灌溉农具、活塞风箱、锌及锌合金冶炼、灌钢技术、多种原料造纸、水密隔舱、深井钻探、提花机等等，外传后可充实相关国家的科技知识，改善技术现状，提高生产力。宋应星如果被请到产业革命前后的英国传授技术，他一下子就可拿到多项专利。他的书在国外受到高度评价，19世纪英国生物学家达尔文将《天工开物》称为"权威著作"，当代英国科学史家李约瑟将宋应星称为"中国的狄德罗"，认为《天工开物》足可与狄德罗主编的18世纪法国百科全书相匹敌。

进入21世纪以后，《天工开物》仍继续受到重视、推介和深入研究，如2011年《天工开物》古文原文、现代汉语译文与英文译文对照本收入《大中华文库》并在国内外发行。同年，德国学者薛凤用英文写的《开万物之技艺·17世纪中国的知识与技术》由美国芝加哥大学出版社出版。书中全面而深入地介绍了宋应星及其著作和他给人类留下的技术和精神遗产，掀起当代西方研究《天工开物》的新高潮。可以预期在未来的岁月，还会有更多的译本和研究作品在国外出现。

本文发表于2013年1月28日《北京日报·理论周刊》文史版，原题为《〈天工开物〉在国外的传播和影响》，作者时任中国科学院自然科学史研究所研究员

第一次"西学东渐"衰落的真相

郑永华

在明末清初的"西学东渐"过程中，以利玛窦为代表的西方传教士扮演了极其重要的先驱者角色，中国科技亦由此开启了由传统走向近代的序幕。但由于作为西学传播主体的天主教过分干预政治，在某种程度上导致了"西学东渐"的衰落。

康熙帝对"西法"态度的转变

早年的康熙帝对西方科技有着强烈的求知欲，先后向南怀仁、白晋、徐日升等传教士学习过天文学、数学（特别是几何学）、物理学、化学、医药学（如解剖学）等西方科学。他以一国帝王之尊，大大促进了"西学"的传入，由此也积累了对传教士的好感。因此当巴黎外方传教会的福建代牧阎当再次挑起"礼仪之争"时，卷入其中的康熙帝一度表现出极大耐心，不愿意中西双方因此而决裂。但教皇格勒门十一世无视康熙帝的态度，两次发布"禁约"与通谕，禁止中国天主教徒参加祀祖、祭孔、敬天等儒家礼仪。康熙五十九年（1720年）十二月，康熙帝在宫中读到传教士所译的教皇"禁约令"全文，极为愤慨，提笔批示："览此告示，只可说得西洋人等小人，如何言得中国之大理……以后不必西洋人在中国行教，禁止可也，免得多事。"

其实早在康熙五十年（1711年）十月，康熙帝就以钦天监计算的夏至时刻与实测日影不符，指出"此事实有证验，非比书生作文，可以虚词塞责"，对"西法"的深信不疑开始动摇。此后康熙帝设立蒙养斋，试图实行历算编制"自立"。他又倡导"西学中源论"，既有维护"天朝上国"尊严的用心，也有因"西法"所编历书多次出现误差的历史背景。所有这些，都影响到康熙帝晚年在探索西方科技方面的热情。故当与教皇的冲突明朗化之后，康熙帝指示，所有不守"利玛窦规矩"的传教士一概驱逐，留用的"会技艺"者亦只可"自行修道，不可传教"。但终康熙一朝，也没有改变招徕西洋科技人才为清廷服务的方针。

与康熙帝相比，雍正帝于西学可说"毫无兴趣"

雍正帝登基不久，便改变了康熙时期的政策。一方面，由于雍正帝本人信佛，尤其亲近喇嘛教，因而对传教士的"辟佛"言行十分反感，对康熙年间宽容天主教的政策早有不满，声称"你们哄得了父皇，哄不了我"。另一方面，也掺杂了"储位之争"所带来的政治因素。康熙帝对于西方科技的兴趣和对传教士的好感，一度影响了很多人。皇太子允礽及其舅父，也是"太子党"核心的索额图，都与传教士关系密切。到皇太子允礽被废黜之后，葡萄牙传教士穆敬远又直接卷入康熙末年的"储位之争"中。经过激烈争夺方得上位的雍正帝继位不久，便制造了传教史上有名的"苏努事件"。随后雍正帝在宣布允禩、允禟"罪状"的同时，又将传教士穆敬远逮捕严讯，并授意杀于谪所。这当然是出于铲除政敌势力的政治需要。近代著名思想家梁启超在论述"清代学术变迁与政治的影响"时，就提及"相传当时耶稣会教徒党于皇太子允礽，喇嘛寺僧党于雍正帝胤禛，双方争斗，黑幕重重。后来雍正帝获胜，耶稣会势力遂一败涂地"。

与热衷于西方科技的康熙帝相比，雍正帝于西学可说"毫无兴趣"，受其影响，"康熙五六十年间所延揽的许多欧洲学者，到雍正帝即位之第一年，忽然驱除净尽"。因此雍正一朝的科学进步，除钦天监监正、耶稣会士戴进贤编制的《历象考成》日躔、月离表，以及巴多明、雷孝思等传教士在康熙朝大规模测绘基础上绘制的《雍正十排皇舆全图》聊可称道外，其他方面均乏善可陈。在康熙朝"西学东渐"高潮的映衬下，更显得"黯然失色"。

乾隆帝对雍正朝严厉政策的适当调整

乾隆帝登基后，对雍正朝的严厉政策做了适当调整，试图"宽严相济"。与康熙帝对西方科技的求学探究不同，乾隆帝允许传教士在内廷供奉，主要是为了满足"奇器淫巧"的个人赏玩。

乾隆帝迷恋西洋技艺的艺术魅力，信用郎世宁、王致诚等传教士，创作了大量西洋宫廷画。他又令蒋友仁设计和监造圆明园大水法,将西洋宫廷建筑与园林艺术引入中国。但乾隆帝的兴趣点主要在于新奇的欧洲艺术,并不屑于系统的西方科学知识。乾隆帝登基后尊崇喇嘛教,将其父皇的潜邸雍和宫改为喇嘛庙,在《御制喇嘛说》中大力强调"兴黄教,即所以安众蒙古,所系非小"。或基于信仰方面的因素,乾隆帝对天主教的"西洋"教义缺乏好感,对宫中作为"御用技师"的传教士也不真正尊重。综观乾隆一朝,虽仍试图在科学上有所作为,编纂有《历象考成后编》《仪象考成》等科技成果,《四库全书》中也收入了十七名欧洲传教士所著的二十九部"西学"著作;在实测新疆、西藏等地基础上完成的《乾隆十三排图》,更成为当时世界上最完善的亚洲大陆全图。但此时整个学界的学风已悄然发生转移,考订、整理中国古籍的"乾嘉学派"逐渐占据主导地位,引入"西学"的广度和深度远不能与康熙时代相提并论。可见,第一次"西学东渐"浪潮,其实已在中华大地上迅速衰落。正是在这个意义上,梁启超认为,雍正以后,"中国学界接近欧化的机会从此错过,一搁便搁了二百年"。其间的因缘际会,颇值得后人深思。

本文发表于2017年2月13日《北京日报·理论周刊》文史版,
原题为《第一次"西学东渐"衰落的真相》,
作者时任北京市社会科学院历史所研究员

俄国使臣眼中的紫禁城

叶柏川

　　17世纪，随着俄国不断向东扩展，中俄边界逐渐接近，俄国人开始在地理、政治、经济等方面发现并探索中国。1618年，来自托木斯克的哥萨克佩特林一行在蒙古人的帮助下到达中国都城北京，这是俄国人首次目睹传说中的中国。此后，在17至18世纪，为谋求对华贸易利益和解决边界争端，俄国政府频繁遣使来华，接踵而至的俄国来华使团成员记录下了他们对中国的印象。这里说说他们眼中的紫禁城和朝廷。

　　紫禁城是皇帝的居所，也是中华帝国的统治中枢。俄国使臣在这里见证了专制帝国的权力金字塔与帝王的更迭。在清政府的有意安排下，他们还亲历朝拜大典，感受了"天朝威仪"。

　　来华使臣对紫禁城的总体印象是高大雄伟，城墙"差不多和莫斯科帝都的宫墙一样高"，紫禁城内守卫森严，并且"无论在房屋上、衣袍上或在船只上，到处都画着蛇"（在使臣记述中，多次将中国帝王的象征物"龙"误称为"蛇"）。

　　他们称紫禁城为"磁铁城"，因为他们认为城墙是"用磁铁矿石建成"的。"在这座大中国白城里有一座磁城。大明皇帝本人就住在里面。据说，从大中国白城城墙到这里为石板路，要走半天……大明皇帝居住地磁铁城装饰着各种珍贵饰物，极其精致。皇宫位于磁铁城中心，大殿顶部金碧辉煌。"

接见使臣的大殿雕梁画栋，金碧辉煌。屋顶铺着黄琉璃瓦，并饰有狮、龙及其他禽兽。大殿里没有像西方宫殿那样的拱顶，墙一直砌到屋顶，殿内竖立十二根圆柱。屋顶天花板饰有金漆彩绘图案，地面"按鞑靼习惯"铺着花卉鸟兽图案的地毯。皇帝宝座"坐北朝东"（此处应是朝南），高高在上，宝座左右两方是镀金的栏杆……

俄国使臣称紫禁城的主人为"博格德汗"。"汗"是俄国皇帝对东方国家君主的称呼。斯帕法里觐见时，坐在离皇帝不远的地方，他看到康熙皇帝中等身材，面色微黑，脸上有许多麻点，蓄黑色小胡子。皇帝的御座是木制的，"雕着各种图画和蛇"。他发现只有皇族才可以穿戴黄色，皇帝的兄弟和亲属的帽子上有别人不敢使用的金色标志，他们穿的衣服也是绣金的，胸前背后镶圆形金片。耶稣会士南怀仁告诉斯帕法里，康熙皇帝"虽年仅二十三岁，遇事已能择善而从"。

伊台斯来京时，康熙皇帝已成为一位乾纲独断的统治者和卓越的政治家。他眼中的康熙"年约五十岁，中等身材，仪表令人肃然起敬，有一对黑色大眼睛，鼻子隆起，略歪，垂着黑色髭须，几乎没有胡子，脸上有麻点"。伊台斯认为康熙皇帝虽然不喜欢汉人，却能"巧妙地统治着自己的臣民"。

而当伊兹玛伊洛夫来京时，康熙皇帝已是年近七旬的老者，在使臣面前表现得温和大度，与使臣讲话时语重心长，见到使臣衣服单薄，还赐给他一件自己的貂皮袄。言谈中使臣得知，康熙喜欢天文学和数学，从耶稣会士那里学了不少这方面的知识。

萨瓦来华时，端坐在御座上的已经是雍正皇帝。他看到雍正"架着腿坐在御座的貂皮坐褥上，仪态极其庄重，犹如一幅画"。但耶稣会士帕列宁神父对雍正皇帝的执政颇有微词，他告诉使臣，雍正皇帝即位四年来，"搜刮的国库资财比康熙皇帝七十年聚敛的还要多"，他与所有兄弟不和，并在北京广设密探，搞得人心惶惶。耶稣会士向国库交纳一万两银子才得以保全他们在北京的教堂。雍正皇帝禁教政策十分严厉，传教士在华处境艰难，其评判之词难免带有感情色彩。

清朝皇帝之下是文武大臣。大臣们的朝服按照品级在胸前和背后绣着狮子、老虎、蟒或仙鹤。在康熙皇帝为使臣设置的宴席上，伊台斯看到，文武百官有二百多人，均按其官衔高低依次入席，"照波斯的方式盘腿而坐"，大家"垂目端坐"，听不到一点儿声音。萨瓦在一次皇帝的宴会上也看到同样场景，他觉得很是惊奇，这么多人坐在那里，却都一言不发，相互之间也不交谈。

在紫禁城里，使臣们目睹了中国传统的君臣之礼，巴伊科夫、斯帕法里等使臣都经历过这样的场面。皇帝上朝，除重大节日，平时每月三次，大臣王公要向皇帝大礼参拜。使臣在天亮前一小时就被带领前往紫禁城。沿途到处是骑马、坐轿进城的官员，打着纸灯笼，灯笼上面用汉字写着他们的官衔。到达写有皇帝名号的石碑后，官员们都要下马、下轿。觐见之前，大臣们按官阶大小在大殿外广场上席地而坐。皇帝临朝时，鼓乐齐鸣。之后，有人站在石阶上大声喊叫："全体肃立！"官员们就按照官阶高低在唱礼官的引导下依次上前行三跪九叩之礼。斯帕法里看到大家两手撑地，慢慢把头扣到地面，又慢慢地从地上抬起头来，他觉得"好像俄国妇女跪拜一样"。

俄使经历这样的场面是很自然的。在早期中俄外交交往中，双方屡屡因礼仪问题发生争执，其焦点问题之一，就是行跪拜礼。按清朝惯例，来华外国使臣需向皇帝及象征皇帝的庙宇、牌位行三跪九叩之礼，俄国使臣则坚持按照欧洲礼仪，在君主面前脱帽行鞠躬礼。为令俄国使臣行贡使之礼，清政府有意安排其在朝拜之日觐见皇帝，斯帕法里就是在这种情况下目睹了清朝官员的朝拜大礼，并被要求照例行礼，但他并未严格按照礼仪规定，叩首很快，头也没有到地。当清廷官员通过耶稣会士要求他叩头到地，并且不要那么快时，他回答说："那些人是博格德汗的奴仆，他们善于叩头，我们不是博格德汗的奴仆，就只能按我们知道的方式叩头。"

由于来华使团成员的出身背景、个人经历、肩负使命、出使经过各不相同，他们对北京城的感受自然有不同侧重。佩特林和巴伊科夫笔下的北京物产丰富，富庶繁荣；斯帕法里笔下的北京城防坚固，戒备森严，其所居驿馆如同监牢；伊台斯、勃兰德的笔下是美丽繁华的京城，无可挑剔的美食；萨瓦的笔下是寺庙众多的京城，异常兴盛的佛事……不仅如此，即使同一事物，不同人的记述也有所不同，如对北京城规模和城市面貌的记述。正是这些不同体现了北京城乃至整个中国在两个世纪的历史变迁。

本文发表于2015年10月12日《北京日报·理论周刊》文史版，
原题为《俄国使臣眼中的紫禁城》，
作者时任中国人民大学清史研究所副教授

基歇尔：汉字西传第一人

张西平

考察西方早期中国学史，基歇尔和他的《中国图说》是必须研究的，这是西方早期中国学发展史链条上一个重要的环节。基歇尔是第一个较系统地在欧洲介绍中国书写文字的人，从这个角度看，他是汉字西传第一人。

基歇尔首次发表了当时欧洲最长的中文文献

阿塔纳修斯·基歇尔（1602—1680年），欧洲17世纪著名的学者、耶稣会士。他兴趣广泛，知识广博，仅用拉丁文出版的著作就有四十多部。但他1667年在阿姆斯特丹出版的《中国图说》恐怕是他一生中最有影响的著作之一。《中国图说》的中文全名为《中国宗教、世俗和各种自然、技术奇观及其有价值的实物材料汇编》。

《中国图说》出版后，在欧洲引起了很大反响，其神奇的内容、美丽的插图、百科全书式的介绍，给欧洲人打开了一扇了解东方的大

▲ 1667年，阿塔纳修斯·基歇尔出版了《中国图说》一书。图为书中的插图。

门、一条通向中国精神世界的道路，它的内容后来被许多书籍广泛采用。这本书不仅为当时的欧洲学者所看重，如莱布尼茨案头就有这本书，并对他的东方观产生了影响，同时它还为一般读者所喜爱，因为书中的插图很美，以至于许多藏有《中国图说》的欧洲图书馆中，这本书的很多插图被读者撕去。这一点法国学者艾田浦的话很有代表性，他说："《耶稣会士阿塔纳修斯·基歇尔之中国——附多种神圣与世俗古迹的插图》的法文版是在1670年，尽管编纂者是一个从未去过亚洲的神父，但此书的影响，比金尼阁的《游记》还要大。"《中国图说》1986年英文版译者查尔斯·范图尔说："该书出版后的二百多年内，在形成西方人对中国及其邻国的认识上，基歇尔的《中国图说》可能是独一无二的最重要的著作。"

卜弥格在罗马学习时是基歇尔的学生，先后返回欧洲的卫匡国、白乃心也都是基歇尔的学生，在《中国图说》中关于中国的文献和材料基本上是卜弥格、卫匡国、白乃心三人提供的。

在《中国图说》中基歇尔公布了卜弥格的一封关于大秦景教碑的信，这封信对研究大秦景教碑的出土地点、时间是一篇重要的历史文献，就大秦景教碑的出土时间和地点，卜弥格的说法尚有争议，但他对大秦景教碑的介绍方面贡献很大。这是第一次在西方公布大秦景教碑的全部中文内容和第一次将碑文全部用拉丁字母注音。

在卜弥格到达罗马之前，虽然卫匡国已经将碑文的拓本带到了罗马，但在出版物中从未公布过碑文的中文全文。卜弥格到罗马后，将手写的大秦景教碑的碑文给了基歇尔，基歇尔在《中国图说》中全文发表。

这是欧洲第一次发表如此长的中文文献。所以，法国中国学家雷慕莎说，基歇尔所公布的卜弥格的这个碑文全文"迄今为兹，是为欧洲刊行的最长汉文文字，非深通汉文者不足以辨之"。这些中文文字使当时欧洲对中文的了解和认识产生了长期的影响。

基歇尔的学生卜弥格第一次对大秦景教碑碑文逐字注音

对大秦景教碑碑文的注音和释义是《中国图说》中另一个让当时欧洲人关注的方面，这个工作完全是卜弥格和他的助手陈安德做的，基歇尔在书中也说得很清楚，他说："最后到来的是卜弥格神父，他把这个纪念碑最准确的说明带给我，他纠正了我中文手稿中的所有的错误。在我面前，他对碑文又做了新的、详细而且精确的直译，这得益于他的同伴中国人陈安德的帮助，陈安德精通语言。他也在下面的'读者前言'中对整个事情留下一个报道，这个报道恰当地叙述了事件经过和发生的值得注意的每个细节。获得了卜弥格的允许，我认为在这里应把它包括进去，作为永久性的、内容丰富的证明。"

卜弥格将碑文的中文全文从左到右一共分为二十九行，每一行从上到下按字的顺序标出序号，每行有四十五至六十个汉字。碑文共有一千五百六十一个汉字。这样碑文中的中文就都有了具体的位置（行数）和具体的编号（在每行中的从上至下的编号）。在完成这些分行和编号以后，卜弥格用三种方法对大秦景教碑碑文做了研究。

卜弥格对碑文的语言学研究分为三个部分：其一是对碑文的逐字注音；其二是对碑文的逐字释义；其三是对碑文在逐字释义的基础上的内容解释。在书中对碑文的逐字注音和逐字释义是将碑文的中文和拉丁文的注音、释义分开来做的，它们之间完全靠编号一一对应。

根据目前我的知识，这很可能是在欧洲公开发表的第一部关于中文的字典，尽管该字典的排列将中文和拉丁文分开了。这既是卜弥格对欧洲中国学的贡献，也是基歇尔的《中国图说》对欧洲中国学的贡献。

卜弥格对大秦景教碑的释义部分，从中国学的角度看也有重要的学术价值：其一，卜弥格为使西方人理解大秦景教碑碑文的内容，在对碑文释义时加入了一些解释，向西方的一般民众介绍关于中国的基本知识。例如，"太宗文皇帝光华启运，明圣临人。大秦国（这是东罗马帝国）有上德曰阿罗本，占青云而载真经，望风律以驰艰险。贞观九祀（636年）（编者注：应是635年），至长安。帝使宰臣房玄龄（这是宰臣的名字），惣仗（这个仗是红的，表示接受了皇帝的派遣）西郊，宾迎入内。翻经书殿，问道禁闱。深知正真，特令传授。贞观（这是皇帝的年号）十二年（639年）（编者注：应是638年）秋七月。"其二，他在碑文的解释中所注的纪年具有重要的学术意义。因为，当时没有人知道中国的历史纪年，卜弥格第一次介绍了中国的纪年。这个问题在后来的入华耶稣会士的中国学著作中成为一个重要的问题，并对欧洲文化和思想史产生了重要的影响。

卜弥格对大秦景教碑的解释进一步促进了欧洲对中国的认识，特别是他对汉字的逐字注音，对欧洲中国学是一个重要的贡献，这在欧洲是第一次。但不足之处是卜弥格所做的第二部分：逐字释义。因为从语言学的角度来看，用一两个拉丁词来解释一个中文字，这几乎是不可能的，而且，大秦景教碑的中文本身并不是一部字典，中文每个字是作为一句话中的字而显示出其字义的，单独地抽出一个字，用拉丁文加以释义是很难的。从语言学的角度来看，这种做法本身就是有问题的。第三部分对整个碑文的意译，现在看来理解上问题不少，但从解释学的角度是可以理解的。

基歇尔是在欧洲介绍中国书写文字的第一人

基歇尔的中国语言观仍是17世纪的基督教语言观，在这方面他并未有任何创造，他在谈到中国的文字时说："我曾说过，在洪水泛滥约三百年后，当时诺亚的后代统治着陆地，把他们的帝国扩展到整个版图。中国文字的第一个发明者是皇帝伏羲，我毫不怀疑伏羲是从诺亚的后代那里学到的。在我的《埃迪帕斯》第一卷中，我讲到殷商人是怎样从埃及到波斯，以及后来怎样在巴克特利亚开发殖民地的。我们知道他和佐罗阿斯特、巴克特利亚人的国王经历相同。巴克特利亚是波斯人最远的王国，同莫卧儿或印度帝国接壤，它的位置使得它有机会进行殖民，而中国是世界上最后一个被殖民者占领的地方。与此同时，汉字的基础由殷商人的祖先奠定了。虽然他们学得不完全，但他们把它们带到了中国。古老的中国文字是最有力的证明，因为它们完全模仿象形文字。第一，中国人根据世界上的事物造字。史书是这样说的，字的形体也充分证明了这一看法，同埃及人一样，他们由兽类、鸟类、爬行类、鱼类、草类、树木、绳、线、方位等图画构成文字，而后演变成更简洁的文字系统，并一直用到现在。汉字的数量到如今是如此之多，以至每个有学问的人至少要认识八万个字。事实上，一个人知道的字越多，他就被认为越有学问。其实认识一万个字就足以应付日常谈话了。而且，汉字不像其他国家的语言那样按字母排列，它们也不是用字母和音节来拼写的。一个字代表一个音节或发音，每一个字都有它自己的音和义。因而，人们想表达多少概念，就有多少字。如有人想把《卡莱皮纽姆》译成他们的语言，书中有多少字，翻译时就要使用同样多的中国字。中国字没有词性变化和动词变化，这些都隐含在它们的字中了。因此，如果一个人想具有中等知识的话，他必须要有很强的记忆力。中国博学的人的确花费了很多时间，勤学苦学而成的，因而他们被选拔到帝国政府机关的最高层中。"这里他的语言观是很清楚的。他的这种语言观完全是从基督教的语言观出发的，文化相遇时的误读是无法避免的。

尽管在他之前也有人零星介绍过汉字，但像基歇尔这样介绍如此多的汉字，这在欧洲还是第一次。从这个角度看，我觉得，他可称为汉字西传第一人。在《中国图说》中，他介绍了中国十六种古代的文字，分别是："伏羲氏龙书""穗书神农作""凤书少昊作""蝌蚪颛顼作""庆云黄帝帝篆""苍颉鸟迹字""尧因龟出作""史为鸟雀篆""蔡邕飞帛字""作氏笏记文""子韦星宿篆""符篆秦文之""游造至剪刀""安乐知思幽明心为""暖江锦鳞聚""金错两制也"。

基歇尔所介绍的这些中国古代文字从哪里来？已故的丹麦中国学家龙伯克认为来自中国的一部古书《万宝全书》，这是传教士当时带回欧洲的一本关于中国古文字的书。

基歇尔对中国文字的这些介绍，在今天看起来十分浅薄，但在当时的欧洲确是前所未有的关于中国文字和语言的知识。实际上正是基歇尔在《中国图说》中所介绍的这些关于中国语言和文字的知识，特别是他和卜弥格所介绍的大秦景教碑碑文的中文，对以后的欧洲本土中国学的产生有着根本性的影响，无论是在门采尔那里，还是在以后的法国中国学家雷慕莎那里，《中国图说》所介绍的中国语言和文字材料都成为他们走向中国学研究之路的基础。

基歇尔的书是欧洲早期全球化时代最有趣味的书，是中国语言和文字在欧洲最大的集体亮相，它反映了欧洲人走出地中海以后，在广阔的世界里所得到的知识和观念，而《中国图说》是当时扩展欧洲人东方观念最重要的一本著作，成为欧洲人最初认识中国的一个图像。

本文发表于2013年6月17日《北京日报·理论周刊》文史版，

原题为《基歇尔：汉字西传第一人》，

作者时任北京外国语大学教授

法国启蒙运动中的中国元素

高 毅

法国是欧洲启蒙运动的主战场。法国启蒙学者们的思想存在保守或激进程度的差异，但在崇尚平等自由这一基本点上是相当一致的。他们还在东方的中国儒家文化中发现了自由和平等的精神，并备受鼓舞。

中国儒家文明是法国启蒙学者关注的重中之重

法国启蒙运动在世界文明史上引起的震动具有显著的超文化差异的特征。伏尔泰、卢梭、孟德斯鸠等人的学说后来一直在世界的各个角落，为具有各种文化背景的人所传诵，鼓舞着种种争取社会进步的斗争。从现代民主政治发生学的角度来看，法国启蒙运动的主要贡献是直接促发和指导了两次伟大的革命事件——美国革命和法国革命。正是这两次革命，把由英国革命正式开始的现代民主政治创制试验大幅度地推向了深广，并最终完成了现代民主政治基本形态的构筑。

然而，学术界对这场伟大的法国

▲伏尔泰（1694—1778年），法国启蒙运动的倡导人，18世纪著名的思想家、文学家。

启蒙运动的认识迄今还有欠全面。因为人们在评述这场运动的时候，常常有意无意地忽略一个重大的事实，那就是由中华文明所代表的东方文明曾在其中起过非常积极的推动作用。结果，启蒙运动一般被公认为纯粹基督教文明的产物，没有利用过也无须利用任何来自其他文明的精神资源。按此逻辑，启蒙运动所构想出的包括现代民主政治在内的全部现代性，乃至建筑在启蒙原则基础之上的整个现代文明，也都被看成了纯粹的西方性和西方文明。现代化即"西化"的偏见，其实也就是这么来的。

可是，从启蒙运动的实际发展进程来看，基督教文明在锻造现代性的时候远不是这样"自足"的。至少，启蒙运动的两大核心信条——自由和平等（它们同时也是现代民主政治赖以成立的基石）的奠立，就曾得到过来自远东的中华儒家文明的支持。

从启蒙时代开始深入人心的自由、平等观念，的确有其欧洲本土的历史渊源，具体说来主要源自益格鲁－撒克逊和法兰西的政治文化传统，其最重要的阐释者分别为洛克和卢梭。我们知道，尽管法国启蒙运动的主流派极崇拜英国，但他们的眼中也绝非只有英国。西欧二百多年来的海外探险、殖民、贸易和传教活动，在大大加强各传统区域文明之间的联系交往的同时，也极大地开阔了法国启蒙哲人的学术视野。翻开启蒙旗手伏尔泰的《风俗论》（这部巨著使他荣膺"世界文化史之父"的称号），我们会不由自主地惊叹当时西欧人人类文明史知识的广博。当时世界各大传统区域文明——中国儒家文明、南亚印度文明、中东伊斯兰文明及欧洲基督教文明，已全在他们的视域之中。这时的西欧人对域外文明的考察了解不仅极为广泛，而且相当精细，表现出一种非同寻常的世界性文化研究兴趣。同时，他们对人类文明的探讨也不是没有重点的。他们有一个重中之重的关注中心，这就是中国的儒家文明。历史学家们甚至发现，在18世纪的法国，启蒙哲人们对中国似乎比对英国更感兴趣。如法国学者维吉尔·比诺称："当人们翻阅18世纪法国思想家、经济学家撰写的作品、游记或报刊文章时，会惊讶地发现中国的名字是如此频繁地出现，激起了那么多的赞誉之词。仅以此而论，中国似乎就比英国更受欢迎。"

启蒙学者从中国文化中汲取了大量养分

那么，18世纪法国何以会发生这么一场"中国热"？这件事似乎和法国启蒙主流崇尚"开明专制主义"的倾向有关。

人们知道，"开明专制主义"的主要鼓吹者伏尔泰就是一个典型的中国迷。这位睥睨一切传统权威的批判家，对于中国的传统权威孔子却非但不敢小觑，反而推崇至极。他把孔子的画像挂在家中的礼拜堂里朝夕膜拜，并以儒家思想文化为武器，抨击欧洲基督教的一神教专制。在他心目中，奉行儒学的中国是开明专制君主制的典范，那里有真正的信仰自由，佛教、道教、喇嘛教都可以自由传道，大家相安无事，政府只管社会风化，从不规定国民的宗教信仰。他还说中国人是"所有人中最有理性的人"。显然，伏尔泰推崇中国的儒学文化，主要就是看到其中有一种他在当时欧陆现实中难得见到的"自由"精神（其具体表现就是宗教宽容）。

重农学派的重要代表人物魁奈则是另一位有名的中国迷。他几乎言必称孔子，对奉行儒学的中国文化和政治体制颂扬备至，认为中国是符合自然秩序的完美楷模。他于1767年写就了《中国专制制度》一书，由此为自己赢得了"欧洲孔夫子"的雅号。重农学派为何推崇中国儒学？关于这个问题，有学者做过比较深入的研究，其重点是研究儒家思想对西方近代自由主义经济思想的影响，强调了它对法国重农学派理论的滋养，并由法国重农学派和亚当·斯密学说的关联，进一步凸显了儒家思想对整个西方近代经济思想的奠基意义。这其实是儒家学说对整个欧洲启蒙运动（包括别具一格的苏格兰启蒙运动）影响的一个重要方面。但如果是从政治文化的角度来分析，那么更值得我们重视的，还是托克维尔的有关看法。托克维尔认为，重农学派之所以推崇儒学，是因为他们从中发现了他们所特别珍视的"平等"价值。在托克维尔看来，重农学派的著作最能体现法国大革命的那种革命民主气质，因为"他们不仅憎恨某些特权，分等级也令他们厌恶；他们热爱平等，哪怕是奴役中的平等"；由于这种平等在四周无法找到，他们便把眼光投向了遥远的中国，结果发现那里早已有了这样的东西，表现在：中国的"专制君主不持偏见，一年一度举行亲耕礼，以奖掖有用之术；一切官职均经科举获得；只把哲学作为宗教，把文人奉为贵族。看到这样的国家，他们叹为观止，心驰神往"。

此外，按照法国文学批评家居斯塔夫·朗松的看法，中国儒学之所以在18世纪的法国广受欢迎，主要是其道德观迎合了当时法国人的精神需要——那是一种既非宗教教条强加于人，又非由超验原则演绎而成的道德观，它与客观实际、现实生活相关联，能让一般人较容易做到；此外，中国的政治体制又是和儒家道德原则结为一体的，这种政治与道德的统一，也为对现实不满的法国人提供了一种榜样。换言之，中国的儒学和政治体制之所以受法国启蒙哲人青睐，是因为它富含一种人本主义的伦理学。在伏尔泰看来，这种伦理学"跟爱比克泰德（古罗马的一位斯多葛派哲学家）的伦理学一样纯粹，一样严格，同时也一样合乎人情"。伏尔泰还看到，孔子和西方古代贤哲一样有"己所不欲，勿施于人"或"己欲立而立人，己欲达而达人"的信条，并"提倡不念旧恶、不忘善行、友爱、谦恭""他的弟子们彼此亲如手足"。显然，这就是"博爱"的本义，因而也就和"自由"与"平等"的信条息息相关了。

儒学中内含的"自由""平等"精神极大地鼓舞了启蒙学者

当然我们也知道，伏尔泰和魁奈等启蒙学者所了解的儒家文化并非真正的儒家文化，至少不是儒学的全部。事实上儒家文化在他们那里，很大程度上是被不切实际地理想化了。此外，也并不是所有的启蒙思想家都像他们那样迷恋中国，比如孟德斯鸠和卢梭就曾毫不客气地批判过中华文明带有专制、愚昧特征的某些方面，而且相形之下，他们的看法要显得客观、准确得多。然而，如果就此认为西传的中华文明对于启蒙运动实际上毫无积极意义，却也有失公道。实际上伏尔泰等人对儒家文化的"误读"产生过某种"郢书燕说"的积极效果——也就是说，儒学当中本来比较含糊、隐晦，而且在实践中又长期被扭曲、遮蔽的一些普遍适用价值，破天荒头一遭被明晰化、被提升、被凸显了出来，而且被当作代表东方文化的一个重要参照系，堂而皇之地参与了西欧人锻造现代文明的伟大实践。此外还有一个积极效果也不应被忽视，那就是儒学中内含的"自由""平等"精神的被发现，似乎也极大地鼓舞着法国的启蒙学者：试想，那群正东奔西突上下求索、要把自由平等一类信条确立为万世不易的普遍适用价值的法国人，忽然发现中国人这个东方的代表性民族一直就在奉行这类信条，这时他们感受到的该是何等强烈的兴奋。

应当说，自由与平等这一对价值不仅具有普遍适用性，而且对于现代文明或现代性而言还具有某种根本性的意义。表面上看，它们好像只与政治有关，好像只涉及政治民主化的问题，实则不然。说到底，工业化和科学化不讲自由与平等同样也是不行的。比如，真正的工业化不能没有市场经济的支撑，而市场经济的健康发展就离不开自由与平等价值的贯彻；搞科学如不贯彻学术自由、贯彻真理面前人人平等的原则，也不可能有真正伟大的发明创造；等等。总之，对于现代性来说，"自由与平等"的原则和"理性"的原则几乎具有同等重要的意义，而在这些原则的确立过程中，东方文明客观上是做出了重要贡献的。

本文发表于2016年5月9日《北京日报·理论周刊》文史版，原题为《18世纪法国"中国热"参与锻造现代文明》，作者时任北京大学历史学系教授

中国人是从何时开始"留学"的

余子侠

"留学"与"游学"

在中国的历史上，留学亦称游学。然而细究"游学"一词，与今日所言"留学"，二者还是小有区别。这种区别与人类社会的进步和教育自身的发展相关。

游学，就其词义本身而言，是指远游异地从师求学。站在受教育主体的角度，是就其教育活动状态而言，重在"游"字上，是一种动态的表现。其中的"游"，是指行走、来往。故而"游学"另一含义，是指春秋以降以己之长游说诸侯或权势者以谋求职位之人的社会活动。根据清末有关官方文件，如清外务部《奏议复派赴出洋游学办法章程折》中对其时留学生派遣的"名目"划分，即将其时选派出国求学之人分为"贵胄学生""官派学生"和"游学学生"，并于"游学学生"目下加以说明——"如民间自备资斧出洋者皆是"，这里的"游学"又带有个人自由赴异域他邦进学从师的意蕴。

留学，就其词义本身而言，是指远离乡邦留居异域他国入学求教。站在受教育者的角度，是就其教育行为方式而言，重在"留"字上。就行动主体所处状况来看，有一种静态之义。

其中的"留",是指求学者在一段较长时间内停留在某地（尤指留居外国）而求师问学的行为表现。如在隋唐时期，日本将跟随遣唐使（遣隋使）而来中国求学的学生称为留学生，即因这些来华求学之人并非一时的行为，而是在那些外交人员回国后仍"留居中国"学习或研究一个时期的学子。相较而言，那些随遣唐使归国时一起回国的学生则被称为"还学生"。

尽管从词义上两者存在细微的差别，但在近代以前，确切地说在进入20世纪之前，国人对于远游他邦异国的求学活动，概以"游学"相称。直到清末"新政"时期，政府设立的负责留学生选派工作的机构，亦以"游学"定名，如"游美学务处"等。民间社会对于其时出洋留学行为，亦概称为"游学东洋"或"游学西洋"。即使身在国外求学之人或留学归国之学子，他们其时发表的种种文字以及创办的报刊，亦加以"游学"二字来定名，如《四川游学诸生调查表》《送郎游学·序》《游学译编》，如此等等，表明其时虽说新式教育已经兴起与发展起来，但国人仍然多用传统的"游学"指称求学之人出国留学的行动。

其实，历史上，中日两国早在隋唐之际就有"留学"及"留学生"一说。只是中国自唐以降少有人出国求学，故而在后来的文献中记叙远游异地（异域）从师求学之事每每袭用"游学"旧说，日本则对"留居"外国学习和研究之人之事袭用其祖宗说法而未改。及至近代国门开启后，国人前往日本，受其影响而将"留学""留学生"转译回来。

细检清末"新政"教育革新时期见诸文字的有关记载，其时采用"留学""留学生"指称出国求学之事之人，确实始自也多见于留日学子，后来影响所及，则不止于留日学生群体而是整个中国社会。有此"历史基础"，进入民国之后，"留学""留学生"的说法遍行国内社会各阶层。自此，"游学""游学生"逐渐退隐出国人的文字记载和口头谈论。

中国最早记载有留学行动的文字，可以追踪至甲骨文的有关记事

如果咬文嚼字地去分析"游学"（"游学生"）和"留学"（"留学生"）二者的词义，在文意上稍显细微的差别。其实谁也不可否认，在民国之前其实两者就是指称同一事情，即前往异域他乡求学之人之事。因此，我们在考察中国人留学史时，设若处在前人的时代，也就是研究"中国人游学史"了。即是说，在着手书稿撰研之际，就将二者视为一事，历史的考察也由此而起始。

中国最早记载有留学行动的文字，恐怕可以追踪至甲骨文的有关记事。据《龟》卜辞文意，是说多名学子去某地求学，途中会不会遇上大雨。显然这是一种"游学"行为，只有远距离求学者才担心路上碰到下大雨，如此则交通不便而受困受累。

及至春秋战国时期，其时"礼失于野""学在四夷"，离乡背井远道求学者更是实繁有徒，而"游学"一词亦出现在这一

时期。尤其是在诸子私学蜂起之后，一些大师级人物的"从游者"甚多，更有不少远道慕名"游"来者拜其门下，以至出现如墨家"弟子弥丰，充满天下"的游学景象。这种远道游学的壮景，直到秦始皇一统天下实行"绝私学""禁游宦"的国策后才大为收敛。但自汉而下，这种传统的"游学"行为和游学之人仍然不绝于世。

完整意义上的留学教育始于汉代

降至汉代，由于政府重视学校教育的办理和知识人才的培养，完整意义上的留学教育开始出现在中国的历史上。据史籍记载，东汉时期即因儒学影响所及，而招致匈奴等周边少数民族政权统治者遣子弟进入汉王朝设立的学校肄习。自汉而后，延续至清，外人来华留学的足迹屡有所现。

比较外人来华留学，中国人出国求学活动起步稍晚，其主要原因在于中华文化或中华文明长期以来处于一种"上势地位"或"先进势态"。正因如此，根据史籍记载，中国人出国求学的最初起因也不是出于现实世俗社会的需求，而是出于宗教传衍的需要。至于前述先秦时期的种种"游学"之事和"游学"之人，其所"游"之地并未出华夏本土的范围，所"学"之术并未溢华夏文化的范畴。

起因于传衍宗教需求的国人出国留学行动，据现有史料显现，这种留学行程最早发自佛教信徒的脚步。创立于古印度的佛教，最早为中国人所知，是西汉时期著名的使节张骞。

据《魏书·释老志》所言，武帝开西域，遣张骞使大夏，张骞
"还，传其旁有身毒国，一名天竺，始闻有浮屠之教"。延至两
汉之际，佛教传入中国。但由于佛教原典的传入及译解存在种
种不足，故而在来华初期让中国的信徒在探究佛学义理之时
感到诸般困惑和不满："四世纪以前，佛教殆为无条理、无意
识的输入，殊不能满学者之欲望。"由是触发那些有志求取真
"经"真"理"的华籍佛教人士前往佛教发源地一探究竟。对
此种留学活动的起因，近人梁启超有过这样的说明：

> 初期输入之佛典，皆从西域间接，或篇章不具，
> 或译传失真，其重要浩博之名著，或仅闻其名未睹其
> 本。且东来僧侣多二三等人物，非亲炙彼土大师，未
> 由抉疑开滞。

为寻真经而出国求学的"留学运动"，最盛时是在5、7 两个世纪

考究华籍佛教信徒为寻真经而出国求学，三国时期曹魏境
内颍川人朱士行应是"第一个去西方求法者"。与以前仅仅以
离俗为僧的人有所不同，朱士行是在昙河迦罗传来《僧祇戒
本》创行羯磨受戒后第一个依法成为比丘的中国人。他在精研
其时传入中国的佛经时，常常感到首尾不接、"译理不尽"，故
而"誓志捐身"西行去求梵本，最后在新疆于阗地界"得正
品梵书胡本"《放光般若》经九十章计六十余万字。自是而后，
中国佛教信徒前往西方求学络绎于途。据梁启超研究，这种

"留学运动"最盛时是在5、7两个世纪，中间第6世纪较为冷落。而唐代高僧玄奘前往印度那烂陀寺的留学行动，则将这种宗教教育活动推至巅峰。

唐代之后，佛徒的宗教留学活动仍在进行。如在宋代，赵匡胤提倡佛教时，一次即派遣僧人继业、行勤等一百五十七人前往印度求取佛经。即使进入近代，佛徒出国留学仍能见其身影，如在民国时期即出现过"中华佛教赴暹留学团"前往泰国从事宗教留学的举动。

近代以来，中国留学教育的形式、内容和性质都实现了转型

鸦片战争前后，基督教新教即耶稣教一派也传入中国，第一个来华传教士为英国伦敦布道会的马礼逊。他于1807年9月到达广州，1834年8月在广州病逝，在包括中国在内的东方世界活动了整整二十七年。马礼逊逝后，广州、澳门等地英美传教士及商人为纪念他的"开创"之功，于1836年9月28日在广州正式组织起"马礼逊教育会"。后于1839年11月以马礼逊教育会的名义开办起一所马礼逊学堂。正是这所学堂的创办，使中国人出国求学行动发生了质的改变，这就是后来在该校教师、美国耶鲁大学毕业生塞缪尔·布朗夫妇带领下前往美国留学的容闳等三人。应该说，容闳一行出国留学，其行动起始与既往基督教徒赴西方求学并无多大的差异，但进入美国学校后，所接受的教育以及后来的留学成效，则使他们的留学之举

发生了前所未有的质变，无论教育的形式、内容和性质都实现了"转型"，完成了今日人们常言的"留学"教育的学习任务和教育目的，于是完整意义上的出国留学教育，在中国社会开始发生和发展起来了。

本文发表于2013年10月21日《北京日报·理论周刊》文史版，

原题为《中国人留学史溯源》，

作者时任华中师范大学教授

"清朝不是中国的朝代"？
"新清史"太荒谬

汪荣祖

西方史家多以其现代史学为具有所谓"普世价值"的学问，亦自以为彼所研究的中国史也优胜于中国学者，而不少中国学者往往也以为"外来的和尚会念经"，所以凡西洋学者所写的有关中国之书，不论优劣都受重视，乐于翻译引进。洋人研究中国历史或有"身不在庐山"的优势，但若凭其文化的偏见、理论的偏执以及双重标准而放言高论，岂能盲从？如名重一时的美国中国学家史景迁著书立说，论明代张岱，却不能卒读张氏文，谬误百出，而海峡两岸竞出译本，洛阳纸贵。甚至一位名不见经传的美国年轻学者裴士锋妄指湖南人不是中国人，而此谬论也有人急于译成中文。

所谓"清朝不是中国的朝代"，其说乃是战前日本学者"满蒙非中国论"的翻版

近年来所谓"新清史"的流行，尤令人关注。其说直指大清非中国，华语世界竟有不少学者也认为应该虚心向外人学习这种论调，且有觉其新颖而从风者，甚至还认为是了不起的新发现，无不显示人文自主性或历史解释权之丧失。吾人须知所谓"新清史"，实欲以后现代解构理论，颠覆大清为中国朝代的旧清史。以彼所见，清帝国乃中亚帝国而非中华帝国，而中国不过是清帝国的一部分。

没有料到，"新清史学派"的领军人物欧立德居然自承是"跟随冈田英弘教授学习"，在其书里也提到了受日本学者的启发有多大。启发欧立德的冈田英弘，就是《从蒙古到大清》一书的作者，他不认为元、清是中国的朝代，所以中国不应承继元、清的疆域。他说忽必烈建立蒙古帝国一部分的元朝，元顺帝败退蒙古后，元朝并未亡国而是进入北元时代。大清建立之初便继承了北元，而后征服了明朝的领土。简言之，大清所继承的是蒙古而非明朝。这就是冈田之书的核心论点，而"新清史"论者显然认同此核心论点。其用心就是要质疑中国的疆土。

"新清史"论点的主要依据何在

"新清史"论者必须要质疑"汉化说"，因"汉化"涉及清朝的本质。柯娇燕拒绝汉化之说最激烈，她痛斥此词"观念不清，思维乏力，在实际的历史研究上没有价值"。哈佛中国史教授包弼德也认为"汉化"用词不妥，建议以"文明化"来替代"汉化"。然而所谓"文明化"之"文明"非即"汉文明"乎？然则，所谓"文明化"岂不就是"汉化"的代名词，又何必多此一举？

大清盛世号称"中国风"，但欧立德欲以"满洲风"代之，认为"汉化"淡化了征服王朝在历史上的角色，满汉之间的文化差距虽然逐渐缩小，然而族群界限却愈来愈严，所以必须要去除"汉化"在中国历史书写上的核心地位。他批评汉化论者忽视了基于相同背景而拥有共同的历史记忆，以及承担本族共同命运的族群意识与我族认同。此即欧立德所谓的"族性主权"论，认为其重要性超过儒教的正当性。他说满族靠"军事"与"威吓"以少数统治多数，意在划清满族征服者与汉族被征服者之间的明确界限，使之壁垒分明，以便说明权力完全掌控于满人之手，与中国无关。如果"族性主权"可通，美国的黑人也拥有国家主权吗？其实族性认同与国家认同并不矛盾，不同族群只认同一个国家的主权，中、美以及其他多民族国家皆如此。

清帝不是中国的皇帝吗

欧氏以及许多欧美人坚持说，汉人才是中国人，因他们不认为中国是多民族国家，所以欧立德才会说：乾隆是"非中国人的中国统治者"。但清帝自称是中国的皇帝，不仅崇儒，而且对孔子有前所未有的尊敬，使儒家经典以及各类文集大量流通，清朝可说是中国历史上最为儒教化的朝代。中国台湾学者甘德星曾用四份康熙遗诏驳斥"清帝不是中国皇帝"的说法。他说遗诏是国家权力转移的关键文书，显示了满汉一体意识。从遗诏内容可知，康熙自称是中国皇帝，满文译本亦不作"汗"，而作"皇帝"，他是"中国至圣皇帝"或"统驭天下中国之主"，他所统治的都是"中国之人"。更不必说康熙在遗诏中一再引用汉典，将"满清纳入中国王朝的历史系谱之内"。所以，大清即中国，其重心在关内汉地，康熙是以汉地为中心的中国之主，而并非以中亚为轴心。康熙如此，之前的顺治与之后的雍正、乾隆诸帝，亦复如此。

欧立德有一大哉问："如果满洲人如此认为是中国人，雍正皇帝何必要花时间发表《大义觉迷录》来昭告每一个人？"欧氏显然误读了雍正皇帝的意思，雍正的用意有二：一是极力驳斥他失德的谣言（取皇位不当，流言来自他的兄弟），因有德者即合法，才合乎儒家仁德的理想。二是强调夷夏一家，论证清朝统治中国的合法性，明言华夷之别犹如籍贯之不同。至于谁主天下，有德者即有其位，"盖德足以君天下，则天锡佑之，以为天下君"。雍正如此明白说要"为天下君"，就是要做合法的中国皇帝，如果不认同中国又从何说起呢？

无论满、汉，族群认同并不影响国家认同

欧立德强调八旗制度，说是"为维持满洲的族性认同，以及持续大清统治扮演了充满生命力的角色"，以彰显满族国家的特性，并掩盖中华帝制的属性。其图谋势必会碰到史实的铁板，早在1936年孟森已发表有关八旗制度的长篇大论，文中一再提到清太祖努尔哈赤所创之八旗制度，以八旗平列为其所定的国体，全国"尽隶于八旗，以八和硕贝勒为旗主，旗下人谓之属人，属人对旗主有君臣之分"，所以八旗可以说是像联邦制的"联旗制"，而各旗之属人除女真族之外，也包括蒙古族、汉族、俄罗斯族、

维吾尔族、藏族等，并不是欧立德所谓的"族群认同"，而是认同旗主，是一种君臣的封建关系。然而，当其入关称帝后，这种封建国体无法适应大一统的帝国。清帝为了君临天下，创宇内一统的局面，不得不破八旗原有的立国精神，因八旗共治、八王议政与推选之制实在有碍皇帝之至尊。

对清帝而言，除仰慕汉文化之外，汉化更有实际的政治需要。欧立德视而不见，强以为直到20世纪八旗始终是"纯正的制度"，更亟言八旗与满洲族性和认同的关系，居然想要否定后现代极端理论都不敢拒绝的基本史实。事实上，无论满、汉，所认同者非其族群，乃大清皇帝及其所承袭的中华帝国，国号曰清，所以族群认同并不影响国家认同。大清向西扩张也是靠大一统国家的实力，大清国的根本在中原，国都在北京。

乾隆皇帝更以中国历史为己任，自称"春秋者，天子之事"，推崇中华正统的《通鉴纲目》，并修成《御批历代通鉴辑览》一书，将"隆古以至本朝四千五百五十九年事实编为一部，全书凡正统、偏安天命、人心系属存亡，必公必平，惟严惟谨而无所容心，曲徇于其间；览是书者，凛天命之无常，知统系之应守"。乾隆毫不含糊地将其本朝（清朝）视为四千余年中国历史的承上启下者，中华史学传统之执行者，以大一统为中国正统之继承者，并强调大一统政权就是"为中华之主"。

乾隆时代编撰的《太祖武皇帝实录》，不仅将未入关的始祖努尔哈赤冠以中国皇帝的庙号，称之为清太祖，而且在实录中并不讳言他曾向大明称臣，以及努尔哈赤曾接受明朝龙虎将军封号的事实。乾隆也曾重修辽金元史，并没有视之为征服朝代或外来政权。所谓重修，"在改正人、地、职官、氏族等音译，而不改动文字"。最主要的是，重修后的辽金元三朝历史，仍在二十四正史之列，也就是说，由少数民族所建立的政权也是中国历史的一部分，即乾隆所谓的"海寓同文"，清一朝又何曾自外于中国？

中外学者如不明就里，不读原文，就附和"新清史"之说，赞美其主张利用满文资料，殊不知清史专家早已用之；欣赏其中亚视角，殊不知其意在以边疆为中心，否认大清是中国的朝代；以汉化为老故事而不愿谈，殊不知正中其凸显所谓"族群主权"之用意。"新清史"主要论点，貌似欲颠覆并不存在的中国中心论，其实际意图则为切割满汉减缩中国，但全不能成立，反而透露西方学术的霸权，甚至隐含质疑中国既有疆域之阴谋。

本文发表于2018年11月19日《北京日报·理论周刊》文史版，
原题为《中国历史话语权在外移中扭曲——
所谓"清朝不是中国的朝代"乃谬说》，
作者时任南开大学历史学院讲座教授

第五章

京 韵

京·师·都

李亚彬

首都为一个国家最高政权机关所在地，是全国的政治中心。北京作为中华人民共和国的首都，为什么以"京"称之呢？

在中国历史上，许多政权的都城都称"京"。以"京"称都城始于周朝建立之初。周武王灭商后，定镐为王都（王室居住地及西周王朝中央政府所在地）。是时，以"京"称镐，镐亦称"京"。《诗·大雅·下武》第一章说："三后在天，王配于京。"《郑笺》言："此三后既登遐，精气在天矣，武王又能配行其道于京，谓镐京也。"朱熹注曰："京，镐京也。"由此看来，周人以其先祖公刘的居住地"京"作为对王都的一般称呼。按照东汉哲学家王充的说法，这应该是出于"本所兴昌之地，重本不忘始"的初衷，昭彰公刘的功业。

"京"与"师"常并称"京师"。《公刘》第三章说："京师之野，于时处处。"朱熹注曰："京师，高丘而居众也。董氏曰：'所谓京师者盖起于此，后世因以所都为京师也。'"杨伯峻说："京复称京师者，周人于地名之下往往加师为称，亦犹《召诰》称洛，《洛诰》称洛师。"清代学者马瑞辰《毛诗传笺通释》说："吴斗南曰：'京者，地名；师者，都邑之称，如洛邑亦称洛师之类。'其言是也。"据此，"京师"意为"众人聚居的高丘"，相当于"京邑"。

春秋以降，京师也称"周京""京周"。《诗·曹风·下泉》第一章说："忾我寤叹，念彼周京。"朱熹注曰："周京，天子所居也。"《下泉》第二章说："忾我寤叹，念彼京周。"朱熹注曰："京周，犹周京也。"《下泉》第三章说："忾我寤叹，念彼京师。"朱熹注曰："京师，犹京周也。"《下泉》为春秋时期作品，作此诗时，平王当居成周，故以洛邑为"京师"。

唐代经学家孔颖达《毛诗正义》说："周京与京师一也，因异章而变文耳。周京者，周室所居之京师也。"现代文献学家屈万里《诗经诠释》则曰："京周，即周京，倒文以协韵耳。"

西周时期，京、京师，指的都是镐。到东周，京周、周京，则指洛邑。也就是说，周王在哪里居住、办公，哪里就称"京"。

后世也有人认为，镐京亦以"都"言。"都"原为有先君宗庙的城邑。《说文·邑部》说："有先君之旧宗庙曰都。从邑者声。"《诗·小雅·都人士》第一章说："彼都人氏，狐裘黄黄。"《郑笺》说："城郭之域曰都。"朱熹注曰："都，王都也。"屈万里《诗经诠释》说："都人士，犹今言城里人也。惟此都字，疑指镐京言。"

总之，在周代，京、京师、周京、京周、都，均指称"王室居住地及中央政府所在地"。后来，"京""师""都"这方面的含义一直延续下来。

今之北京，西周时期称蓟。公元前1046年，武王灭商后，封尧帝之后于蓟，北京建城历史由此开始。春秋战国时期亦称蓟，秦代为蓟县，是广阳郡郡守驻地，西汉为广阳国首府，东汉复为广阳郡郡守驻地，三国、两晋、南北朝时期称幽州，隋时称涿郡，唐代复称幽州。

辽时，北京称南京（燕京）。

▲明成祖朱棣即位后，改北平为北京，并迁都于此。这是"北京"这一称谓的开始。图为明朝百科式图录类书《三才图会》所载明成祖朱棣像。

938年，契丹获幽云十六州后，升幽州为南京，又称燕京，为辽的陪都（当时的辽都在上京）。这是北京称"京"的开始。金时，北京称中都。1153年，金海陵王迁都燕京，定名中都。这是北京建都之始。元代，北京称大都。1263年，元世祖忽必烈定都上都（今内蒙古自治区正蓝旗东）；1272年，迁都燕京，称大都。

明代，北京先后称北平、北京。1368年，明军攻占大都，为记载平定北方的功绩，改大都为北平府；明成祖朱棣即位后，将他做燕王的封地北平府改为顺天府，改北平为北京，并迁都于此。这是"北京"这一称谓的开始。

清代，北京称京师。1644年，清军攻入北京，定都于此，称京师。

辛亥革命后，北京由京师改为北京。孙中山于1912年1月

1日在南京就任中华民国临时大总统，4月1日辞职，袁世凯继任，于5日将临时政府迁往北京。从此至1927年4月南京国民政府成立，为中华民国北京政府时期，以北京为首都。从南京国民政府成立到1949年中华人民共和国成立前夕，为中华民国南京政府时期，北京改为北平。其间，1937年七七事变后，日军占领北平，成立傀儡政权"中华民国临时政府"，将北平改为北京。1945年8月21日，第十一战区孙连仲部收复北京，更名北平。

1949年1月31日，中国人民解放军取得北平控制权；9月27日，中国人民政治协商会议第一届全体会议通过《关于中华人民共和国国都、纪年、国歌、国旗的决议》，将北平更名为北京，定为首都。

纵观北京三千多年建城史，凡称"京"以及"都""师"时，皆为都城或陪都。

以地理方位言之，历史上常有东京、西京、南京、北京之称，分别为东部、西部、南部、北部的都城之意。如宋初，因后周旧都开封号东京，以洛阳为陪都，号西京，1014年后以应天府（今河南商丘南）为南京，1042年以大名府为北京，这就是北宋"四京"。幽州辽时升为南京，以其位于上京之南。是时，上京和南京之间还有中京，亦以方位名之。

今之南京有"六朝古都""十朝都会"之称，其现名始于明初，明成祖朱棣迁都北京，将应天府改为南京，二京一北一南；清代，南京称江宁；其间，太平天国定都于此，改为天京；

辛亥革命后改为南京，为孙中山任临时大总统期间中华民国的首都；南京国民政府亦以南京为首都，其间，1939年迁往陪都重庆，1946年还都南京。

中国如此，汉字文化圈中的日本、朝鲜也有相同的情况。如日本的京都，桓武天皇794年迁都于此，称"平安京"。1868年，江户幕府倒台，天皇由京都迁往东北部的江户，改名东京，至今一直为日本首都。朝鲜首都平壤历史上曾称"西京"，918年，高丽朝建立，定都松岳（今朝鲜开城），称开京；926年，以西北的平壤为"西京"，与开京相对应。

综上所述，无论历史上还是现在，无论中国还是日本、朝鲜，名称中带有"京"以及"师""都"的城市，往往与都城有关，或做过都城，或做过陪都。

本文发表于2019年7月15日《北京日报·理论周刊》文史版，
原题为《北京何以称"北京"——"京""师""都"义考》，
作者时任《光明日报》总编室副主任、高级编辑

北京古都的人文之蕴

刘凤云

北京的人文是一座永远挖不完的宝藏。近年来，随着人们对中华文明的关注，北京文化及其历史的发掘与研究越来越受到人们重视，而北京的活力就在于它承载了深厚的人文底蕴。

北京城是在"礼"的规范下打造的城市空间

北京作为一个历经千年之久的古都，有着悠久的文明和灿烂的文化，积聚了中国传统城市的人文精髓，同时，其城市样貌又是由辽朝的契丹、金朝的女真、元朝的蒙古、明朝的汉、清朝的满等诸多民族汇集、交融形成的。可以说北京城的每一寸土地都散发着中华民族的人文气息。但值得关注的是，这个由不同北方少数民族与汉族建造的都城，几乎无一例外地注重儒家的"礼"制，并在"礼"的规范下打造

▲园林艺术，秉承了崇尚自然、效法自然的理念，融入古代文人寄情山水的浪漫情怀。图为台北故宫博物院所藏清院本《十二月令图轴》(局部)。

了城市的空间。即便是今日已不复存在的辽、金、元都城的遗址，同样可以依稀从中辨别出儒家文化的印迹，其已经形成规制的"方形城"俨然是一个模板，而自宫城、皇城，到内外城（包括子城）的空间等级序列，正是"礼"对权力及其等级序列的赋予。这既是中华多民族统一国家文化交融的象征，也是中国人文思想中"道统"的体现。

北京城的规划交融着多民族的人文元素

街道布局一向是城市规划的重点，也是构成城市整体空间布局的关键。所谓"平治道路，王者所先"，可以考诸历史资料的元大都就是以《周礼·考工记》为蓝本构建的城市。在街道规划上，元朝的蒙古人遵照了"国中九经九纬，经涂九轨"的设计，形成了纵横交错各九条大街的格局。在此基础上，明朝在修建北京时增加至十六条大街，南北纵横，构成了城市交通网络的干道。而清承明制，在城市道路规划上未做改动。

此外，北京城还有许多的"胡同"经纬交错。这些胡同同样也形成于元朝。《析津志》中记载，元大都有"三百八十四火巷、二十九衖通"。它告诉我们，元朝时"衖通（胡同）"有二十九条，而明人张爵于《京师五城坊巷衚衕集》中列举的近一千二百条街巷中，称"衚衕"（胡同）者有四百六十四条，相对于元朝已多出十五倍。可见，明朝沿袭了元朝的街道建设风格，进一步增建胡同。进入清代，称"衚衕"者又较明朝增加一倍多，为一千一百二十一条。

这足以表明，在北京城的规划及建设中有着多民族人文元素的存在，并有着民族文化之间的交融。但最重要的还是这些胡同的名字，它们既是历史上的一个符号，也是人文在地域空间的印记，是家户屋宇之外的公共空间，充满了生活的气息。所以，每一条胡同都是一部完整的日常生活史。特别是那些有着"故事"的胡同，它们无疑已成为北京城人文记忆的一个部分。

商业受到了以人文特质为核心的城市文化的影响

明清时期，北京城不仅是一个政治、文化的中心，也是一个商业发达的城市。悠久的历史，繁盛的人口，诸多的旅人，都令这座城市蕴含了相当庞大的商业潜力。而北京当地的物产亦颇多著称于世，进一步催生了本地的商业文化。商业在这座城市中，一直不仅仅是一种获取利益的手段，它受到了以人文特质为核心的城市文化的影响，进而被改造、被纳入北京文化的体系中。

诸如北京有许多人们耳熟能详的"老字号"，"同仁堂"药铺是浙江人所开，"瑞蚨祥"绸布店是山东人所开，钱庄票号是山西人的专利，"北京的漆铺大半都是山西买卖"，"翎子这行买卖，向来是山西人所作"。而在饮食方面，北京的传统饮食也是来自四面八方：烤鸭来自山东，萨其马源于东北，火锅的走热也与满人有着密切的关系。但这些都不妨碍它们名冠北京，被纳入北京的文化之中并成为北京城市的人文特色。

虽然在明清历史上，北京城市的商业活动出现过许多新的现象，处于不断变动的状态中，但是人文思想始终与商业活动之间存在密切的相互作用。其最终结果是，城市商业活动一直在城市的文化轴线附近游走，构成了城市文明的一部分。商业空间影响着人们在城市中的文化体验，其中庙市就是一个鲜活的范例。在中国，商业与文化在庙市中并非彼此孤立的，商业活动为文化活动吸引了城市居民的关注，令文化因素更方便地介入到城市居民的生活中。

士大夫寄语北京城的人文情怀，成为人文思想的记忆宝藏

在古代中国，士大夫群体包括那些入仕成为官僚的文人，他们在文化活动中历来都承担着重要的使命，包括政治使命。而在文化的传承中，他们尤其起到了核心的作用，甚至构成了文化的主体。

对于士大夫而言，考论经史、吟诗作赋，是其文化活动的基本形式。而当这些基本的文化活动以北京城市风貌为对象时，北京的历史文化便开始被阐发、被建构、被积淀。因此，士大夫不仅是人文文化的主体，也是人文精神的阐发者。而"阐发"在历史记忆的过程中占据非常重要的位置，它令处于散落状态的、片面的、仅作为普通生活经验而存在的知识升华到文化的层面上，而利用这些零散的意识滋养共同记忆，是一个地域群体的人文文化形成的重要途径。

也就是说，一个城市的历史遗迹从来不曾自己言说，它们

的故事有赖于历史上的人来为其表达，从而使城市的物质进入文化意识的范畴。而讲述人的特质，则对历史遗迹的文化意义有着重要的影响。明清时期的北京士大夫正是利用了他们自身的文化意识，赋予了北京这座城市人文情怀的想象。在他们的笔下，北京拥有了皇室的典雅，有了儒者的礼敬，有了智识的传承，有了盎然的古意，也有了生态的和谐。这些人文情怀，最终进入了北京文化，成为这座城市人文思想积淀的重要组成部分。

高墙、四合院、庭院等体现了北京城市构屋与安居中的人本观念

在中国传统文化中，住宅的选址及营建被赋予了厚重的人文内涵。其中，与传统文化有着直接关系的"堪舆"与择居的个性化乃至安全诉求联系到了一起。而剔除风水中的神秘性，我们仍可看到人们在造屋与择居上表现出的人文情怀。这就是，人居空间讲究亲近自然，追求人与自然的和谐，在选址方面注重周边的人文与自然环境，在布局方面善于因势借景、崇尚天然，从而不仅趋吉避凶，而且将住所与周围的自然环境融为一体。这具体表现在高高的院墙、宽敞的庭院与错落的平房之间的搭配，由此打造出一个注重隐私与安全的独立空间，一种祥和安宁的氛围，让居住者感到放松、自如和舒适。

院墙是中国传统建筑的一大特色，有道是"墙乃居室之表，有内外之分、亲疏之别，为宅之最重者，可以御奸，可

以壮观"。明清时期北京城的居所大都保持了这种风格。乾隆五十八年（1793年），来华的英国使团成员斯当东即观察到院墙在住宅中普遍存在。他们在进入北京城后，看见皇城以东"不显眼的普通人家的住宅，每一所房屋前面都有一面墙或一幅门帘，为的是不使街上来往行人看到房子里院"。

此外，在高墙以内，便是由院与房组合的庭院式住宅，而这种住宅的典型莫过于遍布北京城的四合院。数百年来，四合院成为北京城一代又一代人的生活空间。在四合院自成体系的民居建筑中，处处都可以看到传统文化的巨大影响，方方正正的井字格局，隐含着居中与四面的方位意识。方正、对称，又是儒家平和、中正的中庸思想的具体体现，而中轴、轴线的对称和排列的有序性，则是封建伦理纲常长幼有序、上下尊卑的社会关系与家庭关系的完美体现。

同时，四合院又可呈现出一幅四季咸宜的家居画卷和生活场景。四合院的庭院即是一家一户的私人小花园。在这片私有的"领地"上，既有观赏性的各种鲜花和常青树，也有梨树、枣树、山楂、海棠等可供品尝的果树，甚至还有应季的蔬菜，所以老舍先生形容北京是"花多菜多果子多"。这些花草树木增添了家庭生活的情趣，是人居个性化及其满足"自我"的空间。

京城士大夫官僚园居生活中的人文精神及其体现的以自然为本的价值观念

园林艺术，秉承了崇尚自然、效法自然的理念，融入古代文人寄情于山水之间的浪漫情怀，是一种独特的人工造园的设计理念和方法。在几亩大的私家园林中浓缩大千景象，尽把秀丽山川、江河湖海纳入方寸之地。

北京的私家名园，大都在叠山理水、凿池垒石上表现出一种合乎自然的景观组合，在以适应自然为原则的构园过程中，园林的布局以朴实、自然、含蓄、淡雅为格调，它成为时人追求的一种人文精神境界。从他们的游园诗中不难看出，园林中山石、花木、涧泉、楼台，浑然天成，幽邃、古朴，且富于山野的自然气息。园中错落有致的亭台楼阁、水榭池塘，是为了满足主人的旨趣与其追求的精神世界，他们徜徉在"春有百花秋有月，夏有凉风冬有雪"的"自然"中，已将自身融入了"一花一世界，一叶一如来"的诗情画境。所以，士人们一旦置身于园林中，便会有回归自然的感受。可以说，正由于古代传统文化注重的是人与自然的和谐统一，追求的是人在自然中返璞归真的精神享受，才能够最终形成一种淡泊、高远、幽雅而又古朴的人文精神和以自然为本的价值观念。

同时，园居也是古人淡泊名利、清心寡欲、物我两忘、柔弱守中的意境写照。欲在无争、无为、无欲中修身养性，清净如空。对于园居生活的感受，道光时期的大学士阮元在其《蝶梦园记》中称，自以为"在城中为佳境矣""花晨月夕，不知门外有缁尘也"。与阮元同时期的文人钱咏在谈到京城圆明园东南隅的澄怀园时，也谓园中"真仙境也"。于内"读画评书，征歌度曲，殊不知有春明门外十丈红尘也"。可见，园居使士大夫乃至官僚可以从中感受到那份摆脱世俗的超脱和轻松，是一种追求安贫乐道的心理情境。

此外，园居还是士人官僚们于自然中修心养性、陶冶情操、舒展情趣的地域空间。清代文人张潮曰："艺花可以邀蝶，垒石可以邀云，栽松可以邀风，贮水可以邀萍，筑台可以邀月，种蕉可以邀雨，植柳可以邀蝉。"将人与自然的关系做了最美的描述。此外，园林还是追求个性、展示个性空间的场域，是以植花邀蝶为趣还是垒石成山为旨，是欲栽松凿池还是要筑台建阁，完全取决于主人的意向，这与四合院的模式化有着根本性的区别，所以，园林也是散发个性化人文气息的地方。

可以这样认为，在人文思想的宝库中，记忆与传统是一个永久充满魅力的话题，城市的历史是现代性的一部分。在有着自觉意识的现代城市中，传统和历史都是现代城市的遗产，同时，也是一个城市人文精神的积淀。

本文发表于2018年2月5日《北京日报·理论周刊》文史版，
原题为《北京古都的人文之蕴》，
作者时任中国人民大学清史研究所教授

北京中轴线：中国古代中轴线的集大成者

王 岗

在中国古代漫长的历史上，有过许多都城，这些都城皆有着极为壮丽的建筑。而在众多都城建筑中，政治地位最高、建筑规模最大、文化内涵最为丰富的，只有中轴线。

北京中轴线是全国古都中轴线的典型代表

北京、西安、洛阳、南京等古都设置的时间不同，城市规模大小不等，但是，却均有一条都城的中轴线，而且中轴线的产生时间也有早有晚，从而表现出了相互之间的传承关系与变革状态。北京成为都城的时间是在古代社会的中后期，因此，就时间关系方面而言，要晚于西安、洛阳、南京等地；就传承模式而言，则是中国古代都城中轴线的集大成者。

就中轴线的具体状况而言，西安、洛阳、南京等处的都城中轴线已经大体消失了。只有北京的中轴线，目前保存得最为完整，以紫禁城为中心，向北延伸到钟鼓楼，向南延伸到永定门，全长7.8公里，周围的太庙、社稷坛、天坛、先农坛等基本保留完好，因此，北京中轴线是全国古都中轴线的典型代表。

北京中轴线在城市变迁中的变化

北京的城市发展大致可以分为两个阶段，第一个阶段是在成为都城之前，第二个阶段是在成为都城之后。先秦时期的北京城被称为蓟城，是北京地区最早的城市之一，由黄帝的后裔们居住。后来被强大的燕国攻占，成为燕京。再后来发展为北方重镇幽州城、辽南京城，而到金中都城时，正好是两个阶段的交接点。在这个交接点上，即由辽南京向金中都的转变过程中，产生了北京历史上的第一条中轴线。在中轴线产生的同时，整个城市也发生了巨大变化，主要是南面和西面城墙的向外扩展，完全是为了确立中轴线的需要。

在北京城市发展的第二个阶段，又在元代和明代出现了两次大规模的变迁。元代新建大都城后，出现了新旧两城并列的城市格局，而都城的中轴线迁移到了新都城。这条中轴线，北端是钟鼓楼，南端是丽正门（今已废毁无存）。而到了明代，明成祖重建北京城，整个城北面压缩、南面拓展，出现了一条新的中轴线，北端仍然是钟鼓楼，南端则是正阳门（俗称前门），比元代的中轴线向南延伸了几百米。到明世宗拓展南城（又称外城）时，中轴线又向南延伸到了永定门，北京中轴线基本定型，此后没有再发生大的变化。

北京中轴线的主体建筑

在今天我们能够看到的北京中轴线上，坐落着两大组主体建筑，一组是紫禁城，另一组是钟鼓楼。紫禁城分为内外两部分，三殿为外朝，是明清帝王举行各种典礼活动的地方，左右分别建有文华殿和武英殿。两宫为内廷，是明清帝王私人生活的空间，左右分别建有东西六宫。在两宫的后面还有一座御花园。紫禁城是整个中轴线的核心，也是掌握整个都城乃至当时整个中国命运的地方。

钟鼓楼分为钟楼和鼓楼，也是明代建造的，用来报时，古人有"晨钟暮鼓"的说法。钟鼓楼的地位十分重要。它的存在不仅决定了人们日常生活的时间标尺，而且代表着世上的凡人

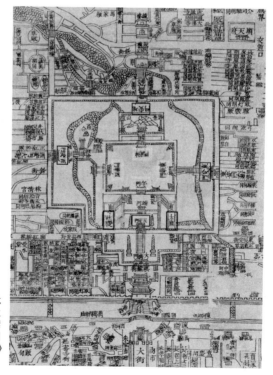

▶今天我们能够看到的北京中轴线上，坐落着两大组主体建筑，一组是紫禁城，另一组是钟鼓楼。图为《京师城内首善全图》（局部）。

与天上的仙界之间的交流沟通。

在中轴线两侧，有三组对称的重要建筑。一组在紫禁城的前方，东面的是太庙，西面的是社稷坛，也就是《周礼·考工记》中所说的"左祖右社"。太庙是帝王们祭祀祖先的地方，社稷坛是祭祀社神和稷神的地方。在都城东西郊外又有一组礼制建筑，东郊的是日坛，西郊的是月坛，是帝王祭祀日月之神的地方。在正阳门外的中轴线两侧，有一组对称的建筑，东面的是天坛，西面的是先农坛。这两座建筑的礼制含义也是祭祀神灵的地方。

最后要提到的是景山。这座山在明代又称"煤山"或"万岁山"，到了清代才被称为"景山"，应该是明朝帝王设在京城中的镇山，五行之中，以土居中。到了清代，清朝帝王在山上建了五座亭子，又在山下正中的位置重新修建了奉先殿（前朝的御容殿），使得其在中轴线上的文化内涵更加突出。就城市地理环境而言，元代大都城的城市中心是在钟鼓楼的位置；而到了明清时期，北京城的城市中心已经改变为景山。

北京中轴线的文化内涵

北京中轴线自形成以来，就体现出极为丰富的文化内涵，是中华文明最集中的体现。就政治方面而言，紫禁城里面的三大殿是帝王岁时举行各种庆典的地方。如每年元旦、元宵、端午等节日以及帝王生日等，皆在三大殿举行各种庆祝仪式，宗王、大臣、少数民族领袖等在这里受到帝王的款待。而每当有重大的军事活动时，明清帝王们又会在午门或天安门前举行命将出征和回师献俘的隆重仪式。天安门至今仍是中华民族的政治象征，代表了国家和首都的形象。

就文化方面而言，许多重要的文化活动也是在这里举行的。文华殿是明清帝王的课堂，他们在这里聘请著名学者讲授儒家治国的道理，称为"经筵进讲"。与之对称的武英殿，虽然以"武"为名，却也是重要的文化活动场所。这里在明代是皇家画院的主要活动场所，宫廷画家被封为"武英殿待诏"。而到了清代，这里则成为皇家刻印书籍的主要场所，"武英殿聚珍版"书籍名扬天下。而作为国家选拔人才的主要方式——科举考试，最后的殿试也是在三大殿举行的。

位于中轴线北端的钟鼓楼，则代表了中国古代科技发展的最高水准。在元代都城的钟鼓楼上，就曾陈列着当时由著名科学家郭守敬主持制作的精确计时仪器——莲花漏。而当时颁行的《授时历》所计算出来的天体运行规律，也体现在京城钟鼓楼的晨钟暮鼓之间。今天的钟鼓楼虽然已经失去了报时的作用，但是《授时历》所测算出来的科学数据却一直保存到今天，印证着中华民族科技发展曾经的辉煌。此外，紫禁城现存的众多宫殿建筑，也表现出中国古代高超的建筑科技水准。

本文发表于2017年2月27日《北京日报·理论周刊》文史版，
原题为《"北京中轴线"的文化魅力》，
作者时任北京市社会科学院历史所研究员

"西山"到底指哪座山

李　好　毛智周

北京西山是一条文化底蕴深厚的山脉，其名最早见于金朝史籍。针对西山的地理范围，古人观点不一。有的认为西山是京西诸山总称，其范围广大无边，也有的认为西山就是北京西郊近山，尤指清朝皇室修建的三山五园一带。那么"西山文化带"的地理范围如何划分才算合理呢？笔者认为不妨先从古籍文献中的记录入手，看看不同时期的古人对西山的地理范围有何认识，或许可以从历史中汲取到解决该问题的一些思路与灵感。

"西山"真正开始成为北京的一个标志地名符号或始于金朝

辽代实行五京制，南京析津府就在今北京市区西南部。契丹人盛行佛教，现在西山大觉寺的前身清水院便建于辽咸雍四年（1068年）。虽然辽代的北京文化较盛，但"西山"一词并不见于当时的史籍。"西山"真正开始成为北京的一个标志地名符号或始于金朝。

金初魏道明注蔡松年的《明秀集》中，便出现了"燕都迫于西山，故云软红尘裹西山"一句。蔡松年原为北宋镇守燕山府的将领，后随父降金，其人长期生活在北京一带，由此可知"西山"已成为对京西山脉的称呼。有金一朝，西山一带新建或改建了一大批行宫、佛寺，其中尤以香山、玉泉山最多。元代佛书《佛祖通载》记，金世宗"大定二十年正月，敕建仰山栖隐禅寺，今大都西山"。此后，金章宗还在西山修建了八座寺院作为行宫，后人称之为"西山八院"，现在仅有清水院、香水院可考，其他六院的具体位置众说纷纭。不仅如此，据传燕京八景中的"西山晴雪"亦发自金章宗某次冬日的西山观雪之旅。传说虽不足信，但金人元好问《遗山乐府》中有《浣溪沙·往年宏辞御题有西山晴雪诗》一词，至少说明"西山晴雪"早在当时就已成为皇帝御笔题诗的燕京佳景。

入元以后，西山更加成为元室重要的祭祀、礼佛和游乐之地。据《元史》记载，文宗图贴睦尔曾遣道士毛颖达"祭遁甲神于大都西山"。英宗时，由于皇帝在西山敕建佛寺过甚，引起了大臣们的连连反对。元朝重臣张珪也提到，"建西山寺，损军害民，费以亿万计"。仁宗晚年倦于政务，曾向近臣透露"朕欲为太上皇，与若等游观西山，以终天年，不亦善乎"的想法。再据《饮膳正要》记载，"西山有玉泉，水甘美，味胜诸泉"。以上材料显然可以反映出西山一带行宫园林在元室心中的重要地位。

由此可见，金元时期的西山是泛指京西山区，其核心区为近郊的香山、玉泉山一带，北至今海淀北安河、西至门头沟斋堂，皆为当时人心目中的西山范围。

明清时期存在着"小西山"和"大西山"两种理解

明清两代的存世文献远较前朝丰富，方志、文集、实录、档案等材料中有关西山的内容比比皆是，不少都提到了西山的范围或具体内涵。

文献中能够说明西山地望的，当首推《顺天府志》。如明万历《顺天府志》即有对"西山"地望的描述与"西山"条目的解说：

> 山之大者，曰天寿，曰红罗，曰玉带，曰瑞屏，曰园亭，曰明月，曰崆峒，皆迤北之名山也；曰雁老，曰五华，曰谷积，曰大房，曰石经，曰龙安，曰独鹿，皆迤西之名山也；鼎峙其间者，曰金山、银山、龙山、蟒山、螺山、牛山、孤山、盘山、灵山、孔山、瓮山、西山、香山、燕山、碣山，其次则徐无、幽都、鸦鹊、葡萄、白兔儿、玉泉、棋盘、平坡、马鞍、鼠谷，而大汤、小汤、呼奴、莫金，亦其细者也。

可以看出，该志书中虽然没有说明"西山"的具体位置，但却给出了"西山"所在的大致范围，即"迤北之名山"和"迤西之名山"之间，并与金山、瓮山、香山等并列，那么似乎可以推测这里"西山"所在的位置可能即今六环路以内的山地。

但检阅文献还可发现，明清时期人们尚存在着对"西山"所指的不同理解，其地望似乎远远超出了这个范围。如光绪《顺天府志》卷二十六《地理志八》中即有如下表述：

> 西山二老庄镇冈塔前。
>
> 西山吕村之南。
>
> 西山吕村二老庄。

这里所说的"二老庄""镇冈塔""吕村"都在今长辛店以西，与《地理志》"山川"条目中所述的"西山"范围相去甚远。

在官方档案中，我们也可发现对"西山"地望的不同叙述。如道光二十三年（1843年）的一条档案中即有如下表述：

> 西至西山北辛店、八角村、衙门口、古城村、磨石口、砖瓦窑、卢沟桥、长辛店、五里坨、三家店、牛角岭、安家滩、王平口、上下庄、门头沟、琉璃局等十六村。

这里叙述的"西山一带各村"北到妙峰山以南，东到石景山，南到长辛店，西到王平口，也远超出了六环以内山地的范围。

通过归纳各类文献可以发现，明清时代的人们对"西山"的概念大致有着两种不同的理解，这两种理解可分别称为"小西山"和"大西山"。"小西山"的范围大致是今六环内城西北的部分山地，"西山"应当是这一片各个小山峰的专名，有一定的特殊含义。而"大西山"则应当是通称，泛指京城以西顺天府境内的所有山区，"西山"即"城西部的山"，相较而言并无更多确指。

近百年间，人们开始注意区别"地理"上的西山与"文化"上的西山

民国时期，世人对西山地理范围的认识同明清时期无大变化，也可分为大小两个概念。但此时西方地质地理科学的传入，似乎开始让人们注意区别"地理"上的西山与"文化"上的西山。地理上的西山也就是"大西山"，它的范围恐怕当时的人也难以给出；而文化上的西山则是"小西山"，其地理范围逐渐明晰，便是现风景名胜集中的西山近山一带。1920年，北洋政府农商部地质调查所在西山进行考察，在考察成果《北京西山地质志》中，记"京西之山，统名西山，范围甚广"。这里所言的西山，必然是大西山，而至于其地理范围，连专业的地质专家也没厘清。而文化上的"小西山"，我们可见民国《西山名胜记》，作者在自序中就提到，"古都以西之山，皆名曰西山……风景宜人者，厥为万寿山玉泉山香山及八大处……因名曰《西山名胜记》，以万寿山玉泉山香山八大处为主，此外名胜附之"。由此可见，当时西山最著名的景点，也就是现在六环路内，今日所谓之小西山一带。

新中国成立后，从北京市档案馆所藏档案来看，1950年北京市公园委员会西山工作组就进入香界寺、宝珠洞、三山庵、普觉寺、广惠庵、樱桃沟、卧佛寺一带清查所存树木、物品家

具。这可见此处之西山也就仅仅指现在香山一带。而1953年，西山风景区管理所向上级报告，要求了解所辖地区古迹的历史资料，其中所提到的名胜有西山、卢师山、翠微山、平坡山、灵光寺、三山庵、大愁寺、宝珠洞、证果寺、长安寺。因而此西山风景区的地理范围就大致等于现在的"小西山"了。同时期，北京市还存在西山国营农场这一机构，这个农场的范围就大得多了，从1959年《北京市人委关于制止在西山国有林区内开山、采石、放牧的通知》来看，这个农场地跨今海淀、石景山、门头沟、房山诸区，这大致也是大西山范围。

梳理"西山"这一地理概念产生以来的地理范围变化情况，我们可以发现其范围虽然含混不清，但核心的"小西山"范围却日渐明显。至于现在的"西山文化带"，笔者认为不妨学习古人对西山的认识观点，将之分为"核心文化带"与"附属文化带"两层，"核心文化带"也就是以三山五园为核心的"小西山"，着重发挥该地文化景物集中的优势与特色。而作为"附属文化带"的"大西山"，我们需要进一步挖掘其中的文化内涵，诸如煤文化、古道文化等，使地理之山也成为文化之山。若能做到如此，或许会对"西山文化带"的建设有所助益。

本文发表于2017年6月19日《北京日报·理论周刊》文史版，原题为《何谓"西山"——北京西山地理范围的历史考察》，作者李好当时任职于北京大学城市与环境学院，毛智周当时任职于武汉大学历史学院

这条文化带从"河"而来

吴文涛

近年来，长城、运河、西山作为北京地区"三大文化带"的提法，得到了社会的广泛关注和政府部门的高度重视。如果从更广阔的视角观察，在地缘关系、历史文化、交通商贸等方面，永定河流域其实是超越这"三大文化带"之上、区域范围更广泛、与周边关系更紧密的一条大文化带，它是一道跨越京津冀晋四省市的文化风景线。

永定河是北京的母亲河，也是中华民族交往融合的一个通道

历史上的永定河在华北平原西北部摆动、宣泄、淤积，形成广大的洪积冲积扇，既造就了大片丰泽膏腴的土壤，又留下了大量湖沼和丰富的地下水，哺育了北京地区最初的文明，并为北京城的发展壮大提供了优越的地理空间。

从西周初年武王封黄帝的后裔于蓟开始，永定河水及其故道遗存所形成的莲花池水系和高粱河水系，一直是从蓟城到幽州、到元大都再到明清北京城的主要水源。永定河中上游流域的森林、煤矿和岩石、沙砾，为北京的城市建设和城市生活提供了必需的建材和能源。早期的永定河曾是重要的水运通道，元朝以后仍有部分河水汇入北运河，为大运河的漕运补充水源。永定河的水利、水害及河道变迁，直接影响着北京三千多年的建城史、八百余年的建都史。永定河是北京的母亲河，这是不争的事实，也是永定河文化最基本的要义。

永定河跨越了晋北高原与华北平原两大地理单元，沿途经过畜牧与农耕两类经济区域，河谷地带就成为南北民族交往的通道、各种文化交汇融合的走廊。唐代以前，中国的政治、文化中心在西安或洛阳，形成了辉煌的秦晋文化、河洛文化。其后的辽、金、元、明、清各朝相继建都北京，中国的文化中心也随之东移。永定河谷地正是"东移"的路径之一，它不仅加强了秦晋文化与燕赵文化的沟通，更为西北少数民族与中原汉民族的交流创造了有利条件，从而使新的文化中心得以落户北京。受其影响，永定河流域的文化具有历史悠久、内涵丰富、包容大气、底蕴深厚的特点，流域内的名山大川、聚落城堡、水利交通、宗教传统以及民间风俗等，无不映射着华夏民族融合发展的历史进程。

永定河既是一条蜿蜒奔腾的水脉，又是一条五彩纷呈的文脉

从历史和文化的角度看，永定河不仅是一条滋养沿岸物质文明的水脉，也是一条承载文化交流、传播文明成果的文脉。永定河文化的内容十分丰富，具体来说，可涵盖人类起源、聚落发展、水利遗产、宗教文化、军事、交通、民俗、民间艺术等十几个门类，最重要的有如下几方面。

其一，东方文明的起源之谷、中华文化的发祥之地。距今二百万年前，人类的祖先就已出现在永定河上游（今河北阳原县境内）的泥河湾一带。从二百多万年到一万年前的旧石器时代早、中、晚期，人类活动都在这里留下了内容丰富的遗迹，这在世界上是独一无二的。泥河湾的发现，改写了世界关于人类起源和人类文明发展的历史，昭示了永定河流域是人类最早的文明发源地之一。同时，北京周口店的北京猿人和新洞人、山西阳高县的许家窑人、北京的山顶洞人、山西朔州的峙峪人、北京门头沟的东胡林人等遗址的发现，揭示了从二百多万年前到现在，永定河流域内的人类活动遍布多地，生生不息。正如苏秉琦先生在《中国文明起源新探》一书中所指出的，永定河上游"张家口地区是中原与北方古文化接触的'三岔口'，又是北方与中原文化交流的双向通道"。中国多民族国家统一过程中的一连串问题，最集中地反映在这里；从南北朝到辽、金、元、明、清，许多历史的"重头戏"也都在这个舞台上演。

其二，古都、古城、古堡、古村落反映五千年华夏民族融合的发展历程。永定河除孕育了古都北京，还造就了古都大同（北魏的首都，辽、金的陪都），以及黄帝之都涿鹿（今涿鹿东南四十里之古城）、西周狄人所建代国之都——代王城（今蔚县东之代王城）、元朝时的元中都（今河北张北县西北）等。这些都城，上溯炎黄，下及当代，贯通了中华五千年文明发展史；数量众多，类型齐全，构成了一个区域性的古都群落。这是永定河流域文化中最为突出的亮点和价值所在，直观地反映了中华民族融合与都城变迁的历史轨迹和首都北京的成长历程。

不同时代作为郡、州、府、县、卫的治所的许多古城，如代县故城、永兴故城、矾山故城等，反映出永定河流域行政建制历史的悠久。在中上游的延庆、怀来、宣化直至大同等地，有岔道城、土木堡、鸡鸣驿堡、柴沟堡等众多具有城堡形态的古村落，显示出民族交错分布地带的聚落特征。保存较好的古村落，如北京的爨底下、灵水，河北的南留庄、暖泉镇，山西的觉山村、神溪村等，具有深厚的历史文化韵味，正日益成为旅游热点。

其三，异彩纷呈的宗教文化遗产展现流域文化的兼收并蓄、包容大气。在永定河流域，宗教文化遗存具有数量多、种类全、名气大、年代久、保存好等特点。如大同地区的云冈石窟、华严寺、悬空寺、永安寺，北京的瑞云寺、灵泉寺、潭柘寺、戒台寺、灵岩寺、灵岳寺、大云寺、白瀑寺等等。它们在时间跨度上，自汉唐至明清绵延两千多年；种类上不仅覆盖释、道、儒、俗，还包括来自西域的天主教、基督教、伊斯兰教；等级、功能上，上及皇家寺院，下至与百姓日常生活紧密相关的山神、土地、龙王、马王、虫王、树王、苗王庙等无所不及。还有独具流域特点的永定河河神庙、采煤者供奉的窑神庙等。如此悠久、繁多、迥异的宗教文化实体，反映了永定河流域文化的多样性和发展的持续性。

其四，民艺、民俗具有古朴历史风貌及浓郁地域特色。永定河流域的民间文艺和民俗文化既具流域共性又有各地特色，呈现多种形式时空交织、相互辉映的状态。花会、幡会、秧歌、锣鼓、社火等，本是中原农耕民族的节庆活动，在永定河全流域同样盛行，但融入了很多北方草原民族热烈、奔放、雄浑、大气的风格，内容和形式都有游牧民族生活的印记。由于地理环境相对封闭，永定河流域的民间戏曲大都流传久远，有些被称为古代音乐的"活化石"；京西太平鼓、浑源扇鼓和云胜锣鼓等民间鼓乐舞，包含了远古时期北方民族粗犷豪放、爽朗大气的性格特征。永定河流域的民间艺术与民俗文化既有历史的沉积和延续，又呈现出不同历史时期各民族文化元素流布和途经的影响与痕迹，这正是永定河这个文化走廊所具有的独特气象。

自古以来商贸与文化通道的优势使永定河成为联系京津冀晋的天然纽带

地缘相接、文脉相通，自古以来商贸与文化通道的优势使永定河成为联系京津冀晋的天然纽带。随着各地对区域生态治理及文化保护的重视，以文化为轴线带动区域协同发展越来越切实可行。突破行政分割，着眼全流域，以生态修复为前提、文化驱动为内力，借助文化资源的整合推进京津冀晋的合作与联动，将为实现全流域生态保护和可持续发展、夯实区域协同的文化基础，提供长远动力。如果说，运河、长城和西山三大文化带是在北京的东、北、西三个方向画了一个半圆，串起了京津冀的文化联系，那么，打造"永定河文化带"，就是补上了西北—西南—南部这一缺口，更有助于带动发展相对滞缓的北京外围之西北、西南地区。如此，才能构成一个完整的京津冀文化发展圈，才能实现北京城市新规划中要求的"全覆盖"。

以生态涵养和文化驱动为主题的永定河流域综合治理，不仅将为北京的上风上水带来极大改观，还必将为相邻的雄安新区的长足发展提供广阔而纵深的环境背景和人文支撑。倾力打造既有自然地理条件又有历史文化根基的"永定河文化带"，不仅是对北京"三大文化带"的深远拓展和有效补充，也是带动全流域协同发展的重大举措。在实施京津冀协同发展战略进程中，"永定河文化带"将日益展现其特殊价值和巨大潜力。

本文发表于2017年5月15日《北京日报·理论周刊》文史版，
原题为《这条"大文化带"值得重视》，
作者时为北京市社会科学院历史所原副所长、研究员

北京古代书院很硬核

赵连稳

　　书院是我国古代介于官学和私学之间的一种特殊的教育机构，书院之名始见于唐代，发展于宋代，在清代达到鼎盛。说起书院，人们马上就会想到白鹿洞书院、岳麓书院等，由于研究不足，宣传不够，人们对北京地区的古代书院知之甚少。其实，作为我国历史文化名城的北京，书院在文化发展史上占据重要地位。北京的书院主要存在于元、明、清三个朝代，著名的如太极书院、首善书院和金台书院等，它们在历史上产生过重要影响。金台书院校舍存在至今，即现金台书院小学所在地。

北京古代书院的兴衰与文教政策以及党争、政争密切相关

　　元朝忽必烈时期，实行"汉化"政策，对汉地早已存在的书院采取保护、支持的政策，北京地区先后出现了太极书院、谏议书院、文靖书院和韩祥书院。

　　到了明中后期，官学衰落，王阳明心学兴起，成为思想界一大变局，随之而来的是书院的勃兴。和全国一样，北京地区的书院也迎来了快速发展时期。明朝北京的书院有通惠书院、杨行中书院、白檀书院、闻道书院、双鹤书院、叠翠书院、后卫书院和首善书院等。明朝天启初年创办的首善书院（位置在

432

现在的南堂），是由在朝廷做官的东林党人发起创办的，名噪一时，遐迩闻名，从其艰难沉浮的兴衰历史中可窥见政治对书院的影响。

▲金台书院前身为"首善义学"，为北京著名书院之一。图为《金台书院课士录》书影。

时值内忧外患，在朝廷中掌权的邹元标和冯从吾等东林党人认为重塑封建伦理纲常，培养为朝廷、为国家效力的人才，是当前首要的"政治"，只有如此，才能挽救国家危亡，因此他们创办了首善书院。首善书院的讲学内容并没有抨击时政，而是不谈时政，不谈私事，不谈仙佛，只谈父子有亲、君臣有义、夫妇有别、长幼有序、朋友有信等封建伦理道德。首善书院被封杀是因为不久以后再次兴起的党争，而并非书院本身讲学的原因。魏忠贤等人为了控制朝政，必须打压东林党人，于是便无中生有，上疏诋毁首善书院，指斥邹元标、冯从吾讲学是为批判国政，污蔑二人身为朝廷重臣，高居朝堂，而别创书院讲学，意在收拢人心，另有所图。随着以魏忠贤为首的阉党的形成，叶向高、邹元标、冯从吾、高攀龙和赵南星等人相继被罢官，书院讲学活动停止。天启四年（1624年）六月，朝廷下令取缔首善书院，阉党把书院中所有的书籍全部焚毁。天启五年（1625年）正月，阉党人士、兵科给事中李鲁生以"假道学不如真节义"为由，请毁首善书院，改为祭祀辽东战死将士的"忠臣祠"。天启皇帝准奏。之后，撤去首善书院匾额。同年七月，御史倪文焕上疏说在首善书院讲学的东林党人，聚不三不四之人，说不痛不痒之话，作不深不浅之揖，啖不冷不热之饼。皇帝诏令将首善书院碑文砸碎，孔子的牌位也被阉党丢弃在大路边。

清朝初期对书院采取了禁止政策，经过康熙朝的调整，到雍正时期转而对书院实行积极扶持的政策，天子脚下的北京，书院得到较快发展，是北京书院的鼎盛时期，主要书院有：金台书院、云峰书院、燕平书院、卓秀书院、潞河书院、蒙泉书院、近光书院、温阳书院、白檀书院、冠山书院和缙山书院。由于清代对书院采取大力支持的态度，地方官员往往成为书院创建的发起者、组织者，大都带头捐俸捐廉，并且劝捐，为书院筹集资金。例如光绪五年（1879年）金台书院大修时，顺天府尹周家楣广泛发动，大小官员纷纷捐献，竟然筹措到14631两银子。位于通州的潞河书院多次修缮，都是当地官员自捐清俸，再约诸君各捐清俸，招集工匠，悉加修葺。又如道光十三年（1833年）十二月至十四年（1834年）二月，密云县令李宣范发动当地绅士捐廉几千两白银，对白檀书院进行了重建。

清末政局对书院改制产生了重大影响。戊戌变法和清末"新政"使书院改制的过程一波三折。1898年6月11日，光绪皇帝颁布"明定国是诏"，宣布变法，而在光绪帝正式宣布变法前，北京的变法大潮已经在涌动。5月22日，光绪帝发布上谕，要求各地两个月内把书院全部改制为学堂，金台书院是光绪二十四年（1898年）八月改制为学堂的，虽然没有在皇帝规定的时间内完成改制，但和其他地区相比较，还是在变法期间比较早地完成了改制。然而，由于光绪帝的政令不出北京城，故而北京郊区的书院并没有进行改制，其余的书院都是在清政府"新政"后进行改制的。光绪二十七年（1901年），慈禧太后牢牢控制了朝政，推行"新政"，又下令书院改制，光绪二十九年（1903年），朝廷废除科举，官员们看到中央政府改制的决心，北京的书院改制才迅速推开。

北京古代书院对人才培育的独特性

由于理学盛行，北京书院主要讲授已经理学化的儒家经典。明朝中后期，北京书院的大发展主要是王学传播的结果。清朝由于统治者的大力提倡，程朱理学大行其道，北京书院无疑承担了"首善之区"的教化重任，加上书院教育的科举化，北京书院讲学内容主要固定在"四书""五经"及其注疏上，外加二十四史。相对于其他书院，北京书院在传播理学和保存文化典籍等方面发挥了独特而重要的作用。

总的来说，北京书院有着自己的特征：一是由于北京是国家的政治中心，所以明清的北京书院兴衰受政治因素的制约更大，无论是明朝首善书院的兴衰，还是清末书院的改制过程，无不受到政治因素的强烈制约，无不受到党争和政争的强烈影响，这一点比任何地方政治因素对书院的制约作用都要大得多。二是书院经费来源中，官府拨付和官员捐献的比例较大，上至皇帝、直隶总督，下到各县的知县、教谕，都对北京书院的大发展从经费上予以支持，显示出官方力量在书院发展中的重大作用。三是北京的书院院长、教师和生徒来自全国四面八方。清朝时期的北京汇集了全国有名的学者，使得官员在选拔院长时，标准更高，视野更宽，而且会试和殿试都在北京举行，那些遥居外地的落榜举人，往往选择在北京的书院，主要是金台书院复读，以备再考，可以说北京书院是全国招生，因此北京书院在文化传播方面有着重要意义，影响波及全国。

北京的书院对人才的养育有自己独特的贡献。元明时期的北京书院和科举联系不甚密切，士大夫创办书院是为了传播文化，并非为了输送举人、进士。太极书院以著名理学家赵复为主讲，选拔俊秀有才识者为学生，当时在书院听他讲课的有一百多人，其中一些人后来成了理学大家，许衡、郝经、姚枢、窦默、刘因等人都对赵复执弟子礼。太极师生缝合了辽金时期北方的儒学断层，有力地推动了理学在北方的传播。清朝时期，北京的书院成为士子科举的主要场所，生徒数量创历史新高，特别是金台书院，京外各省士子在这里为参加科举考试做准备。在历届会试中，该院生徒均有数十人中进士，众多士子由这里荣登龙门，或者成为官吏，或者成为学者。有时会试中进士的多达百人。同治十三年（1874年），金台书院爆出重大新闻，应试学子陆润庠金榜题名，成为清王朝第一百零一名状元。陆润庠后来历任礼部侍郎、协办大学士、体仁阁大学士，转东阁大学士，屡典科试，晚年担任宣统帝的师傅。光绪三年

（1877年）时，顺天府乡试，陆润庠充会试副总裁，昔日的学生现今成了副总考官，兴致勃发，题写"状元"匾额赠母校金台书院，后来此匾高悬在金台书院的垂花门里，故京师人俗称金台书院为"状元府"。

北京古代书院的管理方式和教学方法

北京书院的管理方式和教学方法可以总结为以下几点。

一是以德育为首。北京地区的书院始终把德育放在首位，希望能够为国家和社会培养出道德楷模、谦谦君子，其讲学主要向学生传授封建伦理道德，培养学生的"恻隐之心""羞恶之心""是非之心""辞让之心"。这和官学以培养官吏为直接目的不同。另外，在考课题目、书院章程、条规、课规、学训、祭祀等活动中，甚至书院的对联、匾额中都贯穿着品德的"教化"。

二是书院兴衰与官府对书院的管理方式密切相关。从北京书院的发展历程中，我们清楚地看到，官府支持书院，各级官员就会闻风而动，采取各种具体的措施来发展书院教育，或捐资，或倡建，或拨款拨地，或物色山长，甚至亲自到书院讲学。反之，他们就会设置重重障碍，阻止、破坏书院的发展。北京书院在明朝中后期和清朝乾隆以后几次发展的高潮，无不和官府对书院的支持密切相关。

三是独特的教学方法。书院教学的特点是以自学为主，优游读书，实行启发式教学方式；师生之间提倡争鸣，盛行自由民主的讲会；教学与学术研究相结合；尊师爱生，师生关系水乳交融。

四是精简高效的管理。古代书院管理大都"精简高效"，院长和师生共同管理学校，书院仅有少量的管理机构，配备少量的管理人员。

本文发表于2013年6月8日《北京日报·理论周刊》文史版，
原题为《北京的古代书院》，
作者时任北京联合大学研究员

北京见证辽宋间的历史真相

李华瑞

北京自周秦至唐代，一直雄踞北方，司马迁说，"夫燕亦勃、碣之间一都会也。南通齐、赵，东北边胡……有鱼盐枣栗之饶。北邻乌桓、夫余，东绾秽貉、朝鲜、真番之利"。10世纪以后，北京又见证了中国历史上第二次南北朝的开启和对峙。

契丹雄踞北方所施行的措施

916年，契丹族首领耶律阿保机创建契丹国（后改称辽）。契丹与中原王朝本是朝贡关系，但其势力不断壮大，武力已足以抗衡中原，并于936年扶植石敬瑭建立晋国。作为条件，石敬瑭将雁门关以北和幽州之地（《宋史》称之为燕云十六州）献出来，使契丹的疆域扩展到长城沿线。北京及雁北之地归契丹政权是中国历史上的一件大事，由此奠定了契丹雄踞北中国的基业，这有三方面的表现。

其一，契丹开始积极采用汉族先进的统治方法，"以国制治契丹，以汉制待汉人"。《辽史·百官志》记载："既得燕、代十有六州，乃用唐制，复设南面三省、六部、台、院、寺、监、诸卫、东宫之官。"同时，升幽州为南京，又称燕京析津府。这是北京第一次长期作为王朝的国都（陪都），《辽史·地理志》记载了当时燕京的规模："城方三十六里，崇三丈，衡广一丈五尺。敌楼、战橹具。八门：东曰安东、迎春，南曰开阳、丹凤，西曰显西、清晋，北曰通天、拱辰。大内在西南隅。"

其二，契丹从此拥有大片的农耕区域，"水甘土厚，人多技艺"，物产丰富。苏颂的诗句"农人耕凿遍奚疆，部落连山复枕冈。种粟一收饶地力，开门东向杂夷方。田畴高下如棋布，牛马纵横似谷量"，描绘出一幅农业耕作与农牧业迅速发展的场景。《契丹国志》记载，燕京"户口三十万。大内壮丽，城北有市，陆海百货，聚于其中。僧居佛寺，冠于北方。锦绣组绮，精绝天下"。时人称燕京"兵戎冠天下之雄，与赋当域中之半"，确保了辽廷财源供应充足有序、永不枯竭。

其三，改变了北方民族在与中原王朝军事斗争中的被动局面，使契丹取得了战略主导权。燕山等崇山峻岭及逶迤的长城不再是契丹铁骑南下的屏障，而成为其稳固的大后方。苏辙在其《奉使契丹二十八首·燕山》中道出了燕山的重要性："燕山如长蛇，千里限夷汉。首衔西山麓，尾挂东海岸。"此后，契丹与中原王朝才真正形成中国历史上第二次南北朝相互对峙的局面。

失雁北之地者失燕京

割让燕云十六州的战略意义是致使中原王朝感受威胁长达

近二百年，契丹骑兵可沿着幽蓟以南的坦荡平原直冲河朔。所以《日下旧闻考》称："天下视燕为北门，失幽、蓟则天下常不安。"在一百六十七年的统治中，北宋政权对燕云十六州念兹在兹，宋太宗曾发动高梁河（今北京西直门）战役和雍熙北伐，均以失败告终。宋神宗时的王安石变法，目的在于"富国强兵"，"强兵"针对的目标之一就是辽。王铚《默记》说："神宗初即位，慨然有取山后（燕山以北九州）之志……其后永乐、灵州之败，故郁郁不乐者尤甚，怆圣志之不就也。"宋徽宗为继承神宗遗志，冒险采取了联金灭辽的政策，最终导致亡国。

需要特别指出，宋对于辽的战略，只是要把燕云十六州全部收取回来，并无超越此外的想法。这个界限即是古北口，它作为长城北端的重要关隘，历来起着拱卫北京的重要作用。"燕疆不过古北阙""夷汉封疆自此分"，幽州四面平川，无险固可恃，难于控扼，宋太宗曾计划"异时收复燕蓟，当于古北口以东据其要害，不过三五处，屯兵设堡，自绝南牧矣"。由此可见，古北口在宋太宗预谋收复幽蓟后防守计划中的重要性。宋辽战争中，名将杨业得到了契丹人的尊敬，在古北口为他立祠纪念。宋徽宗时期与金朝签订的夹击辽朝的"海上之盟"也是以古北口为界，"女真兵自平州松林趋古北口，南朝兵至雄州趋白沟，夹攻不可违约""所有兵马彼此不得侵越过关"。

宋金合攻灭辽后，宋一度得到燕京及附近六州，古北口也为宋所有，宋派"常胜军守松亭、古北、居庸关"。然而，"海上之盟"只是宋与金基于夹攻辽的短暂同盟，一旦辽亡，宋金直接接界，战争便不可避免。宋虽在古北口布军三千，但均是未经征战的士兵，当金军南下时，皆不战而溃，加之归附宋的"常胜军"叛逃，最终导致古北口乃至燕京彻底为金所有。

辽宋之间不同的交往态度

自宋太宗两次北伐失败后，宋对辽采取守势，辽对宋则采取积极的攻势。到1004年，双方签订"澶渊之盟"，结束长达二十五年的纷争，宋应允每年向辽输纳银十万两、绢二十万匹，双方定为兄弟之国。

和约签订后，两国互派使者，庆吊相通，已成常例。一方面，宋朝妙选享有盛名的文臣出使，以彰显文化的优势，王曾、余靖、欧阳修、富弼、沈括、苏辙、苏颂等名人都出使过辽朝。燕京是使臣们赴辽的必经之地，有相当多的使辽诗表达了对失落故土的关切、焦虑、痛苦、决心收复等情怀。如苏辙的《燕山》："哀哉汉唐余，左衽今已半""中原但常治，敌势要自变"。另一方面，契丹人对中原抱有相当友好的情感，他们仰慕中原的先进文化，"虏廷一意向中原，言语绸缪礼亦虔"。王辟之的《渑水燕谈录》记载，张芸叟出使辽国，"宿幽州馆中，有题子瞻（苏轼字）《老人行》于壁者。闻范阳书肆亦刻子瞻诗数十篇，谓《大苏小集》。子瞻才名重当代，外至夷虏亦爱服如此"。苏辙诗中亦有"谁将家集过幽都，逢见胡人问大苏"之句。欧阳修出使辽朝期间，受对方礼遇有加，遂写下名作《奉使道中五言长韵》，把原本中原人眼里"其无礼顽嚣，于诸夷最甚"的契丹人，称赞为"讲信邻方睦，尊贤礼亦隆"。契丹国君也经常选派本国文学才能出众者，接待北宋使臣和出使北宋，酒宴之间诗歌酬答，别具风貌。因此，辽宋使臣往往担负起文化交流的职责，特别是北京因所处的地理位置，成为沟通辽宋的友好桥梁。苏颂的诗"从来天地分南朔（一作中外），今作通逵近百年"，以及欧阳修的名句"地里山川隔，天文日月同"，都道出了宋辽间虽然政治上对立，经济文化却为一体的历史本相。

本文发表于2017年11月20日《北京日报·理论周刊》文史版，
原题为《"地里山川隔，天文日月同"——
辽宋时期的北京及长城》，
作者时任教育部长江学者特聘教授、首都师范大学历史学院教授

南海子：明清皇帝爱去的地方

戴　逸

"南海子"一名的由来

南海子，是清代重要的皇家苑囿，也是游猎满族与农耕汉族交融的结果。南海子文化与少数民族文化息息相关，是统一多民族国家多元文化交融形成的结晶。南海子得名于明朝永乐年间，史载为与紫禁城北之"海子"（今积水潭）相区别，故称该地为南海子。清朝入关之后，始改称为南苑。不过，其历史久远，它的形成与北方民族南下占领中原地区有莫大关系，可远追辽、金、元时期。辽、金、元先后将北京定为南京、中都与大都。这三个朝代都是北方少数民族建立的王朝，游牧打猎既是其经济形式，也是其民族习惯。建都北京后，他们仍然要有个打猎的地方，去坚守本民族的习惯。元朝占领中原，曾经有一个想法是要把中国都变成牧场，不过最终受到劝阻而未施行。但为了继续保持游牧传统，可以打猎、成立军队与练兵，元朝还是需要在它的京都附近设立一个牧场。辽南京、金中都和元大都东南

▲图为明朝百科式图录类书《三才图会》所载南海子图景。

地区的一片地势低洼、水系丰富的沼泽地，就成为少数民族捺钵（按季节巡游打猎）、练兵、打猎的最佳选址。元朝以前的南海子还不是很成形，到明成祖定都北京以后，南海子比较成形了。明朝的皇帝基本上都去南海子避暑，因为当时也没有避暑山庄，而且西郊全是太监坟墓，中关村原名中官村就是这个原因。所以，南海子在明朝得到极好的开拓与发展。

南海子在清朝前期发挥的历史作用

清朝入关后，满族统治者对于南海子的利用更加多元。南海子不仅是满族统治者避暑、休养、打猎、练兵的处所，更是清朝前期的一个政治中心和文化中心。和其他少数民族一样，满人也需要一个避暑、打猎的地方，他们在明朝原有的基础上继续利用南海子。清初的顺治、康熙、乾隆都爱往南海子跑，其中最重要的一个原因就是去避暑。因为从北方来的人到南方不习惯，气候太热，容易得天花。北方来的游牧民族南下以后，因为天花而死的不计其数。顺治皇帝是得天花死的，康熙皇帝因为小时候出过天花，所以才当上皇帝。第二个是打猎，南海子那里飞禽走兽很多，还有老虎，据记载，康熙在那儿避暑的时候就曾打过一只老虎。为了更好地满足清朝统治者的需要，南海子建立了很多行宫和台。团河行宫就是当中最为著名的行宫。在这个地方，发生了很多与清朝历史相关的大事。这里还有一个著名的建筑叫晾鹰台，是元朝建设的，有六丈高，专为打猎而设，后来成为皇帝大阅的指挥台。最为重要的是，清前期的皇帝更加注重南海子的政治功能。顺治年间，五世达赖进京朝见顺治皇帝，顺治就是在南海子旧衙门行宫接见的他。乾隆年间，六世班禅进京朝觐，乾隆帝也是在南海子德寿寺接见的他。清朝皇帝到南海子去避暑休养，还进行了一系列的文化创作。乾隆皇帝好写诗，而且都是长诗，长诗里边不仅有诗文，咏颂亭台楼榭、花鸟鱼虫；还有很多叙事，叙述很多清朝大的历史事件。

此外，清廷还注重对南海子的土地开垦。清朝制度规定，当时南海子设有海户一千多人，他们除了日常看护南海子之外，每人还可获得二十亩地耕种。到了咸丰、同治以后，皇帝很少去南海子。南海子的土地开垦日趋扩大，甚至招佃垦种。

挖掘、打造南海子文化，需要注意的地方

南海子在清代历史中地位重要，有利于我们多方面地了解清代的政治、经济、文化、民族关系。南海子这个地方是宝地，有着悠久的历史，它比西郊的历史要悠久，但是比西郊遗留下的东西要少得多。我们的经济要发展，我们的文化更要发展，文化发展需要依靠一些传统的文化精品。我们应该深思熟虑，清楚地认识到清代南海子文化与当下社会有着何种联系。按照这种原则去挖掘、打造南海子文化。个人认为，需要注意两点。

其一，发展文化首先要梳理清楚南海子的历史。古时候的

人是怎么生活的？游牧民族是怎么进入的？他们的进入又给中原地区带来了什么？辽、金、元都打进来了，建立了王朝，他们的生活怎么适应汉族地区？这里气候热，没有那么多野兽可以打，那么他们怎么办？他们就要创造自己的文化。少数民族将这么大面积的地域变成围猎的场所，在南海子这个地方展现了自身的独特文化，持续了几百年的时间。但是现在又没有了，我们要把它重新再现出来。中国的历史无非是游牧民族跟农耕民族的交往，或是和平的交往，或是兵戈相见。南海子的形成就是游牧民族与农耕文明之间相互交流的结果。游牧民族南下，要把农田变成牧场，把这个地方变成打猎的地方，维持原来的生活。但是最终也不可能不变，满族最后还是逐渐改掉了一些旧有习惯，跟汉族融合在一起，融为一个中华民族。这是南海子作为民族统一重要性、艰苦性、艰巨性的最好见证。

其二，南海子是清代北京城南的一块重要湿地，水资源丰富，该地拥有五个海子、七十多道泉水。该地还有众多的河流，比如团河、凤河。团河本是凤河源，凤河是从团河行宫发源，从南海子流出，最终流入运河。这条凤河是南海子的一个命脉。拥有大量水资源的南海子，除了给北京城提供必要的水资源外，更重要的正是因为南海子本身是湿地，适宜野兽居住。这也是清朝继续选择该地作为围猎的地方的原因。所以，要治理南海子这个地方，水系是个很重要的东西。我觉得把南海子恢复起来非常必要。因为北京人口密集，空地、草原少，所以需要这样的地区来改善自然环境，改善这里的生态。在恢复南海子时，要注重开发与保护这种天然有利的自然资源。

本文发表于2021年1月4日《北京日报·理论周刊》文史版，
原题为《历史上的南海子》，
作者时任中国人民大学清史研究所名誉所长

明代京城百姓郊游都去哪儿

吴承忠　毛思儿

　　明代北京是全国最大的消费城市。明代重开会通河，大运河的疏通促进了商业的繁盛，也使北京发展成为当时北方最大的市场。由此，北京由辽代军事重镇转变为重要的消费型都城，这无疑为休闲活动的发展提供了主体基础、经济基础、时间基础和强烈的市场需求，极大地刺激了北京城市旅游休闲地和休闲服务业的发展。而在几十万的北京居民当中，绝大部分都是平民阶层。与皇族、文人士大夫的休闲旅游生活不同，明代北京平民的旅游休闲有其独有的特点。

多选择近郊名山秀水之地

　　总体而言，明代平民的风景游览地都在文人士大夫的游览范围中，但平民百姓的活动半径仅限于城内和近郊，游览地点数目要少于士大夫阶层。平民的游览地主要包括西湖（昆明湖）、玉泉山、戒坛、秋坡、碧云寺、香山、潭柘山、天坛松林、高梁桥柳林、德胜门内水关、安定门外满井、积水潭、金鱼池、柳浪庄等。

　　这其中，柳浪庄是一个值得关注的风景游览地。柳浪庄位于海淀西五六里，昆明湖附近，俗称六郎庄。明清之际以柳胜，因"柳浪闻莺"义而命名。此地水田遍布，稻禾与白莲、菱芡、荸荠等互相映衬。春末夏初，柳叶、稻田景观与初开莲花构成可观风景。此处盛产河鲜。鲜美而价廉，价格为城中市场的三分之二，故四时负贩络绎于途。庄有茶肆，为负贩就货色论价、休息饮食的地方。海淀仁和佳酿莲花白酒原料之一即取自此庄所产白莲。柳浪庄成了一处以水乡稻作农业景观为特色的郊外休闲游览地。

明代北京城还出现了饲养和观赏金鱼的专门场所——金鱼池。该地自然环境优美，有上百个池塘，水清柳垂，周围有三里河故道，亭榭围布，园林别业绕池而筑，而一般住户少，空地较多，南抵天坛，构成了一个理想的公共休闲地。

明代女性在郊游活动中的积极和开放值得关注

从清明开始，北京城居民的游览活动开始兴盛。而明代女性在郊游活动中的积极和开放更值得关注。"都人好游，妇女尤甚……三月东岳诞，则耍松林，每每三五为群，解裙围松树团坐，藉草呼卢，虽车马杂沓过，不顾。归则高冠大袖，醉舞驴背，间有坠驴卧地不知非家者。"

另一个特点是逢节必游。无论是民间传统节日还是宗教节日，往往是全城出动，群游以乐，如清明节、燕九节、浴佛节、端午节、中秋节，均是如此。例如，烧香礼佛本是一项宗教的礼仪活动，但在明代成为普通老百姓旅游的借口。

▶图为明代画家戴进所绘《春游晚归图》（局部），现藏于台北故宫博物院。

游客规模大，娱乐性强

每年清明，都人提壶装酒食，带棚席，铺地而坐，妓女和名优也纷纷出场演剧竞技。娱乐活动众多，有扒竿、筋斗、口到喇、筒子、马弹解数、烟火水嬉。扒竿是以竹竿为依托而表演的杂技。口到喇应是口技演出。还有以三个空筒变化出飞鸽、跃猴的表演，时人已认识到其奥秘在于"捷耳，非幻也"，说明至少在明末，魔术已经出现在北京城市生活中。如此多的高水平表演活动使得"是日，游人以万计，簇地三四里。浴佛、重午游也，亦如之"。

当时娱乐活动最盛的地点在一座小桥旁。此桥不在高梁桥旁，也不在船坞，而是"在万牲园后，苇荻丛中，此桥在明代如清代之二闸，以献技曼歌胜，在清及近日以清幽有诗趣胜，虽皆造成堕落人生，总之泾渭自分流也"（《北平历史上平民游赏地记略》）。明代北京人对高梁桥区域的喜爱并不局限于在浴佛日等少数几个特定的日子，而是"浃旬乃已，盖若狂云"（《长安客话》卷三）。山阴柳人曾以《春日高梁桥》诗道："东风遍绿宫墙柳，柳外游人各群友……年少肩摩西向郊，眼纱影里佳人面……暮鼓冬冬竞向城，蹇驴难避殿诃声。"看来，大规模的郊游活动也是都城青年男女很向往的重要社交方式。

总体而言，明代平民休闲旅游的范围较为狭窄，游览地点数目要少于士大夫阶层。平民的游览活动相对而言较为固定和集中，喜欢饮酒听歌，欣赏文艺演出，参加竞技活动，以感官的愉悦和享受为主。此外，百姓出游的规模往往远较好结伴游的士人群体庞大，因此十分喧闹。这些都与他们的经济、政治地位，文化水平，审美能力有着密切的关系。

本文发表于2014年7月28日《北京日报·理论周刊》文史版，
原题为《明代北京平民的休闲旅游》，
作者当时任职于对外经济贸易大学文化与休闲产业研究中心

清代北京的旗人住宅制

唐 博

清代八旗制度以严密的组织形式实现了旗人社会的兵民合一。旗人的一切生活待遇都在八旗制度下获得，住房也不例外。

旗人住宅政策的出现

旗人住宅政策的出现，与八旗制度有着密不可分的关系。顺治入关后，八旗精锐集中驻守北京，朝廷为数十万进京的八旗兵民提供禄米、俸银、住宅、田产。经过"圈地"和对汉人的驱赶，清廷控制了北京内城和西北郊区的大片田宅，形成"满汉分城"的局面。据顺治年间八旗"定甲八万"的说法，按最低配额每人两间计，清初圈占内城房屋约为十六万间。

除王公贵族入住明代勋戚留下的宅院外，其他人等按照官阶高低，确定相应的住房待遇标准。所有旗民一律按照八旗驻防方位在内城分区居住，即"镶黄，安定门内；正黄，德胜门内；正白，东直门内；镶白，朝阳门内；正红，西直门内；镶红，阜成门内；正蓝，崇文门内；镶蓝，宣武门内。星罗棋布，不杂厕也"。郊区圆明园等皇家园林周边，还建有大量旗营房，供健锐营、圆明园护军营、火器营（合称"外三营"）兵民居住，兼有护卫皇家园林的功能。外火器营住房一律青砖盖瓦，平房朝阳，方砖铺地，院墙以西山特产虎皮石砌成，都有前大后小的院子。护军营在内城分方位驻扎，房屋有四合院式，也有三合院或排房。

旗人住宅大多为官方筹资兴建，由以四大厂商（兴、隆、广、丰）为代表的京城木厂承建。到17世纪末，迁入内城的旗人增多，旗人家庭人口膨胀，原有住房已不敷分配。康熙三十五年（1696年），清廷特"于城之外，按各旗方位，每旗各造屋二千间"，总共造房一万六千间。不过，据《八旗营房租户应守规则》规定："每年如有修理之处，应归该租户自行办理，本部概不发款协济。"官方不负责维护和保养。

综上所述，清代的旗人住宅政策，是从八旗驻防京城的军事需要出发，在特定群体内无偿分配国有住宅的住房保障政策，是17至18世纪解决旗人生计的主要途径之一。

旗人住宅体制实施的目的

旗人住宅的房源来自官方，由国家通过左右翼统领衙门统一调拨，无偿分配给旗人兵民。国家拥有产权，旗人只有居住权，既不能随意处置旗人住宅，也不能购买外城汉人的私宅。显然，旗人住宅体制并非单纯的社会福利，而是从制度上将旗人禁锢在旗籍，世代当兵，使其所居住的房屋与清代北京城区原始的房地产市场脱钩。此外，清廷以征收契税的方式，承认外城居民的住房私有权，允其自由交易。这样，在北京的内城和外城，就形成了住宅国有、私有并存，旗人保障、汉人不保障的双重模式。在住房制度上，清廷采取的是"以汉治汉，以旗治旗"的政策。

然而，旗人住宅的私有化不可避免。清初以来的社会现实促使了旗人住宅私有化进程的起步。其一，入关以后，旗人逐渐将住宅、田产纳入"私产"观念的范畴。其二，长期的和平生活，导致少数旗人飞黄腾达，多数旗人缺乏立功得赏的机会，贫富差距日益悬殊，加之不少旗人没有一技之长，只能坐吃俸禄，一旦家道中落、遭遇天灾或子孙分家，难免陷于破产境地，不得不私自出卖、出典田宅，以求果腹。其三，盛世滋生人丁，官府房源有限，势必造成住房紧张。

在旗人住宅短缺、无房旗人日增、国家无力分配的情况下，康熙二十年（1681年）八月，朝廷不得不允许"汉军有职无职人员愿在关厢居住者，听其居住；满洲、蒙古内年老有意休致官员，愿在关厢居住者，亦听其居住"。这实际上结束了满汉分城居住的制度禁锢，客观上默认了旗人购置外城和城郊汉民住宅的合法性。另外，由于旗人日趋贫困化，白契（交易双方私相授受而未经官府税契的文书）买卖和旗人住宅典卖，已经越发成为朝廷必须正视的普遍现象。

旗人住宅政策的消亡

"旗民交产"，即旗人与汉人相互交易住宅所有权。18至19世纪，旗人生计开销逐渐成为清廷挥之不去的财政包袱。直至道光五年（1825年），朝廷出台"准许旗人自谋生计"政策，不仅促成了对百万旗人在户籍和人身自由的制度性松绑，而且为"旗民交产"的逐步合法化创造了历史性机遇。

深重的民族危机和财政危机，令咸丰以后的清廷陷入困境。旗人与汉人以白契进行私下交易的案例日益增多，朝廷无力遏制，只能退而求其次，承认"旗民交产"的合法性，从旗人住宅交易中收取契税，补贴财政收入。至此，旗人住宅实现了真正的所有权私有化和市场化。民国初年的《清室优待条件》尽管愿意接管清廷遗留的八旗生计难题，但回避了旗人的住房供应问题。出售给私人的旗人住宅，彻底丧失了其原有性质。旗人住宅的概念逐渐淡出了历史。

旗人住宅的私有化及其衰亡，给北京城带来的最大变化，就是内城、外城隔绝状态的解除。出于改善生活的考虑，大批汉民进入内城，购置旗人住宅定居；出于生计考虑，不少旗人放弃内城的老宅，到外城购置或租赁住房，过起紧张、朴素、贫困的生活。内外城界限的消失，满汉居民杂居局面的形成，有助于改善北京城市经济发展结构和拓展城市发展空间。旗人住宅的兴衰，在某种程度上对北京的城市建设和发展产生了深刻影响。

本文发表于2013年12月9日《北京日报·理论周刊》文史版，
原题为《清代北京的旗人住宅制》，
作者当时任职于国务院台办秘书局综合处

清代京官如何解决住房问题

张宏杰

清代京官在住房问题上不享有补贴。除了个别人享有皇帝的赐第外，京官解决住房问题主要有两种方式：一是自建或者自购，二是租房。清代实行满汉分居，满族京官多定居于北京内城，汉族京官基本上居于外城。京官中有一些人在外城拥有自己的宅邸。比如康熙年间，昆山人徐乾学显贵一时，在宣南购买和自建了多处房产。乾隆年间官至礼部尚书的浙江富阳人董邦达，在米市胡同拥有一套很大的房产，地宅宽大，花园"花木竞秀，丘壑多姿"。然而这种情况在汉族京官中较为少见。因为北京地价昂贵，一般外地来京的京官很难有如此雄厚的经济实力。

租房更适合大多数汉族京官的生活状况。因为京官流动性很大，不断有人升转外放，或年迈返籍；又经常有父母去世、须回籍守制者，在北京一住数十年的人不多。另外，北京有大量会馆和民居房屋常年专事出租。从供需两方面来看，租房都是最佳的选择。

京官租房的第一个特点是要求住宅表面的体面。身为朝廷命官，住宅须配得上官制威仪，因此自然不能蜗居斗室。所以京官们虽然穷困潦倒，却多租住大宅，至少要一套像样的四合院，讲求宽敞气派。如果条件许可，带有花园的宅子最受欢迎。稍晚于曾国藩的李慈铭在京做官期间，租居位于保安寺街已故闽浙总督旧邸，有屋二十余楹，有轩有圃，花木葱郁。这是当时京官的常态。

京官租房的第二个特点是周转率高。其中一个主要原因当然是因为三年一度的会试，使外城的房屋租主保持着周期性的流动。与此同时，随着仕途迁转，官员经常更换办公地点，收入水平也会随官位升迁而提高，因此对住房的要求也发生变化。这在清代京官的诗句中屡有反映。康熙年间的大学士陈廷敬曾说自己"五春三度移居日"。乾隆年间的钱大昕则说："客居燕台两寒暑，有似泽雉游樊笼。虎坊菜市三易寓，去住踪迹风转蓬。"嘉庆进士、后来官至体仁阁大学士的祁寯藻亦说："自我官京师，十年四徙宅。"这些诗句皆是写实，比如钱大昕于乾隆十七年（1752年）六月入都，开始寓神仙胡同。同年秋移居潘家河沿。乾隆十九年（1754年），又移寓横街。此后还在珠巢街、宣外大街等处住过。这种情形正如他在诗中所形容的那样："劳如车轴无停转，拙比林鸠未定巢。"

京官租房的第三个特点是集中于宣南即宣武门外地区，特别是宣武门外大街两侧以及菜市口的南部。这有四方面原因：一是清代中央六部均设在正阳门内。宣武门外离正阳门不远，在此居住上朝方便。二是中原及南方士子进京，通常的路线是由卢沟桥入广安门，故落脚宣南最为便利。三是明代宣南地广人稀，又有树有水，风景不恶，许多明代显宦在此遗有别业，可供京官租用。同时又有陶然亭、窑台以及历代遗留的古刹名寺等吟咏集会胜地，很对文人习气严重的京官们的胃口。故夏仁虎《旧京琐记》说："旧日汉官，非大臣有赐第或值枢廷者，皆居外城，多在宣武门外。土著富室则多在崇文门外，故有东富西贵之说。"四是传统时代官员多迷信，选择住房时多讲究风水。考察京官居住史，我们发现一个有趣的现象：位于菜市口大街的绳匠胡同（新中国成立后名菜市口胡同），居然住过清代史上三十余位重要人物。清中前期的徐乾学、洪亮吉、毕沅、陈元龙等都曾寓居于此，晚清这里更是名人荟萃：同治的帝师、军机大臣协办大学士李鸿藻住过菜市口胡同7–11号；左宗棠住过16号；龚自珍1819年在菜市口胡同"休宁会馆"住过；"戊戌变法"六君子之一的刘光第住在29号；蔡元培于光绪年间任翰林院编修时也住过菜市口胡同……

这么多人选择这里，是因为人们传说这里是北京最有"旺气"、最能出主考的胡同。刘光第在家书中解释说："第于五月廿八日移寓绳匠胡同南头路西。此胡同系京师最有旺气之街道（如今年主考，亦惟此街放得最多，此系地脉所管，街背南半截胡同次之）。第与同司主稿正郎汤伯温（名似瑄，江南人）同斋另院而共一大门。宅正对门则挥颜彬（广东正主考），宅斜对门则孔祥霖（云南主考）；宅左（隔两三斋门）则戴北春（陕西正主考）；宅后（隔一斋门）则（李）文田（江南正主考）。盖气旺则无事不旺也。"不过刘光第搬到这里却并未能帮助他成为主考。

本文发表于2015年4月27日《北京日报·理论周刊》文史版，原题为《清代京官如何解决住房问题》，作者为清华大学历史系博士后

"三山五园"到底有多大

赵连稳

"三山五园"既是个历史概念，也是个现实概念，"三山五园"概念的演变是历史形成的。

微观概念上，"三山五园"指万寿山清漪园、香山静宜园、玉泉山静明园、畅春园和圆明园

"三山"指万寿山清漪园、香山静宜园、玉泉山静明园，这是有官方记载的。康熙三十一年（1692年），将玉泉山行宫澄心园改称静明园，乾隆十一年（1746年），将香山行宫命名静宜园，次年，万寿山行宫被命名为清漪园。

此后，"三山"一词便出现在乾隆朝的官方记载中，清代西郊皇家园林中，只有圆明园、三山和畅春园三处设立总理园务大臣，专设三山大臣管理三山行宫事务。在大臣的奏折中，也把"三山"及其周围的宫殿视为对应的关系。咸丰十年（1860年），英法联军焚烧"三山五园"之后，恭亲王奕䜣在给咸丰皇帝上奏的折子中就提到，九月初五，"夷人带有马弁数千名，前赴海淀一带，将圆明园、三山等处宫殿焚烧"。

至于"三山五园"之说，在清代官方的史料中尚未见到明确的记载，目前见到的有清朝"五部"侍郎鲍源深在所著的

《补竹轩文集》中记述"五园三山"的说法，这说明"三山五园"还没有成为当时人们的共识。"三山五园"的表述是晚清以后，民间对海淀一带以圆明园为中心的清代皇家园林的称呼。

乾隆帝在《知过论》中把兴建或扩建畅春园、圆明园以及清漪、静明、静宜三园，作为自己劳民伤财的过错。乾隆帝在北京西北郊修建的皇家园林很多，特举这几个园林，说明这五个园林是京西最著名的皇家园林。

无论是奕䜣把三山和其中的宫殿一起表述，还是鲍源深对"五园三山"的表述，甚至乾隆帝的"畅春园、圆明园以及清漪、静明、静宜三园"的说法，都说明当时没有把山、园视为两回事，而是看作互为对应、山园重叠、山即是园、不可分割的一个整体。

可见，清朝人对"三山五园"概念的理解仅指万寿山清漪园、香山静宜园、玉泉山静明园、畅春园和圆明园，我们把它叫作微观概念上的"三山五园"。

中观概念上，"三山五园"是对清代北京西北郊一带皇家园林的统称

这种说法是清朝灭亡后，民间对"三山五园"的一种理解。"三山五园"是对清代北京西北郊一带皇家园林的统称，这里面既包括了时间（清代），又对空间（北京西北郊）和内容（皇家园林）进行了划定，这是对"三山五园"中观概念上的理解，应该说是比较准确的。

但是，也有人认为，"三山五园"是北京西郊一带皇家行宫苑囿的总称。其实，这种说法并不准确。

何谓"行宫"？古人云："天子行所立，名曰行宫。""行宫"指古代京城以外供帝王出行时居住的宫室，也指帝王出京后临时寓居的官署或住宅，可见，"行宫"具有临时居住的性质，而"三山五园"却并非如此。在清朝（1644—1911年）存在的二百六十八年间，清帝有二百余年在畅春园、圆明园、香山静宜园、玉泉山静明园、万寿山清漪园理政，即所谓"园居理政"。其中，雍正、乾隆、嘉庆、道光、咸丰五个皇帝，主要在圆明园理政，时间最少的是乾隆帝，年均一百二十余天；最多的是道光帝，年均二百六十余天；而雍正帝在圆明园理政时间，年均二百一十余天；嘉庆帝年均一百六十余天；咸丰帝年均二百一十余天。可见，"三山五园"是清朝的实际政治中心，是园林中的"紫禁城"。

而"苑"则多指帝王的花园，"囿"是养动物的园子，即动物园，"苑囿"指古代畜养禽兽供帝王玩乐的园林。且不说微观概念中的"三山五园"是清帝理政的场所，即使中观概念中的"三山五园"也并非只是供皇家游乐的地方。为了方便处理政务，皇帝把周边的皇家园林赐

▲图为《唐土名胜图会》所载圆明园图景。

给大臣，作为办公居住的场所，如乾隆初期就把位于今天北京大学校园内的春和园赐给首席军机大臣傅恒，而朗润园在恭亲王奕䜣去世后，被当作军机处和内阁办公的地方。

宏观概念上，"三山五园"是北京西北郊以清代皇家园林为代表的各历史时期文化遗产的统称

这种表述是宏观概念上的"三山五园"。"三山五园"是个历史文化区域，主要包括海淀区的四季青镇、海淀镇、香山街道和青龙桥街道辖区，如今仍有一百多处文物点，其中颐和园、圆明园、清华大学早期建筑、碧云寺、景泰陵、未名湖燕园建筑、十方普觉寺、健锐营演武厅、静明园九处是全国重点文物保护单位，颐和园则是世界文化遗产。另外，还有双清别墅、梁启超墓、李大钊烈士陵园等重要文化遗产。

宏观概念上，"三山五园"包含自辽金时期至明清时期和中华民国时期的古代遗产、近代遗产，中华人民共和国成立以来的现代遗产，反映了完整的历史发展时期和丰富的文化遗产。

因此，"三山五园"是北京西北郊（海淀区）以清代皇家园林为代表的各历史时期文化遗产的统称。这个说法符合目前人们的最新认识。

本文发表于2018年10月8日《北京日报·理论周刊》文史版，
原题为《"三山五园"概念的演变》，
作者时任北京联合大学研究员

圆明园的巨额经费从何而来

赵连稳

圆明园，这座被法国传教士王致诚誉为"万园之园，无上之园"、被法国作家维克多·雨果称为"理想与艺术的典范"的皇家园囿，始建于康熙末年，大规模营建于雍正和乾隆年间，至嘉庆与道光年间，又有局部扩建，面积达5200余亩。圆明园的建造、维护和日常运行费用是个天文数字，由内务府设立的圆明园银库负责掌管。那么，如此巨额的经费是从哪里来的呢？根据有关史料的分析，可以发现经费的主要来源。

▲图为《圆明园四十景图咏——西峰秀色》，是根据乾隆皇帝旨意，由当时最知名的宫廷画师唐岱等人历时十余年绘制而成的。该画卷原版现藏于法国巴黎国家图书馆。

第一，由内务府的广储司划拨而来。

广储司负责管理内务府银库，是专门掌管内廷经费的机构。内务府广储司拨付给圆明园银库银两并不经常，多是根据需要临时拨给，主要用于工程建造。最早的一次拨付是雍正三年（1725年），该年二月二十五日，内务府大臣允禄在给皇帝的奏折中说到圆明园需要钱粮的事情，雍正帝立马下旨：由广储司取银30万两。这笔银两的划拨，标志着圆明园大规模营建的开始。

乾隆二十一年（1756年）十二月，内务府大臣三和等就圆明园大水法工程、同乐园大戏台工程的工料银问题请旨，乾隆帝谕令广储司向圆明园银库划拨20万两银。乾隆二十四年（1759年）七月，广储司又划拨10万两银给圆明园银库，用于支付舍卫城等处工程经费。道光时期，清朝财政已经远不如从前了，各地应该解送到广储司的银两一直未到，致使广储司银库账面上只有5000余两银子，不敷支领。道光十一年（1831年）八月，广储司只得从皇家预备金——封贮银中支付5万两银子给圆明园银库。

第二，圆明园的经营所得。

圆明园的经营所得中有地租、房地租、荷租、苇租等，另外，还有将银两借给盐商收取的利息。乾隆十八年（1753年）以前，圆明园内稻田由旗人承种，每年收获的稻米除留下种子外，其余全部交给内务府粮仓。乾隆中后期，民人也可以承种圆明园内的稻田，如圆明园熙春园等处有261.5亩地，自乾隆四十七年（1782年）开始招佃宛平县民人承种，每年向圆明园银库缴纳租银80两。静明园的12亩稻田、蔬菜、果品和昆明湖莲藕也一并变价，将其收入上缴圆明园银库。圆明园银库还征收圆明园一带的房地租，乾隆十六年（1751年）以前，每年有500余两银子流进银库。嘉庆年间，圆明园银库仍在征收房地租。

圆明园银库还把银两交给盐商，征收利息。如乾隆四十九年（1784年）九月，长芦盐政征瑞便奏请领借圆明园银库现存银20万两，贷给殷实盐商使用，按1分起息，每年年底缴纳利息银2.4万两，遇闰加增。

有的年份米价上涨，圆明园内的工匠籴食艰难，朝廷就把安和桥丰益仓的余米赏给圆明园工程处。圆明园工程处再按照市价卖给工匠，将卖得的银两上缴圆明园银库。如乾隆二十五年（1760年），圆明园工程处卖出米价银20720.726两，按照皇帝旨意，全部交给圆明园银库。

在圆明园银库经营所得中，除去粜米所得的银两具有偶然性以外，地租、房地租、荷租、苇租和发商生息等具有稳定性。这些经营所得，一般用作圆明园维修和日常运行经费。

第三，山海关、淮关等税关上缴的盈余银。

清代内务府把持山海关、淮关等榷关，将税收盈余银作为内务府收入的重要来源。盈余银是相对于正项银而言的，属于多征的部分税银。内务府控制的山海关、左翼关、右翼关、张家口和杀虎口等关税的盈余银主要上缴圆明园银库。山海关关税是一种口岸税，征税范围包括奉天、直隶北部各边口岸和奉天沿海各海口，约40个陆海口岸，税务监督往往由皇帝宠臣担任。乾隆年间，山海关关税中，每年有5万多两盈余银上缴圆明园银库。

　　淮关是清代设立在淮安的榷关，这里是黄河、运河和淮河的交汇处，税源充足。淮关的盈余银一贯是"尽收尽解"，全部上缴。淮关每年除从盈余银中提存办公银1万两，扣除固定的养廉银和饭食银共892.8两外，余下的9107.2两银全部上缴圆明园银库，自乾隆初年至咸丰九年（1859年），此数额一直没有变化。除去解送余存办公银以外，嘉庆、道光年间，淮关大多数年份还同时解送5000两养廉银，并且成为惯例。

　　第四，两淮、长芦等盐政缴纳的盈余银。

　　在清代，两淮和长芦盐政均向圆明园解送了大量银两。仅扬州盐商就先后8次缴纳盈余银给圆明园，每次数目均可观，如乾隆十二年（1747年）交圆明园银8万两，次年，交圆明园银10万两。乾隆年间，长芦盐政每年向圆明园缴纳数量不等的盈余银，如乾隆三十一年（1766年），向圆明园上缴盈余银25250.1两，次年缴纳盈余银25759.2两。嘉庆年间，长芦盐政除向圆明园缴纳6400~9000两的各项盈余银外，还有数额固定的养廉银。缴纳办法是每年解交当年的养廉银和上年的各项盈余银，数额一般为两万四五千两。道光年间，长芦盐政每年仍然解送上年养廉银17120两，还有盈余银七八千两，均交圆明园银库收贮，如道光五年（1825年）正月，总管内务府奏长芦盐政解送道光四年（1824年）养廉银17120两和道光三年（1823年）盈余银7729.939两，共24849.939两交给圆明园银库。

　　另外，各地盐商每年自愿向圆明园缴纳5000~7000两不等的当规银，此为清朝陋规之一，并在嘉庆、道光和咸丰时期形成惯例。嘉庆和道光中期以前，山东盐商当规银上缴数额一般在4000两以上；在道光后期和咸丰年间，则减少到4000两以下，甚至1000余两。

前述榷关和盐政之所以乐意向圆明园银库缴纳银子，目的是博得皇帝的好感，然后借助皇权的威力，谋取自己的私利。

第五，罚金、没官和商人与官员捐献。

罚金是将有过失官员的养廉银和俸禄扣下不发；没官即把犯罪官员的家产全部"入官"。这些罚没银两先交给内务府，再由内务府奏请皇帝批准，转交圆明园银库。乾隆五年（1740年），康熙朝大学士明珠家的总管安图，被抄没入官，在其宅内刨出白银200万两，官房内刨得白银102315两，其中的40132两拨给圆明园。乾隆五十三年（1788年），两淮盐政征瑞被罚6万两养廉银，上缴圆明园银库。

乾隆十二年到二十五年（1747—1760年），乾隆皇帝建造了长春园西洋楼，仿照无锡寄畅园改建了廓然大公，耗费了大量银两，于是，盐商们纷纷捐银助工，如乾隆十二年（1747年）六月，署理两淮盐政吉庆奏称，两淮盐商程可正等情愿捐银16万两，交圆明园处查收。乾隆二十年（1755年），程可正又向圆明园捐银25万两。乾隆二十二年（1757年）九月，两淮盐商黄源德等向圆明园银库捐银30万两。乾隆二十五年（1760年），黄源德等又将10万两银捐给圆明园银库。

同治年间重修圆明园时，曾经发动官员捐献银两，但效果不佳。自同治十二年（1873年）十月，内务府奏请皇帝通饬在京王公大臣竭力捐输，备修复圆明园之用度以来，至同治十三年（1874年）四月，捐献总额不足30万两。

可见，圆明园经费来源是多元的，并非由国库拨付，它有自己的经费筹措办法。其中榷关和盐政缴纳的盈余银、养廉银和办公银等是主要来源，其次是盐商的捐献和发商生息所得。大致而言，在嘉庆朝以前，圆明园的经费筹措渠道多、数额大，以后则越来越困难，这与清朝的财政状况日益严峻密切相关。

本文发表于2016年6月20日《北京日报·理论周刊》文史版，
原题为《圆明园巨额经费来源考》，
作者时任北京联合大学研究员